KB052680

일본 파워엘리트의 대한정책

본서는 2013년도 동북아역사재단의 연구지원(독도 2013-1)과 일본국제
교류기금의 2014년도 출판지원을 받아 발간되었음을 밝혀둔다.

일본 파워엘리트의 대한정책

초판 1쇄 발행 2016년 4월 1일

편 자 | 국민대학교 일본학연구소
발행인 | 윤관백
발행처 | 도서출판 선인

등록 | 제5-77호(1998.11.4)
주소 | 서울시 마포구 마포대로 4다길 4(마포동 324-1) 곳마루 B/D 1층
전화 | 02)718-6252 / 6257   팩스 | 02)718-6253
E-mail | sunin72@chol.com
Homepage | www.suninbook.com

정가 23,000원
ISBN 978-89-5933-967-9 93340

·잘못된 책은 바꿔 드립니다.

일본 파워엘리트의 대한정책

국민대학교 일본학연구소 편

도서출판 선인

서 문

국민대학교 국제학부
이원덕

이 책은 일본의 대한정책에 관여하는 집권 자민당 핵심세력과 그 주변 및 외곽을 중핵으로 하는 파워엘리트 그룹을 선별하고 그들이 지닌 대한국 이미지, 정책 성향, 이념 정향을 밝혀내는 것을 궁극적인 목적으로 한다. 이를 위해 이 책에서는 일본의 대한정책의 실상 및 대한정책의 결정 과정을 해명하는 데 중요하다고 판단되는 주제 군을 첫째, 독도 및 영토 문제를 둘러싼 이슈들과 둘째, 야스쿠니 참배·역사교과서·전후 보상·위안부 등의 이슈와 연관된 과거사 인식관련 정책 이슈들 그리고 셋째, 대북한 정책의 세 영역으로 대별하고 이들 이슈에 대한 일본 파워엘리트들의 정책 성향을 고찰한다.

일본의 파워엘리트들이 가지는 대한정책에 대한 성향을 분석하는 일은 다음의 네 가지 측면에서 매우 중요하다고 생각된다.

첫째로 한일관계 연구가 가진 학문적 및 정책적 중요성에도 불구하고 그간 국내에서는 일본의 대한정책 변화에 대한 연구가 상대적으로 미흡했다는 점이다. 일본의 대한정책을 다룬 소수의 기존연구들은 대체로 일본의 대한정책을 미국의 동아시아 정책의 하위체계로 다루거나 혹은 일본의 국내정치 상황에 따른 단순한 종속 변수로 파악하는 경향이 강했다. 하지만 실제로 2000년대 이후 일본의 대한정책은 상당히 큰 변화를 겪었다. 기본적으로는 냉전종식이라는 국제체제의 변동과 더불어 정권 교체 등 일본 국내체제의 구조변동이 그러한 변화를 초래했다고 볼 수 있다. 그러나 이러한 구조변동과 더불어 일본의 대한정책의 변화를 촉진시킨 요소는 각 부문에서 나타난 맨 파워의 교체와 인적 네트워크의 재구성에서 찾을 수 있다.

　둘째로 기존의 일본 연구가 지닌 한계를 극복할 필요성이 대두된다고 할 수 있다. 한국의 일본지역 연구 분야에서는 대체로 일본의 정부, 사회, 기업 등의 거대조직이나 집단 혹은 그룹을 분석 대상으로 삼아왔다. 따라서 기존연구에서는 일본의 각 조직과 정책을 실제로 움직이고 있는 구체적 인물들이 분석의 대상이 되지 못하였다. 이러한 경향은 사회과학적 일본연구에서 두드러지게 나타났는데 예컨대 정치학, 행정학, 사회학이 대표적인 분야라고 할 수 있다. 그 결과 일본의 대한정책에 관한 연구는 인물보다는 조직(정부 중심)으로, 과정보다는 결과를 중심으로 이해되거나 설명되어지는 측면이 강하게 나타났다. 그러나 실제로는 특정 조직이 어떠한 종합적인 정책 성향을 갖게 되는 것은 아니며, 조직 자체가 단일화된 정책결정자가 되는 것도 아니기에 기존의 연구들은 다소 현실성이 떨어지는 추상적인 논의에 그치고 있다는 한계가 있다.

　요컨대 일본의 대한정책을 파악함에 있어서도 어떤 인물들이 어떠한 경로와 과정을 통해서 어떠한 결정에 도달하는, 대한정책 결정의 역동성을 밝히지 못한 채, 결과론적으로 일본의 대한정책은 어떠어떠하다, 일본의 대한정책은 이러 이러하게 변화했다는 식의 설명에 그치는 경우가 많았다고 할 수 있다. 이러한 설명은 흔히 국제관계론 이론에서 비유되는 당구공 이론처럼 일본을 딱딱한 당구공과 같은 '단일한 행위자'로 파악하는 것과 같다. 이러한 분석이 가지고 있는 결함은 예컨대 그 당구공 속의 구체적인 인물들 간에 벌어지는 역동적인 상호작용의 측면을 간과할 수 있다는 점이다.

셋째, 일본의 정치엘리트에 대한 기존 연구는 자민당의 파벌에 대한 연구와 중앙관료의 역할에 대한 연구가 중심이었다. 그러나 1990년대 중반 이후 자민당은 물론 민주당 의원들 간의 탈 파벌적 정책연구와 의정활동이 확대되면서, 주요 정책이슈별 초당적 내지 탈파벌적인 의원 네트워크가 크게 확대되어왔다. 이러한 일본 의원들의 정책연대 네트워크는 일본내각의 정책결정과 각료임명, 정당의 집행부 인선에 주요한 기반으로 작용하고 있다. 과거의 내각구성과 집행부 선임 방식이 파벌 안배 방식이었다면, 2000년대 들어 일본의 내각구성은 정치 및 정책 성향이 동질적이고 유사한 그룹들이 핵심적인 요직을 독점해가는 방식을 이루고 있다.

또한 2000년대 들어 일본정부의 주요 정책은 중앙관료들이 배제된 채 내각이 주도하면서 집권당의 정책관련 부서가 보조하는 정치 주도 방식으로 추진되고 있다. 이러한 정치주도 방식의 정책결정은 민주당 집권 시기에도 지속되었다. 이러한 정책결정과정에서 탈파벌적인 의원 그룹들의 정책 활동과 인적 네트워크는 일본의 주요 정책의 기본 골격과 주요 내용을 결정해가는 과정에서 핵심적인 역할을 수행하고 있다. 따라서 일본 정부의 주요 정책은 어떠한 정책 성향을 띤 그룹이 내각의 핵심을 구성하는가에 따라서 크게 변화할 수 있게 되었다.

즉 과거 일본의 주요 정책은 서로 정책성향이 다른 파벌 간의 조율과 정책의 일관성을 중시하는 관료들의 영향으로 변동 폭이 크지 않았다. 그러나 고이즈미 내각 이후 정치가 주요 정책결정을 주도하면서, 내각의 정책결정을 주도하는 정치그룹의 정책성향에 따라서 일본의 주요 정책의 변동 폭은 크게 확대되고 있다. 일본 정부의 대한 정책 역시 정치

주도의 방식으로 결정되고 있으며, 일본 국회의원들의 관련 정책연구활동과 밀접하게 연결되어 있다. 따라서 일본정부의 대한정책을 정확하게 분석하고 이해하기 위해서는 일본의 주요 정치엘리트의 정책성향을 분석하고, 또한 정책연대 활동을 전개하는 의원 그룹들의 인적 네트워크에 대한 자료 조사와 축적은 매우 중요한 과제가 아닐 수 없다.

넷째, 일본 정부의 대한 정책의 기본방향과 주요 내용을 예상하는 데 있어서 일본 정치엘리트의 정책성향과 인적 네트워크의 정책 활동을 파악하고 분석하는 것은 매우 중요한 의미를 갖는다. 따라서 일본 정부의 대한 정책에 관여하는 파워엘리트의 정책 성향 파악은 한국의 효과적인 대일정책 수립하는데 시급한 과제이다. 이러한 의미에서 본 성과물은 한국의 대 일본 정책 구상을 위한 중요한 기초 자료로 광범위하게 활용될 수 있을 것이라고 기대된다.

일반적으로 일본의 대한정책은 총리를 중핵으로 하는 내각 및 외무성을 비롯한 관료조직과 여당과 국회에 의해 결정되는 것으로 알려져 있다. 그러나 공식적인 정부나 당 조직, 기구를 분석하는 것만으로는 일본의 대한정책의 실상을 파악하기는 사실상 어렵다. 실제로는 일본의 대한국 이미지나 일본정부의 대한정책에 영향력을 행사하는 인물들은 사실상 한정된 소수라고 해도 과언은 아니다. 즉, 일본의 대한정책 분야에는 일종의 파워엘리트가 존재한다는 뜻이다. 이렇게 볼 때 한국 관련 정책에 관여하는 일본의 파워엘리트, 그 중에서도 유력 정치인들은 구체적으로 누구이며, 이들의 대한국 이미지, 정책성향, 이념정향은 무엇인지를 파악하는 것은 대한정책의 형성과정과 그 실체를 규명하는 데 매우 중요한 요소가 될 수밖에 없다.

더 나아가 대한정책 관련 정치 파워엘리트 간의 인적 네트워크가 어떻게 형성되고 작동하고 있는가를 밝혀낼 때 비로소 구체적인 대한정책의 실체에 접근할 수 있을 것이다. 다시 말하면, 공식적인 정책 결정 기구 안에서 구체적으로 어떠한 대한국 이미지와 정책 성향을 지닌 인물들이 어떠한 상호작용을 통해 어떻게 역할을 수행하고 있는지를 해명할 필요가 있다는 의미이다.

일반적으로 일본의 대한정책은, 총리를 중핵으로 하는 내각 및 외무성을 비롯한 관료조직과 여당인 자민당과 국회에 의해 결정되는 것으로 알려져 있다. 그러나 공식적인 정부나 당 조직과 기구를 분석하는 것만으로는 일본의 대한정책의 실상을 파악하기는 사실상 어렵다. 제도적 분석과 더불어 구체적 정치행위자들과 비공식적 정치그룹(당내 파벌, 의원 모임, 유력 지지단체 등)의 정책성향을 파악하여야 일본의 대한정책의 구체적 방향성을 가늠할 수 있다. 한국정부 입장에서도 대일외교정책 결정과정에서 외교현안 사항들의 해결을 위해 일본의 어떤 정치세력이나 인물을 접촉하여야 하는지를 가늠하기 위해서는 공식제도의 틀을 넘어서는 비공식적 세력과 구체적 인물들에 대한 대한정책 정책성향에 대한 분석도 필요하다.

마지막으로 이 책에 수록된 8편의 논문들의 개요를 소개하면 다음과 같다. 제1장 이이범 교수의 논문은 일본 중의원 및 참의원 현직 의원들의 보수적인 정책 성향을 실증 분석한 것이다. 이를 위해 아사히신문사와 마이니치신문사가 국회의원 후보들을 상대로 실시한 설문자료를 활용했고, 의원들의 보수성향이 잘 나타나는 안보외교, 경제사회, 교육문화 영역의 14개 주요 정책 이슈에 대한 설문자료를 분석했다. 분석 결과를 보면 현직 의원들의 보수화 수준은 강경한 보수 성향을 띠고 있었고 일반인들의 보수화 수준보다 크게 앞서 있었다. 특히 중의원 의석의 60% 이상을 점유하고 있는 현직 자민당 의원들의 강경 보수화의 수준은 전체적으로 매우 높았고 2005년 당선자들과 비교해서도 상당히 크게 나타났다.

자민당의 참의원 의원들 역시 중의원 의원만큼은 아니지만 강경 보수 성향은 크게 다르지 않다. 그렇지만 의원들의 보수 성향은 정책 별로 차이가 있었다. 이러한 현직 자민당 의원들의 보수화 수준에 대해 2012년 9월부터 재집권하고 있는 아베 수상의 영향은 상대적으로 높지 않은 것으로 보인다. 그러나 아베 수상이 지속적으로 강조하는 '강한 일본의 회복'과 '일본 역사와 전통에 자존심을 갖자'는 주장은 자민당 의원들이 지니고 있는 보수적인 정책 성향의 공통적인 특성과 유사하다. 그 특성은 일본을 강국으로 만들고 일본의 역사와 전통의 존엄성을 높여가자는 것으로 파악된다.

제2장 고선규 교수의 논문은 자민당의 파벌과 파벌에 따르는 대한정책의 성향을 분석하고 있다. 자민당은 파벌 연합체 형태로 구성되었다고 해도 과언이 아니다. 각 파벌의 정책성향, 이념정향에 대한 연구는 일본의 대한정책을 분석하는데 매우 유용하다고 본다. 여기서는 우선 자민당 파벌의 기능변화, 파벌을 구성하는 인물들의 현황, 정책성향, 이념적 정향을 파악한다. 그리고 이를 토대로 최근에 나타나고 있는 자민당 정치의 보수화, 대한정책의 우경화 배경을 주류 파벌의 변화와 정책적 성향에서 찾고자 한다.

2000년 이후 모리 수상으로부터 시작되는 세이와 정책연구회(細田派)의 집권은 미일 의존관계의 심화와 중일관계, 한일관계의 악화 시기와 일치된다. 1972년 다나카 수상 시기 중일관계 정상화 이후 중국과 우호적인 관계는 1980년대를 거쳐 1990년대 말까지 이어졌다. 이러한 대중관계는 친 중국성향을 가진 다나카(田中)파의 지배와 무관하지 않다. 한일관계도 김대중 정부 시기까지 정상회담을 통한 현안문제 해결과 교과서 문제, 야스쿠니참배 문제, 어업협정 문제, 정치가들의 망언문제와 같은 양국의 갈등을 관리하면서 유지하여왔다. 그러나 2001년 고이즈미 정권 이후에는 셔틀외교 중지, 역사인식 문제, 영토문제, 야스쿠니신사 참배가 극단적인 형태로 한일관계를 악화시키게 되었다. 이러한 갈등의 악화는 1970년대 이후 1990년대 후반까지 주류 파벌로 군림해온 다나카파가 추진한 외교, 안보정책에 대한 세이와 정책연구회의 궤도 수정이라고 본다.

제3장 정미애 박사는 현재 나타나고 있는 일본의 보수·우경화는 아베 총리를 비롯한 보수·우익적 정치인들에 의한 '위로부터의 보수화'라는 관점을 견지한다. 그런 의미에서 아베 총리의 재취임, 다시 말해 제2차 아베 내각의 출범은 '잃어버린 20년'으로 상징되는 장기적 경기침체, 전후 세대의 이른바 '역사 피로감', 중국의 부상과 북한의 핵 실험으로 인한 안보불안 등과 같은 국내적·국제적 요인에 의해 점차 자신감을 상실하고 보수화되어가던 일본 사회를 확실하게 보수·우경화로 견인하는 결정적 역할을 했다고 할 수 있다.

이러한 문제의식에 기초하여 여기서는 일본의 보수·우경화를 주도하고 있는 실질적 주체에 초점을 맞추고 있다. 우선, 제2차 아베 내각 각료의 대다수가 회원으로 참여하고 있는 '일본회의 국회의원 간담회', '신도정치연맹 국회의원 간담회'와 같은 종교우익단체의 국회의원 간담회를 살펴보고, 다음으로 300여 개의 의원연맹 중 한일관계에 영향을 미칠 수 있는 이념 및 활동을 추구하는 보수·우익적 성향의 의원연맹을 간추려, 그 중에서도 적극적 활동으로 언론에의 노출 빈도 및 사회적 주목도가 높은 의원연맹을 7개 선정하여 이들의 이념, 활동, 구성원 등에 대해 살펴보고 있다. 이를 통해 일본 내 보수·우익 정치세력의 전체상을 조망하고 일본의 보수·우익 정치세력이 갖고 있는 일본사회 변혁의 의도와 방향성을 명확히 밝히고 있다.

　제4장에서 구유진 박사는 역사문제에 대한 일본의 보수의원 연맹의 대응에 초점을 맞추어 역사적인 고찰을 시도한다. 구체적으로는 일본의 정책결정과정 가운데 의원연맹에 초점을 맞추고, 일본의 정책결정과정에서 오랜 질문 가운데 하나인 '누가' 결정하는가에 대한 논의에 따라 '정치인'을 주목, 역사문제와 관련된 정책 과제에서 '정치인'들이 주도적인 역할을 하고 있음을 '의원연맹'의 결성과 활동을 통해 주장하고자 한다. 이러한 주장을 뒷받침하기 위해 여기서는 1990년대 이후 일본 국회의원들이 설립한 27개의 보수의원연맹 가운데 중심적인 의원연맹 '역사검토위원회'와 '일본의 앞날과 역사교육을 생각하는 젊은 의원 모임' 등의 설립배경과 조직, 그리고 공부모임 내용 등을 1·2차 자료를 통해 검토한다.

　역사문제에 관심이 있는 의원들은 관심 주제를 중심으로 의원연맹을 결성, 관련 전문가들을 초청해 세미나를 개최, 그 안에서 서로의 의견을 교환하거나 공유한다. 그리고 그 안에서 일정한 의견의 수렴이 이루어졌을 때 행동을 취하는데, '역사검토위원회'의 '1995년 국회 부전결의안 반대'와 '젊은 의원 모임'의 '고노담화 수정 요구'가 대표적이라 할 수 있다. 이러한 분석을 통해 여기서는 한일관계에 영향을 미치는 역사문제에 대해 일본의 보수적 파워 엘리트들의 네트워크 형성과 의견 교환·공유가 일본의 국회 저변에서 어떻게 이루어지고 있는지 그리고 일본의 정책결정 과정에서 임의단체 성격을 갖고 있는 '의원연맹'이 어떠한 위치와 역할을 갖고 있는지를 밝혀내었다.

　제5장에서 임은정 교수는 아베 신조 총리가 2014년 12월에 재집권에 성공한 이후 펼쳐온 대 한반도 정책을 분석하고 향후 한일관계의 전망을 내놓고 있다. 이를 위해 먼저 아베가 일본역사상 최연소 총리로 등장했던 제1차 아베 내각 당시의 정책이 어떠한 배경에서 나온 것이었는지

를 살펴본다. 이어 그가 관저를 떠나 2014년 재집권에 성공하기 전까지 일본이 처해져 있던 국내외적인 상황과 자민당에게 주어진 도전들은 무엇인지를 분석한다. 총리 복귀 이후 아베 정권의 지향점은 한마디로 경제적으로 뿐만 아니라 군사적으로도 '강한 일본을 추구한다'는 데 그 초점이 맞추어졌다고 볼 수 있다. 이러한 목표아래 아베 정권의 전략은 아베노믹스의 추진 및 헌법의 자위권에 대한 재해석, 민주주의를 표방하는 해양 세력과의 연대 등으로 구체화되었다. 이러한 큰 맥락에서 여기서는 아베 정권 하에서 주요 인사들의 발언 등을 토대로 우리의 주요 관심사인 세 가지 정책사안—독도, 역사, 북한 문제—에 대해 아베 정권이 보이고 있는 태도를 분석하고 향후 아베 정권의 대한반도 정책을 전망해 보았다.

제6장에서는 이기태 박사가 자민당의 잠재적 총리 후보의 한 명인 '이시바 시게루(石破茂)'를 심층 분석하였다. 즉, 여기서는 이시바의 안보관과 역사관을 살펴보고 이러한 가치관이 현재까지 이시바의 대한인식에 어떠한 영향을 끼치고 있고 이시바의 정치 리더십이 향후 한일 관계에 미치는 영향을 전망해 보았다. 이시바는 전후 요시다 노선으로 대표되는 통상 국가를 벗어나 국제적 공헌을 통해 보통국가로 나아가는데 있어 일본의 군사력 강화를 추진하면서도 아시아 외교와 과거사 문제에 전향적인 자세를 가지고 있다.

즉 이시바는 보수 우파적 안보관과 보수 리버럴 역사관의 혼재된 특징을 가지고 있는데 이시바가 향후 일본의 수상이 되었을 때, 현재의 아베 수상과 같이 극단적인 안보관과 역사관에 따라 한일 관계를 대하는 것과는 다른 양상이 나타날 것으로 기대된다. 즉 전후 체제를 부정하며 우익적인 정책을 내세우는 아베와 전후 체제의 틀 속에서 보수 우파적 정책을 추진하는 이시바는 '전후 체제의 탈피와 유지'라는 측면에서 아

베와 다르다. 마지막으로 안보적 측면에서 미일동맹 강화와 함께 동아
시아 안보환경의 안정이라는 측면에서 과거사 문제에 대한 미국의 관심
이 증가하고 있는 가운데 미일동맹과 아시아 외교를 중시하는 이시바의
현실주의 감각과 합리적 리더십이 한일 관계를 둘러싼 미일 간 협조를
이끌어낼 수 있을 것으로 전망된다.

제7장에서 박명희 박사는 2010년대 일본정치에서 태풍의 눈으로 등장
한 하시모토 토루를 대상으로 심층 분석한다. 한국에서는 최근 일본의
정치변화를 일방적인 보수 우경화로 진단한다. 하시모토 도루와 같은
역사 수정주의적 시각을 가진 정치가가 대중적 인기를 얻게 되면서 그
러한 인식은 더욱 공고화되었다. 여기서는 지역 정치가로 출발한 하시
모토의 외교이념 및 대한정책의 변화를 시계열적으로 추적하면서, 일본
사회의 국수주의적 포퓰리스트의 등장과 쇠퇴의 원인에 대해 살펴보았다.

경제적 침체로 인한 사회적 불안과 불만을 배경으로 등장한 하시모토
는 대중적 지지를 확보하기 위해 여러 이념이 혼합된 무사상적 정책을
제시하였다. 하시모토는 국정 정당의 대표가 되면서 지역이 아닌 국가
의 리더로서 강력한 이미지를 구축하고자 한일관계의 현안을 활용하였
다. 하시모토의 외교이념은 오사카 유신회가 전국 정당으로 확대되면서
우익성향이 강하게 피력되었다. 하시모토의 지지층 분석을 통해 최근
일본 사회가 애국심을 중시하는 내셔널리즘, 경쟁을 중시하는 신자유주
의에 긍정적이라는 것을 알 수 있다. 하지만, 2013년 5월 하시모토의 위
안부 발언 이후, 일본 유신회에 대한 지지율 급감 현상은 일본사회에 국
가와 국익을 추구하는 내셔널리즘이 부각되고 있다고 하더라도, 그것은
보편적 인권 및 역사인식을 추구하는 트랜스 내셔널리즘의 기반 위에
형성된 것임을 보여주고 있다. 하시모토는 이러한 일본사회의 구조를
과소평가 하였고, 그로인해 정치적인 위기를 맞게 된 것이다.

제8장에서는 이정환 교수가 자민당 내의 온건보수 세력이라고 할 수 있는 '신YKK 그룹'을 대상으로 심층 분석한다. 2012년 12월 재집권에 성공한 자민당 정권은 외교정책 노선에서 2009년에서 2012년의 3년간의 민주당 정권에 비해 대한정책을 비롯한 아시아정책 전반에서 훨씬 보수적 입장을 견지했다. 하지만, 자민당의 모든 구성원들이 아시아정책에 있어서 현 아베 정권의 보수 강경 입장에 일치하는 견해를 보이는 것은 아니다. 아시아정책을 놓고 자민당 내의 노선 갈등이 벌어졌던 2000년 대 중반에 자민당 내에서 온건 보수적 아시아 중시 외교노선은 야마사키 다쿠(山崎拓), 가토 고이치(加藤紘一), 고가 마코토(古賀誠)의 소위 新 YKK 정치연대로 대표된다. 이들은 야스쿠니 신사 참배, 헌법 개정, 대 북한정책 등의 각론에서 상이점을 보이지만, 현실주의적 관점에서 아시 아 근린국과의 관계 개선을 우선시하였다고 볼 수 있다. 사안에 따라서 는 이들 新YKK 정치연대의 정치인들은 보수 우익적으로 판단될 수도 있지만, 한국과 중국과의 외교관계의 중요성을 강조하면서 종합적으로 온건 보수적 아시아 중시 외교 노선을 지닌다는 점에서 주목할 만하다.

하지만 이들은 2000년대 중반 자민당 내의 역학관계에서 아베를 중심 으로 하는 강경 보수파에 밀려나게 되었다. 이들은 자민당 내의 비주류 세력으로 머무르면서, 한일관계, 중일관계가 악화로 치닫는 와중에 이 들은 실력을 발휘할 정치적 위상을 유지하지 못했다. 또한 이들의 온건 보수적 아시아 중시 외교노선은 자민당 내에서 이들의 파벌 후계자들에 의해서도 잘 계승되지 않고 있으며, 이는 자민당 내의 아시아외교 노선 의 강경보수로의 획일화의 경향성을 의미하고 있다.

목 차

제5장 아베 유신과 한반도
- 제2기 아베 정권의 대전략과 대(對)한반도 정책 _임은정

제6장 이시바 시게루(石破茂)의 대한국인식
- 보수우파적 안보관과 보수리버럴적 역사관의 혼재 _이기태

일본 파워엘리트의
대한정책

제1장

아베 정권 하 일본 의원들의 보수 성향 분석

이이범

_강릉원주대학교

1. 서론

일본의 정치 지형은 2009년과 2012년 두 차례의 총선을 거치면서 크게 바뀌었다. 2009년 9월 제45회 총선에서 대승을 거둬 집권에 성공한 민주당은 온건 보수노선의 정책을 추진했지만, 2012년 12월 실시된 제46회 총선에서 참패하면서 민주당 정권은 붕괴했다. 민주당은 2014년 총선에서 73석으로 제1 야당의 지위는 지켰지만, 자민당의 집권을 위협할

---

* 본 연구는 2015년 『일본공간』 제18호에 투고한 것을 일부 수정한 것임.

수 있는 거대 야당의 면모는 상실했다. 현재 일본의 정당구도는 집권 자민당 1당 지배구도에 가깝다. 자민당의 연립파트너인 공명당과 합한 중의원 내 의석점유율은 2/3를 넘고 있고, 참의원은 55%를 넘는다(표 1 참조). 2009년 총선 이후 민나노당과 일본유신회 등 여러 신생 정당이 등장했지만 이미 해체되었고, 자민당과 집권 경쟁을 전개할 수 있고, 자민당의 독주를 견제할 수 있는 야당의 등장은 현재로서는 요원하다.

한편 2012년 12월 총선에서 재집권에 성공한 자민당의 아베 정권은 역대 어느 내각보다 강경한 보수 우파 노선의 정책을 일관되게 추진하고 있다. 2012년 12월 출범한 제2차 아베 내각에 임명된 19명의 각료 중 16명이 일본의 최대 우익 조직인 '일본회의'를 지지하는 '일본회의국회의원간담회'의 회원이었다.[1] 아베 내각은 과거 자민당의 외교 및 안보정책의 주요 골자를 크게 바꾸고 있다. 2015년 9월 안전보장관련법을 성립시켜 과거 자민당 정권이 현행 헌법체제에서는 인정할 수 없다고 했던 집단적 자위권의 행사도 가능하게 했다. 또한 과거 자민당 정권에서 정부 방침으로 자율 규제해오던 무기수출3원칙[2]도 근본적으로 새롭게 수정했다. 그리고 2014년 4월 내각 결의로 '방위장비이전 3원칙'을 새롭게 결정해, 방위관련 제품들의 해외 수출을 가능하게 했다. 이처럼 과거 자민당 정권에서 금기시했던 안보와 자위대, 무기수출 관련 여러 조치들이 세계평화에 대한 기여와 강한 일본의 확립이라는 명목으로 강력하게 추진되고 있다. 전문가들의 위헌 주장과 다수 유권자들의 반대 의견

---

1) 「19閣僚中15人がメンバー 最大右翼組織「日本会議」の危険度」(『日刊ゲンダイ』, 2014年9月6日)(http://www.nikkan-gendai.com/articles/view/news/153143/1: 검색일 2015.10.31)

2) 자민당 정권 하에서 1970년대 중반 일본정부가 평화국가인 일본의 입장에서 국제분쟁 등을 조장시킬 수 있는 국가와 공산권국가에 대해 무기수출을 금지한 원칙임.

도 쉽게 무시되고 있다.

　의원내각제를 운영하는 일본의 정치구도에서 내각이 주요 정책노선을 변경하려면 국회의 동의와 협력이 필수조건이다. 관련 법규의 개정이나 제정이 필수적으로 수반될 뿐만 아니라 관련 예산의 편성과 지출이 필요하기 때문이다. 즉 아베 내각이 기존의 주요 안보정책을 여론의 반대에도 불구하고 강경하게 추진하고 있는 배경에는 이런 강경 정책들을 지지하는 국회의원들이 국회의석의 과반 이상을 차지하고 있기 때문이다.

〈표 1〉 2005년 이후 선거에서의 자민-민주 양당 당선자수의 변화

구분	중의원선거				참의원선거		
	2005	2009	2012	2014	2007	2010	2013
자민	296 (61.7)	119 (24.8)	294 (61.2)	291 (61.3)	83 (34.3)	84 (34.7)	115 (47.5)
공명	31 (6.5)	21 (4.4)	31 (6.5)	35 (7.4)	20 (8.3)	19 (7.9)	20 (8.3)
민주	113 (23.5)	308 (64.2)	57 (11.9)	73 (15.4)	109 (45.0)	106 (43.8)	59 (24.4)
일본유신회3) (유신당)	-	-	54 (11.3)	41 (8.6)	-	-	9 (3.7)
민나노당4)	-	5 (1.0)	18 (3.7)	-	-	11 (4.5)	18 (7.4)
기타정당	40 (8.3)	27 (5.6)	26 (5.4)	35 (7.4)	30 (12.4)	22 (9.1)	21 (8.7)
계	480 (100.0)			475 (100.0)	242 (100.0)		

*의석수는 일본 총무성의 공식집계 수치이며, ( )안의 숫자는 의석점유율임.

---

3) 일본유신회(日本維新の会)는 2014년 7월 31일 해체되어, 차세대당(次世代の党)과 유신회(維新の党)로 분당되었다.

4) 2014년 11월 28일 해체되어 에다 겐지(江田憲司) 그룹을 중심으로 유이노당(結いの党)을 거쳐 유신당(維新の党, 2014년 8월 1일 창당)으로 옮겨갔다.

그렇다면, 현재 일본 중의원과 참의원 의원들의 정책성향은 어느 정도로 강경보수 성향을 띠고 있는 것일까? 아베 내각이 추진하는 보수 강경 노선의 여러 정책들이 쉽게 국회를 통과하는 이면에는 이러한 정책 노선에 동조하는 국회의원들이 과반수 이상 존재하고 있기 때문일 것이다. 이 의문이 본 연구의 문제의식이다. 그리고 이 의문의 실증적인 해답을 찾는 것이 본 연구의 목표이다.

본 연구를 구체화하기 위해 문제의식을 몇 가지로 세분했다. 첫째, 현재 아베 내각의 강경 보수 노선의 주요 정책에 대해 중의원 및 참의원의 전체 의원들은 어느 정도가 지지하고 있는 것일까? 둘째, 현재 자민당 의원들은 아베 수상의 정책노선을 상당히 지지하고 있는데, 이러한 자민당 의원들의 정책성향에는 아베 수상의 정책노선이 영향을 미친 것일까? 셋째, 현직 자민당 의원들의 정책성향과 아베 수상의 정책노선이 그 방향과 내용에서 공통점이 있다면, 그것은 무엇일까? 이상과 같은 3가지 의문을 실증적으로 분석하는 것이 본 연구의 목적이다.

2. 연구가설

2000년대 들어 총선과 참의원선거에서 당 대표에 대한 평가는 투표자들의 정당선택에 큰 영향을 미쳐왔다. 내각지지율이 높을수록 주요 정책과 당내 의사의 결정과정에서 수상의 영향력은 더욱 강해질 수밖에 없다. 특히 자민당의 경우 고이즈미와 아베 정권에서는 수상이 당 집행부의 인사를 주도하고 당 총재로서 공천권 행사까지 깊이 개입하면서 수상의 영향력은 막강해졌다. 그래서 내각지지율이 높은 수준을 유지할 때 소속 의원들이 현직 수상의 정책노선에 반기를 드는 것은 쉽지 않은 일이다.

〈그림 1〉 2009년 9월 민주당 집권 이후의 내각 및 자민-민주 지지율 추이[5]

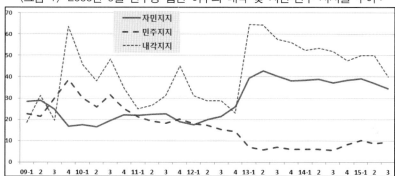

* 2009년 8월(45회), 2012년 12월(46회), 2014년 12월(47회) 총선이 각각 실시됨.
* 민주당 하토야마 내각 출범: 2009년 9월; 노다 내각 201년 11월 중의원해산의결.
* 자민당 아베 제2차 내각 출범: 2012년 12월.

2012년 12월 총선은 민주당 노다(野田佳彦) 내각의 지지율이 20%대 초반까지 크게 하락하고 자민당의 재집권이 거의 확실한 가운데 실시되었다. 당시 아베 자민당 총재는 자민당 후보들의 공천 과정을 진두지휘했다. 또한 2014년 12월 총선은 아베 제2차 내각의 지지율이 50% 전후로 높았을 때 실시되었다. 따라서 2012년과 2014년 총선의 자민당 초선 의원들은 아베 수상의 정책노선에 가까운 인물들이 대거 공천되었을 것으로 예상할 수 있다. 또한 2013년 참의원선거에서 당선된 의원들 또한 아베 수상의 영향을 일정 부분 받았을 것으로 예상된다.

따라서 본 연구의 첫 번째 가설은, 아베 수상이 2012년 9월 당 총재로 복귀한 이후 초선으로 당선된 의원들은 그 이전에 국회에 들어간 현직

---

5) NHK의 월례정치의식조사 데이터를 분기별로 평균하여 작성함.

의원들에 비해 아베 수상의 영향을 더욱 크게 받았을 것이라는 것이다. 즉 아베 수상의 영향력은 현직의 기득권이 인정되는 기존 의원들의 공천보다는 2012년과 2014년 신인 후보의 공천 과정에서 보다 컸을 것이다. 이때 영입된 자민당 의원들은 2014년 당선자들 가운데 초선과 재선들이다. 여기서 초선과 재선의 의원들은 3선 이상의 의원들에 비해 더욱 강경한 보수적인 정책 성향을 띤다면 본 가설은 입증될 것이다.

그리고 현직 자민당 국회의원들의 보수 성향이 아베 수상의 영향을 받았다면, 아베 수상이 강조하는 강경보수의 방향과 현직 의원들의 강경보수 성향의 방향이 상당히 일치할 것이다. 따라서 본 연구의 두 번째 가설은, 아베 수상의 정책노선이 자민당 의원들에게 영향을 미쳤다면, 보수성이 강한 자민당 의원들의 정책성향의 공통적인 특성은 아베 수상이 강조하는 보수 정책의 방향에 근접할 것이라는 것이다. 아베 수상이 재집권한 이후 보수색을 강하게 띠고 역점적으로 추진해온 정책들은 본 연구에서 실증분석의 대상으로 선정한 14개의 정책들이다. 아베 수상은 앞서 언급한 국회의원 후보를 대상으로 한 설문조사에 무응답으로 일관하고 있다. 그렇기 때문에 설문조사결과를 이용한 아베 수상의 정책성향과 다른 현직 자민당 의원들의 정책성향 간의 직접적인 비교는 불가능하다. 그렇지만 14개의 정책사항별로 현직 자민당 의원들이 응답한 결과들로부터 공통적인 특성을 추출하고, 이 결과와 아베 수상이 강조해온 정책들의 방향과 특성을 비교한다면, 두 번째 가설을 일정 수준에서 실증할 수 있을 것이다.

3. 연구방법

1) 기존 연구에 대한 검토

일본 국회의원들의 정책성향에 대한 체계적이고 실증적인 연구는 2000년대에 들어 활성화되고 있다. 선행 연구의 사례로 1998년 일본의 가바시마(蒲島郁夫) 교수팀이 진행한 중의원 및 참의원 국회의원들의 정치이념에 대한 실증분석이 있다.[6] 또한 2003년 총선부터 아사히신문사와 마이니치신문사가 후보자들을 대상으로 설문조사가 실시되고, 그 결과가 공개되고 분석되면서 이에 관련한 보도가 크게 증가했다. 해당 신문사의 인터넷 홈페이지에서는 2014년 제47회 총선 후보자와 2013년 제23회 참의원 후보에 대한 설문 조사 결과가 일반 공개되고 있다.[7] 이 설문조사에는 선거시점에 이슈가 되었던 주요 정책들이 조사 대상에 포함된다. 이 조사에서는 총선별 당선자들의 정책성향의 변화를 비교하기 위해 동일한 설문을 연속으로 사용하기도 한다. 따라서 이 조사결과를 활용하면, 각 선거별 당선자들의 정책 성향을 파악하는 것뿐만 아니라, 2003년부터 각 총선별 전체 당선자들과 정당별 소속의원들의 정책성향의 변화 내용을 분석하는 것도 가능하다.

국내의 연구로는 1990년대 이후 확대되고 있는 일본 사회의 우경화와 역사수정주의, 신안보정책 등에 관한 연구들은 매우 많다.[8] 1990년대 일본사회의 우경화와 관련한 종합적인 연구도 존재한다.[9] 일본 국회의

---

6) 東大法・蒲島郁夫ゼミ 編,『現代日本の政治家像』第Ⅰ巻, 2000, 木鐸社.

7) http://www.masaki.j.u-tokyo.ac.jp/utas/utasp.html

8) 최근의 연구를 중심으로 소개하면, 김준섭(2013), 박영준(2014), 남궁영・김준영(2012), 조양현(2007), 이정환(2014) 등을 들 수 있다(참고문헌 참조).

원들의 정책성향을 실증 분석한 국내연구로서 선행 연구도 존재한다.
2003년, 2005년, 2009년, 2012년 총선 당선자들의 정책성향을 비교 분석
한 사례가 있다.[10) 이 연구는 아사히신문사와 동경대 다니구치 교수의
공동조사 자료를 활용했고, 일부 마이니치신문사 조사자료도 활용했다.
그러나 이 연구는 중의원 의원들의 정책성향 만을 실증적으로 분석했
다. 본 연구에서는 2014년 총선 당선자와 2010년과 2013년 참의원 의원
을 추가해 분석했다. 또한 현직 의원들에 대한 아베 수상의 영향력의 방
향과 그 수준에 대한 비교 분석을 추가했다.

2) 분석대상과 분석방법

본 연구의 분석대상은, 앞서 기술했듯이 현직 일본 중의원 및 참의원
의원들의 구체적인 정책성향이다. 즉 2014년 총선에서 당선된 중의원의
원 475명과 2010년과 2013년 참의원의원 선거에서 각각 당선된 242명의
의원들의 개별적인 정책성향을 분석한다. 이분석을 통해 일본 국회의원
들의 보수성향의 수준을 파악할 수 있다. 또한 자민-민주 양당 의원들의
정책성향은 어떻게 변화해왔는지를 분석한다.

본 연구에서 주로 활용한 데이터는 아사히신문사와 다니구치(谷口将紀)
교수가 공동으로 국회의원 후보들을 대상으로 실시한 앙케이트 조사 자
료이다. 또한 본 연구에서 분석대상으로 설정한 정책항목들은 〈표 2〉에
서 확인할 수 있다. 중의원 의원의 분석에서는 2005년, 2009년, 2014년
당선자를 모두 분석했다. 2005년 총선에서 자민당이 압승하면서 자민당

9) 김호섭·이면우·한상일·이원덕,『일본 우익연구』, 중심, 2000.
10) 이이범,「2000년대 일본 국회의원들의 보수성향에 대한 실증 분석」,『일본연구』제62호, 2014.

의원수가 크게 증가했고, 반대로 2009년 총선에서는 민주당이 압승하면서 민주당 의원이 크게 증가했다. 세 차례의 당선자들의 정책성향을 비교함으로써, 중의원 의원들의 강경 보수적인 정책 성향이 어떻게 변화되어 왔는지를 파악할 수 있다. 또한 현직 참의원들의 정책성향을 분석하기 위해 2010년과 2013년 참의원 선거 당선자들에 대해서도 중의원의원들과 동일한 방법으로 분석했다.

데이터 분석은 먼저 각 정책 사항별로 자민당과 민주당 의원을 구분하여 교차분석을 실시했다. 전체 의원들에 대해서도 응답 항목별 빈도수를 집계해 선거 당선자 전체의 비교가 가능하도록 했다. 이 분석을 통해 첫 번째 가설을 검증한다.

〈표 2〉 분석대상의 정책 사항

분야	분석대상 조사항목	중의원			참의원	
		05	09	14	10	13
정치 이념	①정책성향의 위치 (강한 진보부터 강한 보수까지 1~10 측정)	O	-	O	-	O
외교 안보 분야	①헌법은 개정해야 하는가	O	O	O	O	O
	②방위력은 더욱 강화되어야 한다	O	O	O	O	O
	③집단적 자위권의 행사를 인정한 내각 결정을 (높게) 평가하는가	O	O	O	O	O
	④타국의 공격이 예상되는 경우, 선제공격을 망설여서는 안 된다.	-	O	O	-	O
	⑤헌법 제9조 개정에 찬성하는가 반대하는가	-	O	O	-	O
	⑥일본의 외교우선순위는 먼저 A '미국'인가 B '아시아' 인가11)	-	12	O	O	O
국제 경제 분야	①국내산업 보호해야 하나, 무역이나 투자의 자유화를 진전시켜야 하나	O	O	O	O	O
	②외국인노동자 수용을 진전시켜야 한다	-	O	O	O	O
국내 사회 분야	①치안을 지키기 위해 프라이버시나 개인권리가 제약되는 것은 당연하다	O	O	O	O	O
	②도덕교육을 더욱 충실화해야한다	-	-	O	O	O
	③정주외국인의 지방참정권을 인정하여야 한다.	O	O	O	O	O
	④수상이 야스쿠니신사에 참배하기를 원한다	-	-	O	-	O

⑤과거 식민지지배와 침략을 사죄한 무라야마담화를 수정해야 하나	-	-	O	-	-
⑥종군위안부에 대한 구일본군의 관여 인정한 고노담화 수정해야 하나	-	-	O	-	-

　또한 정책이념을 제외한 14개 정책에 대한 자민당 의원들의 응답결과를 요인분석(factor analysis)을 통해 각 정책별 응답 내용의 공통요인을 추출했다. 이 공통 요인은 14개의 정책들이 현직 의원들의 보수-리버럴 성향을 잘 반영하는 것들인 만큼, 보수 성향들의 유사성 내지 방향성을 파악하는 것이 가능하다. 이렇게 추출된 자민당 의원들의 정책 방향성이 아베 수상이 반복해서 강조해온 핵심적인 정책방향과 어느 정도 일치하는지를 비교분석한다. 이러한 분석을 통해 자민당 의원들의 강경 보수의 정책방향과 아베 수상의 정책노선의 유사성을 검증할 수 있을 것이며, 이 분석을 통해 두 번째의 가설을 검증할 수 있을 것이다.

　본 연구에서 분석하는 정책 사항은 정치이념을 포함해 외교안보분야 6개, 국제경제분야 2개, 국내사회분야 6개 항목 등 모두 15개 항목이다. 이 정책들은 일본 국내에서 보수-진보[12] 세력 간의 정책적 대립이 명확한 이슈들이다. 이 정책들에 대한 의원들의 평가 의견은 개별 의원들의 정치성향 내지 보수-진보의 스펙트럼에서 분석하기 적절한 사항이라고 판단된다. 15개의 항목 가운데, 헌법 제9조 개정, 무라야마담화 수정, 고노담화수정 등 3항목은 아사히신문사의 조사 내용에 포함되어 있지 않아 예외적으로 마이니치신문사 조사자료를 활용했다.[13] 정책사항에 따라서는 분석 대상

11) 본 정책의 중의원 의원 조사는 2012년과 2014년에만 실시되어 이들 데이터를 분석함.
12) 일본의 정치세력을 정치이데올로기적으로 구분하는 방법 가운데, 최근에 가장 많이 이용되는 것은 리버럴-보수 또는 좌-우이다. 그렇지만 본 연구에서는 편의상 보수-진보로 구분한다.
13) 마이니치신문사 데이터는 응답 선택을 찬성과 반대만의 양자택일적으로 선

선거에 포함되지 않아 일부 총선 당선자들만 분석할 수밖에 없었다.

한편 본 연구에서는 의원들의 보수성향의 수준이 일반인들의 수준과 어떻게 비교되는지를 분석하기 위해 일반인을 대상으로 실시한 여론조사 자료와 함께 분석했다. 여기서 이용한 일반 여론조사 자료는 앞서 기술한 아사히신문사와 다니구치(谷口將紀) 교수가 공동 조사한 2012총선 및 2013참의원선거 유권자조사의 데이터[14]를 이용했다. 조사된 정책 항목 가운데, 두 선거에서 동시에 조사된 경우는, 최신 조사 결과를 우선하여 2013년 데이터를 활용했다. 그리고 본 연구의 분석대상 가운데, 마이니치신문의 조사내용을 활용한 정책 항목은, 별도의 여론조사 기관의 데이터를 활용했다.[15]

4. 분석결과

1) 정책이념의 분석

이 자료는 국회의원들의 정책이념을 좌-우의 1(가장 좌편)~10(가장 우편) 단계로 구분하여 자신이 지향하는 정책이념의 위치를 자유롭게 선택하도록 한 것이다. 먼저 2014년 총선과 2013년 참의원선거 당선자들의 분포를 보면, 다음 〈그림 2〉와 같다.

택하도록 함.

14) 2012年衆院選－13年参院選世論調査(http://www.masaki.j.u-tokyo.ac.jp/utas/utasv.html)

15) 일반인의 여론조사 데이터는 질문내용의 표현에서도 차이가 있지만, 질문의 목적과 응답의 방향이 국회의원 조사 내용과 목적에 일치하는 것들만 선택했다는 점을 밝힌다.

〈그림 2〉 2014년 총선 및 2013년 참의원 당선자의 정책이념의 분포

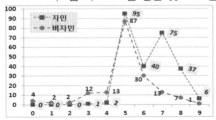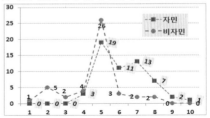

　　자민당 의원들과 그 외 의원들로 구분하여 분석했다. 분석결과를 보면, 자민당 중의원의원들은 강한 보수 성향인 6~9 수준에 응답자 256명 가운데 158명이 포함되어 전체의 61.7%에 이른다. 그 외 의원들 가운데 6~9 수준의 비율은 전체 171명 가운데 51명으로 29.8%였다. 2013년 참의원 당선자들 가운데 보수 6수준 이상의 비율을 보면, 자민당 의원들은 56명 가운데 34명으로 60.7%였다. 그 외의 의원들은 전체 45명 가운데 15.5% 정도였다. 이 분석결과를 보면 자민당의 2014년 총선과 2013년 참의원 당선자들의 강경 보수 이념성향의 비율은 거의 비슷했다는 것을 알 수 있다.

　　그렇다면 2005년, 2012년, 2014년 자민-민주 양당의 총선 당선자들의 강경 보수 이념성향의 비율은 어떻게 변화해왔을까? 다음의 〈그림 3〉은 2005년, 2012년, 2014년 총선에서 당선된 양당 의원들의 분포를 나타낸다.

〈그림 3〉 자민-민주 중의원 의원들의 강경 보수 성향의 변화

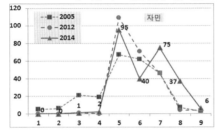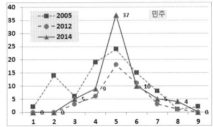

2005년과 2014년 자민당 당선자들을 비교하면, 2005년에 당선되었던 진보[16]성향(1~4)의 의원들 51명 정도가 2014년 총선에서는 자취를 감추었다. 그리고 강경 보수 성향(7~9)의 의원들은 2005년 56명에서 118으로 크게 증가했다. 민주당의 경우는 2014년 당선자수가 크게 감소했기 때문에 2005년과 비교하는 의미가 약하다. 그러나 민주당의 경우도 진보 성향(1~4)의 비율이 크게 감소했다는 것을 확인할 수 있다.

2) 외교안보 분야의 정책성향

(1) 헌법개정

헌법 개정에 대한 찬반의 분포를 보면, 2014년 당선자 가운데 찬성 비율이 크게 높아져 응답자의 84.4%가 찬성했다. 2014년 자민당 당선자는 응답자 268명 전원이 찬성이었다. 민주당 의원 가운데는 61.6%가 찬성했고 반대는 21.9%였다.

참의원 의원들을 보면, 2010년 당선자보다는 2013년 당선자의 찬성 비율이 좀더 높았고, 반대자의 비율도 감소했다는 것을 알 수 있다. 2009년 총선 당선자의 찬성 비율이 비교적 낮고 반대 비율이 높았던 것은, 민주당이 압승해 민주당 의원의 비율이 높아졌고 자민당 의원의 비율이 낮아졌기 때문이다. 일반인들의 찬성 비율은 2013년 참의원선거 때의 조사결과를 보면 44.0%였고 반대는 23.9%였다.

---

16) 설문조사 표현에서는 좌·우의 입장이라고 표현했지만, 본 연구에서는 편의상 진보-보수로 옮겨 표현했다.

〈표 3〉 헌법 개정

응답항목	중의원									참의원		여론
	자민			민주			전체(%)			전체(%)		조사
	2005	2009	2014	2005	2009	2014	2005	2009	2014	2010	2013	2013
찬성	87.2	74.8	78.3	50.0	16.4	20.5	71.8	31.5	59.5	37.6	54.4	17.6
찬성하는 편	9.5	20.7	18.8	22.6	30.0	41.1	15.3	27.6	24.9	33.0	19.3	26.4
어느쪽도 아님	1.5	2.7	2.9	12.3	31.0	16.4	4.5	21.8	5.7	14.7	5.3	32.1
반대하는 편	1.5	1.8	0.0	7.5	13.2	12.3	3.2	9.4	3.1	3.7	7.9	12.7
반대	0.4	0.0	0.0	7.5	9.4	9.6	5.2	9.7	6.8	11.0	13.1	11.2
N	274	111	276	106	287	73	444	445	457	109	114	1,520

(2) 집단적 자위권의 행사

집단적 자위권의 행사에 대해 2005년 당선자들은 34.9%가 지지했고 40.7%가 부정적으로 평가했다. 2014년 당선자들은 68.9%가 지지했고 27.4%는 부정적으로 평가했다. 자민당 의원들만 보면, 2014년 당선자들은 97.1%가 찬성했고, 반대는 1.1%(3명)에 불과했다. 참의원의 전체 의원을 보면, 2010년 당선자의 48.1%가 지지했고, 2013년 당선자는 49.5%가 지지했다. 전체적으로 중의원 의원들의 지지율이 참의원 의원들의 지지율을 앞섰다. 또한 집단적 자위권의 행사에 관해서 현직 자민당 중의원 의원들은 거의 모두 지지하고 있다는 것을 알 수 있다.

〈표 4〉 집단적 자위권 행사의 각의결정

응답항목	중의원									참의원		여론
	자민			민주			전체			전체		조사
	2005	2009	2014	2005	2009	2014	2005	2009	2014	2010	2013	2013
찬성	19.7	32.7	60.4	6.5	5.7	0.0	14.2	12.3	39.6	12.3	27.4	14.0
찬성편	29.0	44.5	36.7	9.3	13.8	4.1	20.7	20.3	29.3	35.8	22.1	24.8
어느 쪽도 아님	28.6	20.0	1.8	20.6	36.9	6.8	24.4	29.7	3.7	12.8	22.1	40.7
반대편	13.9	2.7	0.7	21.5	19.5	23.3	15.8	15.3	6.8	16.5	4.4	10.7
반대	8.9	0.0	0.4	42.1	24.1	65.8	24.9	22.4	20.6	22.0	23.9	9.8
N	259	110	278	107	282	73	430	438	457	109	113	1,483

2013년 참의원 선거 때의 일반인들은 집단자위권 행사가 가능하도록 한 각의결정에 대한 찬성 비율이 38.8%이고, 반대 비율은 20.5%, 그리고 유보적인 태도가 40.7%에 달했다.

(3) 방위력 증강

자위대의 방위력 증강에 대하여 현직 중의원 의원들의 찬반 의견은 각각 72.1%와 9.1%로 나타났다. 2005년 당선자의 찬성 비율이 53.1%였던 것을 고려하면 크게 증가했다는 것을 알 수 있다. 2014년 자민당 당선자들을 보면 찬성 비율이 90.3%였고, 민주당 당선자들은 51.3%였다. 참의원 의원들의 경우도 2013년 당선자는 66.7%가 찬성했다. 2013년 선거 때의 일반인들은 54.2%가 찬성했고, 반대는 14.1%였다. 어느 쪽도 아닌 비율은 31.7%였다.

〈표 5〉 방위력 증강

응답항목	중의원									참의원		여론조사
	자민			민주			전체			전체		
	2005	2009	2014	2005	2009	2014	2005	2009	2014	2010	2013	2013
찬성	22.6	34.2	56.0	7.5	5.9	8.3	16.3	13.3	37.7	20.2	39.3	23.4
찬성하는 편	42.3	36.0	34.3	29.9	18.8	43.0	36.8	22.0	34.4	28.4	27.4	30.8
어느 쪽도 아님	29.8	30	8.3	31.8	44.6	34.7	30.1	38.0	18.7	31.2	19.7	31.7
반대하는 편	3.8	2.7	1.4	15.9	16.4	6.9	7.6	13.3	2.6	9.2	2.6	9.0
반대	1.5	0.0	0.0	15.0	14.3	6.9	9.2	13.5	6.5	11.0	11.1	5.1
N	265	111	277	107	287	72	435	445	459	109	117	1,511

(4) 선제공격

아베 내각은 안전보장 관련법들이 성립되면서 자위대의 집단적 자위권 행사가 가능하다는 입장을 취하고 있지만, 선제공격이 인정되는 경우에 대해서는 여전히 입장을 명확하게 밝힌 적이 없다. 선제공격의 문

제는 현행 평화헌법 하에서는 수용되기 어렵고 일본의 방위정책에서도
전략상 매우 민감한 문제이기도 하기 때문이다.

<표 6> 선제공격

| 응답항목 | 중의원 | | | | | | 참의원 | 여론 |
| | 자민 | | 민주 | | 전체 | | 전체 | 조사 |
	2009	2014	2009	2014	2009	2014	2013	2013
찬성	11.2	6.2	3.9	1.4	5.3	4.4	6.0	10.3
찬성하는편	33.6	21.2	11.3	16.9	17.2	17.8	24.8	20.6
어느 쪽도 아님	39.3	64.1	38.7	33.8	36.6	51.5	28.2	37.5
반대하는 편	12.1	4.8	22.2	19.7	18.8	10.2	10.3	19.1
반대	3.7	3.7	23.9	28.2	22.2	16.1	30.8	12.6
N	107	273	284	71	437	454	117	1,498

일본이 '타국의 공격이 예상되는 경우 선제공격도 망설여서는 안된다'
는 주장에 대해, 현직 중의원 의원의 22.2%는 찬성하고 26.3%는 반대했
다. 2009년 총선 당선자들과 비교하면 찬성 비율은 큰 차이가 없었고,
반대 비율은 감소했다. 자민당 의원들을 비교하면, 2009년 당선자 가운
데 응답자의 44.8%가 찬성했지만, 2014년 응답자 가운데 찬성 비율은
27.4%로 오히려 낮아졌다. 그리고 반대 비율은 2009년 15.8%에서 2014년
8.5%로 낮아졌다. 눈에 띠는 것은 태도 유보 비율이 39.2%에서 64.1%로
크게 증가한 점이다. 2013년 당선된 참의원 의원들은 30.8%가 지지했고
반대 비율은 41.1%였다. 2013년 참의원 선거 때의 일반인들의 응답은
30.9%가 찬성, 31.7%가 반대였으며, 유보 비율은 37.5%였다. 일반인들의
찬성비율은 2013년 참의원 당선자들과 비슷한 수준이었지만, 2014년 자
민당 당선자들보다도 높았다.

(5) 헌법 제9조 개정

일본의 헌법개정파 세력들이 현행 평화헌법을 개정하려는 가장 큰 목적은 제9조에서 규정한 전쟁포기, 군대보유와 교전권의 부인을 수정하여 가능하도록 하기 위함일 것이다. 2014년 총선 당선자들은 제9조 개정에 대해, 찬성과 반대 비율이 각각 67.6%와 32.4%였다. 2009년 당선자들과 비교하면 찬성 비율이 크게 증가했다는 것을 알 수 있다. 2014년 자민당 당선자들을 보면 찬성 비율이 95.1%였다. 2013년 참의원 당선자들은 찬성이 53.1% 반대가 32.1%였다. 2013년 참의원 선거 때의 일반인들의 응답을 보면, 제9조의 개정에 찬성하는 비율이 43.0% 반대 29.2%로 찬성 비율이 높았고, 의견보류 비율은 27.8%였다.

〈표 7〉 제9조 개정[17]

응답항목	중의원						참의원	여론
	자민		민주		전체(%)		전체(%)	조사
	2009	2014	2009	2014	2009	2014	2013	2013
찬성	83.6	95.1	32.0	14.7	38.9	67.6	53.1	43.0
어느 쪽도 아님	-	-	-	-	-	-	14.8	27.8
반대	16.4	4.9	68.0	87.3	61.1	32.4	32.1	29.2
N	67	247	253	55	365	393	115	1,519

* 중의원 자료는 마이니치신문사의 자료, 참의원 자료는 아사히신문사의 자료임.

(6) 일본외교의 우선순위

일본외교의 우선순위를 미국으로 할 것인가 아시아국가들로 할 것인가에 대한 조사이다. 2000년대 들어 미일동맹이 한층 더 강화되는 가운데

---

17) 마이니치신문사 조사에서는 응답선택 항목을 찬성, 반대만을 제시하여 양자택일 응답이었고, 아사히신문사 조사에서는 찬성, 찬성하는 편, 어느 쪽도 아님, 반대하는 편, 반대 등 5가지 항목의 선택이었다. 찬성과 찬성하는 편은 찬성으로, 반대와 반대하는 편은 반대로 각각 묶었다.

일본과 동아시아의 주변국들과의 관계는 과거사와 영토 문제로 악화되었다. 이와 관련하여 일본 내에서는 미일동맹 강화론자가 주류였지만, 동아시아의 주변국들과의 관계개선을 요구하는 목소리도 적지 않다.

2014년 총선 당선자들의 의견은 53.1%가 미국을 선택했고, 아시아를 선택한 비율은 12.3%였다. 2012년 당선자들과 비교하면, 미국을 선택한 비율은 크게 감소했고 아시아를 선택한 비율은 약간 증가했다. 2014년 자민당 당선자들은 38.9%가 미국을 선택했고 아시아를 선택한 의원은 4.9%에 불과했다. 참의원 의원들의 경우는 2013년 당선자의 54.8%가 미국을 선택했고, 아시아를 선택한 당선자는 18.2%였다. 2012년 총선 때의 일반인들은 42.5%가 미국을 선택했고 아시아를 선택한 비율은 26.9%였으며, 유보비율은 30.6%였다. 국회의원들이나 일반인들 모두 아시아보다는 미국을 중시하는 외교정책을 크게 지지한 것으로 나타났다.

〈표 8〉 일본 외교의 우선순위는 미국인가 아시아인가

| 응답항목 | 중의원 | | | | | | 참의원 | | 여론조사 |
| | 자민 | | 민주 | | 전체 | | 전체(%) | | |
	2012	2014	2012	2014	2012	2014	2010	2013	2012
미국	34.6	20.6	12.7	5.6	25.5	16.1	12.1	16.5	14.2
미국의 편	44.1	38.6	47.3	33.3	46.5	37.0	27.1	38.3	28.3
어느 쪽도 아님	16.5	36.0	30.9	45.8	19.9	34.8	37.4	27.0	30.6
아시아의 편	4.4	4.5	7.3	12.5	6.0	9.8	21.5	7.8	21.2
아시아	0.4	0.4	1.8	2.8	2.0	2.5	1.9	10.4	5.7
N	272	267	55	72	447	449	107	115	1,900

3) 국제경제 분야

(1) 국내산업 보호인가 무역·투자의 자유화인가

2014년 당선자들은 31.8%가 국내산업의 보호를 우선하는 것을 선택했

고, 24.1%는 무역 및 투자의 자유화를 진전시키는 것을 선택했다. 2009
년 당선자들은 국내산업의 보호를 31.8%가 선택했고, 무역과 투자의 자
유화는 19.5%가 선택했다. 국내산업의 보호조치를 우선하는 의원들의
비율이 상대적으로 높았지만, 2010년 참의원 당선자들은 2013년 당선자
들에 비해 무역과 투자의 자유화에 대한 지지 비율이 높았다.

〈표 9〉 산업보호인가 무역투자 자유화인가

응답항목	중의원						참의원		여론조사
	자민		민주		전체		전체		
	2009	2014	2009	2014	2009	2014	2010	2013	2012
산업보호	6.3	4.5	5.2	1.4	7.2	8.3	7.3	12.1	24.1
산업보호편	37.8	24.1	35.0	27.4	34.8	23.5	29.4	33.6	38.5
어느 쪽도 아님	33.3	50.9	40.6	34.2	38.6	44.1	40.4	28.4	22.6
자유화편	19.8	12.4	17.1	22.5	17.2	19.5	18.3	16.4	10.7
자유화	2.7	2.4	2.1	8.2	2.3	4.6	4.6	9.5	4.0
N	111	274	286	72	443	456	109	116	1,833

2013년 참의원 당선자들은 국내산업의 보호를 우선하는 비율이 중의
원 의원들에 비해 더욱 높아 45.7%에 달했다. 그렇지만 현재의 아베 내
각이 TPP(아시아태평양동반자협정)의 가입을 결정한 만큼, 현직 국회의
원들의 국내산업보호의 명분은 약화되고 있는 것으로 보인다. 2012년
총선 때 조사된 일반인들의 응답은 국내산업 보호를 지지하는 비율이
62.6%였고 자유화를 지지하는 비율은 14.7%였다. 국회의원들에 비해 산
업보호론의 찬성 비율이 훨씬 높다는 것을 알 수 있다.

(2) 외국인 노동자의 수용

저출산 초고령화 사회이면서 총인구가 감소하는 일본으로서는 외국
인 노동자의 수용이 불가피해졌다. 그러나 외국인 노동자의 수용에 대

해 2014년 총선 당선자들의 응답자 가운데 27.5%가 지지했지만 32.0%는 반대했다. 2009년 당선자들과 비교하면, 찬성 비율은 감소했고 반대 비율은 증가했다. 2013년 참의원 의원들의 찬성 비율은 36.9%로 반대 비율 18.3%의 2배에 달했다. 2004년 단순노동자로 외국인 노동자를 수용하는 것에 대한 조사이기는 하지만, 일본인들의 외국인 노동자에 대한 수용 자세는 국회의원들보다 높게 나타났다.

〈표 10〉 외국인 노동자의 수용을 적극 추진하여야 하는가

응답항목	중의원						참의원		여론조사
	자민		민주		전체		전체		
	2009	2014	2009	2014	2009	2014	2010	2013	2012
찬성	3.6	1.5	6.3	1.4	6.7	2.0	3.6	4.3	6.2
찬성편	26.1	20.5	27.4	31.5	27.1	25.5	33.6	32.2	16.4
어느 쪽도 아님	46.8	37.7	45.1	39.7	45.3	40.4	49.1	45.2	45.3
반대편	18.0	15.4	18.8	21.9	17.7	16.0	12.7	12.2	23.0
반대	5.4	24.5	2.4	5.5	3.1	16.0	0.9	6.1	9.1
N	111	273	288	73	446	455	110	115	1,837

4) 국내사회 분야

(1) 치안을 위한 개인 권리의 제약

치안을 지키기 위해 프라이버시나 개인의 권리가 제약되는 것은 당연하다는 것에 대한 의견을 묻는 사항이다. 강경 보수 성향의 의원이라면, 개인의 권익보다는 국가나 사회 전체의 치안을 우선할 것이다.

이 질문에 2014년 당선자들의 28.0%는 찬성했고 32.1%는 반대했다. 2005년 당선자와 비교하면, 찬성 비율은 감소했고 반대 비율은 증가했다. 2014년 당선자들이 2005년 당선자들에 비해 개인의 권익 보호에 조금 더 적극적이라는 것을 알 수 있다. 자민당의 2014년 총선 당선자들을

보면, 찬성 비율은 41.2%였고, 반대 비율은 10.4%였다. 2005년 자민당 당
선자들의 찬성 비율은 41.3%였고 반대 비율은 10.4%였다. 민주당 의원
들의 찬성 비율이 9.6%, 반대 비율이 57.5%인 것과 대조적이다. 자민당
의원들이 개인의 권익보다는 국가나 사회 전체의 치안을 중요시한다는
것을 알 수 있다. 2013년 당선된 참의원 의원들을 보면, 개인의 권리 제
약에 찬성하는 비율이 16.6%였고 반대하는 비율은 34.2%로 반대 비율이
2배 가까이 높았다. 2012년 총선 때의 일반인들의 응답에서는 찬성이
47.8%, 반대는 19.2%였다. 찬성 비율은 2014년 자민당 당선자들보다도
높게 나타났다.

〈표 11〉 치안을 지키기 위한 프라이버시 및 개인권리의 제약

| 응답항목 | 중의원 | | | | | | | | | 참의원 | | 여론 |
| | 자민 | | | 민주 | | | 전체 | | | 전체 | | 조사 |
	2005	2009	2014	2005	2009	2014	2005	2009	2014	2010	2013	2012
찬성	12.0	5.4	6.0	2.7	1.4	0.0	8.2	2.5	3.6	2.8	2.6	17.7
찬성편	36.7	42.3	35.3	13.6	10.7	9.6	27.9	18.3	24.4	13.8	14.0	30.1
어느 쪽도 아님	41.6	40.5	48.3	34.5	41.7	32.9	39.0	40.6	39.9	56.9	49.1	33.1
반대편	8.6	10.8	8.9	30.0	33.1	37.0	15.9	25.7	21.5	15.6	17.5	12.2
반대	1.1	0.9	1.5	19.1	13.1	20.5	9.1	12.9	10.6	11.0	16.7	7.0
N	267	111	269	110	290	73	441	448	451	109	114	1,841

(2) 도덕교육의 충실화

학교의 정규교과 과정의 하나로 도덕교육을 강화하는 것은 일본의 전
통질서와 가치관을 중시하는 자민당 정권에게는 중요한 교육정책의 하
나이다. 2000년대 들어 일본의 사회규범이 흔들리고 이지메 문제가 대
두되면서, 현 아베 내각은 중학교 교육과정에 '도덕교육'을 특별교과로
격상시켜 전임교사를 배치하고 문부과학성이 검정한 교과서로 교육하
려고 계획하고 있다.[18] 이에 대해 검정교과서의 도입으로 오히려 다양

한 생각을 교육시킬 기회가 상실되고, 도덕교육에 정부가 개입하게 되어 딱딱한 교육으로 변질되는 부작용이 염려된다는 비판의 목소리도 있다.[19] 학교 교육에서 도덕교육을 충실화하는 것에 대해 2014년 총선 당선자는 72.3%가 찬성했고, 반대의견은 8.7%였다. 자민당 의원들은 전체 277명 가운데 93.8%가 찬성했고, 반대자는 없었다. 2013년 참의원 당선자들의 찬성 비율은 73.5%로 2014년 총선 전체 당선자의 찬성 비율과 비슷했다. 2012년 총선 때 일반인들의 응답은 찬성이 79.5%였고 반대는 3.2%에 불과했다.

〈표 12〉 도덕교육 충실화

응답항목	중의원						참의원		여론
	자민		민주		전체		전체		조사
	2012	2014	2012	2014	2012	2014	2010	2013	2012
찬성	68.5	62.8	19.6	8.2	52.4	42.2	38.5	41.0	42.9
찬성편	29.3	31.0	53.6	34.2	36.9	30.1	39.4	32.5	36.6
어느 쪽도 아님	2.2	6.1	19.6	37.0	8.2	19.0	13.8	17.9	17.2
반대편	0.0	0.0	7.1	15.1	2.0	7.2	4.6	5.1	2.2
반대	0.0	0.0	0.0	5.5	0.4	1.5	3.7	3.4	1.0
N	276	277	56	73	452	459	109	117	1,832

(3) 정주외국인의 지방참정권 인정

일본에서 특별 영주의 거주자격을 취득하고 있는 외국인[20]에게 지방

---

18) 제2차 아베 내각에서는 내각의 최고 중요과제의 하나로 2013년 1월 내각의결로 21세기 일본에 적합한 교육체제를 구축하고 교육개혁을 추진하기 위해 '교육재생실행회의'를 설치하였고, 그 가운데 유식자회의를 개최하여 개혁추진 방안을 강구하고 있다. 이지메문제에 대한 대책, 교육위원회제도 등의 운영안, 학제운영방안, 지방창생을 실현하는 교육의 방안, 교사의 역할과 자세, 교육투자·교육재원의 방안 등 8차례 보고서를 내놓고 있다(https://www.kantei.go.jp/jp/singi/ kyouikusaisei/ teigen.html: 2015년 10월 31일 검색).

19) 2013년 12월 3일 「時論公論」, 「道徳を教科にするのはなぜ?」(http://www.nhk.or.jp/kaisetsu-blog/100/174520.html(2015년 10월 29일 검색)

자치단체의 단체장과 의회 의원의 선거권을 부여하자는 주장에 대한 조
사이다. 그 동안 민주당, 공명당, 사민당, 일본공산당 등의 의원들이 정
주 외국인의 지방참정권을 인정하는 법안을 다수 제출했다. 그러나 자
민당 의원들의 반대로 대부분 심의가 진행되지도 못하고 폐안이 되었
다. 그리고 민주당의 하토야마 내각과 간 내각에서 내각의 의결을 통해
정부안으로서 법률안을 제출하는 것을 추진하기도 했지만, 일부 단체의
반대 운동과 압박으로 결국 실현되지 못했다.

〈표 13〉 외국인 지방참정권 인정

응답항목	중의원									참의원		여론
	자민			민주			전체			전체		조사
	2005	2009	2014	2005	2009	2014	2005	2009	2014	2010	2013	2012
찬성	8.6	0.9	0.0	25.7	33.4	8.2	20.9	28.2	9.4	15.6	18.8	13.4
찬성편	15.4	6.3	0.7	30.3	33.4	28.8	18.0	25.1	10.0	14.7	6.0	28.0
어느 쪽도 아님	32.2	38.7	10.0	22.0	20.7	28.8	26.1	24.4	12.9	13.8	17.9	33.6
반대편	22.5	26.1	19.6	10.1	5.9	17.8	18.2	10.5	20.0	6.4	8.5	11.0
반대	21.3	27.9	64.6	11.9	6.6	16.4	16.8	11.9	47.7	49.5	48.7	13.9
N	267	111	276	119	290	73	440	447	459	109	117	1,850

정주 외국인의 지방참정권을 부여하는 것에 찬성하는 의원은 2014년
당선자의 경우 찬성 19.4%, 반대 67.7%였다. 2005년 당선자와 비교하면,
찬성 비율은 19.5% 감소했고, 반대 비율은 32.7%나 증가했다. 2014년 자
민당 당선자들을 보면, 반대 비율은 84.2%에 달했다. 2013년 참의원 당
선자들도 찬성 비율이 24.8%, 반대 비율은 57.2%였다. 2012년 총선 때
일반인들의 조사에서는 찬성 비율이 41.4%, 반대 비율은 24.9%였다.

---

20) 1991년 시행된 「日本国との平和条約に基づき日本の国籍を離脱した者等の出入
   国管理に関する特例法」에 따라 거주자격을 취득한 외국인은, 일본이 항복문
   서에 조인한 1945년 9월 2일 이전부터 일본에 거주하고 있었던 '평화조약국적
   이탈자(조선인 및 대만인)와 그 자손이 주 대상이다.

(4) 수상의 야스쿠니신사 참배

수상의 야스쿠니신사 참배는 한일과 중일 정부 간의 주요한 갈등 요인이다. 일본의 강경 보수 세력은 수상의 신사참배는 기본적으로 일본 내정의 문제이기 때문에 외국이 간섭할 사항이 아니라고 주장한다. 그러나 일본 국내에서도 정경이 분리되고 있고, A급 전범이 합사된 특정 신사에 수상이 참배하는 것은 적절하지 않다는 지적도 많다.

〈표 14〉 수상의 야스쿠니신사 참배

응답항목	2014 총선			2013참의원	여론조사
	자민	민주	전체	전체	일본경제신문21)
찬성	22.6	1.4	15.0	18.4	45%
찬성편	29.7	2.8	19.2	29.8	
어느 쪽도 아님	39.1	11.3	28.0	18.4	6%
반대편	7.5	22.5	13.9	3.5	43%
반대	1.1	62	23.9	29.8	
합계	266	71	447	114	1,053

수상의 참배에 대한 2014년 당선자들의 의견은, 찬성이 34.2%, 반대 37.8%로 반대 비율이 약간 높다. 자민당 의원의 경우, 찬성 비율은 266명 응답자 중 139명으로 52.2%이고 반대 비율은 22.5%였다. 2013년 참의원 당선자는 찬성이 48.2% 반대가 33.3%였다. 2014년 1월 조사된 일본경제신문의 여론조사를 보면, 일반인의 45%는 아베 수상의 야스쿠니신사 참배가 적절했다고 응답했고 43%는 부적절했다고 했다.

---

21) 日経定例(特別)電話世論調査, 2014년 1월 23~26일간 조사되었고 아베수상의 야스쿠니신사 참배가 적절했는지 부적절했는지를 질의함. 적절하다는 응답을 찬성으로, 부적절한 것을 반대한 것으로 집계하였다(http://www.nikkei-r.co.jp/phone/index.html: 2015년 10월 27일 검색).

(5) 무라야마담화 및 고노담화의 수정

무라야마담화는 과거 식미지지배와 침략주의 역사에 대한 사죄를 담고 있고, 고노담화는 종군위안부 문제에 대한 구 일본군의 관여를 인정하고 사죄한 것이다. 과거사의 침략성과 국가책임을 부인하는 강경 보수 세력들은 이 두 담화가 사실의 왜곡이며 날조된 것에 기초한 것들이기 때문에 수정되어야 한다고 주장한다.

무라야마담화를 수정해야한다는 주장에 대해, 2014년 총선 당선자들의 찬성과 반대 비율은 각각 32.4%와 67.6%였다. 자민당 의원들의 찬성 비율은 48.9%였다. 마이니치신문사가 2015년 1월 실시한 여론조사를 보면, 일반인들은 무라야마담화를 계승하여야 한다는 의견과 계승하지 않아도 된다는 의견이 다 같이 34%였다.

〈표15〉 무라야마 및 고노 담화 수정

응답항목	무라야마 담화 수정				고노담화 수정			
	2014 중의원		여론조사		2014 중의원		여론조사	
	자민	민주	전체	마이니치[22]	자민	민주	전체	시사통신[23]
찬성	48.9	6.0	32.4	34.0	69.9	11.5	47.2	45.1
반대	51.1	94.0	67.6	50.0	30.1	88.5	52.8	32.6
N	220	67	392	1,012	215	61	379	

고노담화의 수정에 대해서는 2014년 총선 당선자들 가운데 응답자의 47.2%가 수정하여야 한다고 했고, 52.8%는 답습하여야 한다고 답했다.

---

22) 마이니치신문사가 20015년 1월 17~18일 실시한 여론조사에서, 아베수상의 전후70년 담화에 무라야마 담화를 계승하여야 한다는 의견이 50%, 계승하지 않아도 좋다는 의견이 34%였음.

23) 시사통신사가 2014년 11월 여론조사에서 고노담화의 수정 여부에 관하여, 응답자의 45.1%는 수정하여야 한다고 했고, 32.6%는 답습하여야 한다고 응답함 (시사통신사 2014년 11월 14일자)

반면에 2014년 11월 시사통신사가 실시한 여론조사를 보면 응답자의
45.1%가 수정에 찬성했고, 32.6%는 답습하여야 한다고 응답했다.

5) 자민당 재선 이하 의원과 3선 이상 의원의 정책성향 분석

　본 연구의 두 번째 가설에서 2012년 및 2014년 총선을 거치면서 자민
당 의원들의 강경보수 성향이 확산된 것에는, 아베 수상을 중심으로 한
강경보수 세력의 영향이 있었을 것이라고 가정했다. 특히 2014년 당선
자 가운데, 아베 수상이 당 총재로서 후보 공천에 강한 영향력을 행사할
수 있었던 재선 이하의 의원들은 3선 이상의 의원들에 비해 강경보수
성향이 더욱 강한 인물들일 수 있다고 가정했다. 따라서 여기서는 자민
당의 중의원 의원을 재선 이하와 3선 이상으로 구분하여, 두 그룹 간의
정책성향의 차이를 비교했다.

　먼저 재선 이하 그룹과 3선 이상 그룹의 평균값 차이가 사회통계학적
으로 유의미한 것인가를 분석하기 위해 독립표본 T검증을 실시했다.

〈표 16〉 자민당의 재선 이하와 3선 이상 중의원 의원들의 평균값에 대한 독립표본
T검증 결과

정책항목	F값	t값	유의수준	정책항목	F값	t값	유의수준
헌법개정	1.566	1.057	0.291	외국인노동자수용	14.118	2.154	0.032
방위력강화	0.903	0.693	0.489	치안위한 인권제약	0.001	0.018	0.986
선제공격	3.371	-0.973	0.332	도덕교육 강화	0.797	0.643	0.521
집단적 자위권	1.878	-0.640	0.523	외국인참정권인정	4.259	0.905	0.366
미국 아시아인가	2.595	1.916	0.108	수상야스쿠니참배	12.951	-3.069	0.002
제9조 개정	1.361	-0.559	0.244	무라야마담화수정	8.878	-4.925	0.000
산업보호, 자유화	1.409	-0.587	0.557	고노담화수정	23.081	-4.690	0.000

실시 결과는 〈표 16〉에서 확인된다. 재선 이하와 3선 이상의 그룹 간의 평균값 차이가 5%이하의 유의수준에서 유의미한 것은, 외국인 노동자의 수용, 수상의 야스쿠니신사 참배, 무라야마담화 수정, 고노담화 수정 등 4개 항목이었다. 이들 4개 항목 이외에서는 재선 이하 그룹과 3선 이상의 그룹 간의 평균 값 차이는 사회통계학적으로 신뢰할 수 없는 것으로 판명되었다. 이하의 표17에서 14개 모든 항목에 대해 평균값을 비교했다.

〈표 17〉 재선 이하와 3선 이상 자민당 중의원 의원의 정책성향 비교

응답 항목	헌법개정		방위력		집단적 자위권		선제공격		개인권리 제약		도덕교육 충실		헌법 제9조개정	
	2선 이하	3선 이상	2선 이하	3선 이상	2선 이하	3선 이상	2선 이하	3선 이상	2선 이하	3선 이상	2선 이하	3선 이상	2선 이하	3선 이상
찬성	81.4	81.2	72.0	68.1	69.5	64.2	22.3	20.5	26.9	26.2	72.5	68.1	56.0	56.0
반대	11.4	8.1	10.4	7.8	25.4	26.9	22.3	26.9	31.0	30.2	9.8	7.5	24.9	28.0
N	193	282	193	282	193	282	193	282	193	282	193	282	193	282

응답 항목	외국인 참정권		외국인 노동자		야스쿠니 참배	
	2선 이하	3선 이상	2선 이하	3선 이상	2선 이하	3선 이상
찬성	17.1	19.9	22.3	29.0	41.4	25.8
반대	68.4	49.6	35.8	27.3	31.1	38.6
N	193	282	193	282	193	282

응답항목	A미국, B아시아		A산업보호, B무역투자 자유화	
	2선 이하	3선 이상	2선 이하	3선 이상
A에 가깝다	47.7	51.7	32.1	29.5
B에 가깝다	15.0	9.2	22.3	23.7
N	193	282	193	282

응답 항목	고노담화 수정		무라야마담화 수정	
	재선 이하	3선 이상	재선 이하	3선 이상
찬성	50.8	28.7	38.3	18.8
반대	32.6	48.6	45.1	63.1
N	193	282	193	282

자민당 중의원 의원을 재선과 3선 이상의 그룹으로 나눌 때, 14개 정책들 가운데 외국인 노동자 수용 정책, 수상의 야스쿠니 참배, 무라야마 담화 수정, 고노담화 수정의 정책들에서만 평균값의 차이가 의미 있는지에 대해서 논리적인 해석을 하기는 어렵다. 연령과 이들 4개 항목 간의 상관성 분석을 해도 유의미한 연관성은 나타나지 않았다. 이들 4개의 정책 항목에서는 재선 이하의 의원들은 일정 부분 아베 수상의 정책성향의 영향을 일부 받았다고 해석해도 무리가 없을 것 같다. 그렇지만 외교안보 분야와 국내 사회교육 분야의 정책에서의 영향은 거의 무시해도 좋을 수준이라는 것이 명백하다.

5. 가설검증

앞서 기술한 본 연구의 가설에서, 첫 번째 가설은 초선과 재선 의원들은 최초의 자민당 공천이 아베 수상의 집권기에 결정되었기 때문에, 아베 수상의 정치노선에 가까운 인물들이 대거 영입되었을 것이라는 것이다. 앞선 결과분석를 보면, 자민당의 초재선 의원들의 보수성향이 3선 이상의 의원들보다 강경하게 나타난 정책들은 외국인 노동자의 수용, 수상의 야스쿠니신사 참배, 고노 및 무라야마 담화의 수정 등이었다. 이들 정책 사항에서는 아베 수상의 영향이 초재선 의원들의 정책성향에 일부 있었다고 추론하는 것이 가능할 것이다. 그렇지만 안보외교 분야와 국내 사회교육 분야의 정책들에서는 아베 수상의 정책 노선의 영향이 거의 없었다고 판단된다. 따라서 현직 자민당 의원들에 대한 아베 수상의 직접적인 영향으로 강경 보수 성향이 강화되었다는 첫 번째 가설은 일부 정책성향에서만 성립한다고 판단된다.

두 번째의 가설은 자민당 의원들의 정책성향이 아베 수상의 정책노선의 영향을 받았다면, 14개 정책사항에 대한 의원들의 정책성향에 나타나는 공통적인 특성은 아베 수상이 역점적으로 추진하는 정책의 핵심 방향과 내용에 근접할 것이라는 것이다. 이를 증명하기 위해 먼저 14개 정책들에 대한 자민당 의원들의 정책성향의 공통적인 특성을 추출하는 것이 필요하다. 그 다음에 그 공통적인 특성과 아베 수상이 역점적으로 추진하는 정책들의 핵심적인 방향 및 내용과 비교함으로써, 가설의 입증 여부를 확인할 수 있다.

〈표 18〉 자민당 중의원 의원들의 정책성향에 대한 요인성분 분석 결과

회전된 성분행력	성분	
	1. 일본대국화	2. 역사전통의 존엄성
도덕교육충실화	.964	-.019
방위력 강화	.964	-.025
영주외국인 지방참정권인정	.939	.028
집단적 자위권 행사 각의결정	.926	-.010
선제공격	.883	.036
외국인노동자수용	.879	.019
A국내산업보호 B무역투자 자유화	.818	.027
치안위한 개인권리 제약 당연	.807	.098
일본외교순위 a미국 b아시아	.768	.082
헌법개정 찬반	.759	-.001
수상야스쿠니 참배	.753	.202
고노담화 수정	.045	.934
무라야마담화 수정	.042	.914
9조개정 찬반	.013	.370
설명률(%)	58.8	13.6

먼저 14개의 정책별 자민당 중의원 의원들의 정책성향에 나타나는 공통적인 특성을 추출하기 위해 요인분석을 실시했다. 14개 정책사항들의

상호 연관성을 이용하여 공통 성분을 추출해내기 위해 베리맥스법으로 회전분석했다. 그 결과는 2개의 요인이 추출되었고, 그 결과는 표18과 같다. 14개 정책 중 무라야마담화, 고노담화, 제9조개정을 제외한 11개 정책이 제1성분으로 묶어졌고, 제2성분으로는 무라야마담화와 고노담화가 묶어졌다. 1, 2성분의 회전 제곱합 적재값의 누적은 각각 58.8%와 13.6%로 72.4%에 달하는 상당히 높은 수준이었다. 제1성분으로 묶인 11개 정책성향에 나타나는 공통적인 특성은 무엇일까? 그리고 제2성분으로 묶여진 고노담화 수정과 무라야마담화 수정에 공통하는 특성은 무엇일까? 본 연구에서는 제1의 공통성분을 '일본대국화'로 규정했고, 제2 공통성분으로는 '일본의 역사전통의 존엄'으로 설정했다. 이렇게 규정한 것은 11개 정책성향과 2개의 정책성향들이 각각 공통적으로 지향하는 정책목표의 방향이라고 판단했기 때문이다. 그런데 이러한 공통적인 정책 방향은, 아베 수상이 이러한 14개의 정책들을 추진하면서 자주 언급하고 강조했던 표현들이기도 하다. 2012년 총선 때 아베 총재가 자민당 매니페스토에서 강조했던 것이 강한 일본을 회복시킨다는 것이었고, 강한 일본에 필요한 강한 경제를 살리기 위한 것이 아베노믹스라고 강조했다. 또한 아베 수상이 수정주의적 역사관을 강조하는 가장 큰 목표도, 일본의 과거 역사와 전통, 문화에 대한 자부심을 회복하는 것임은 명백하다.

이런 분석 결과를 보면, 자민당 의원들이 14개의 정책들에 대해 지니고 있는 강한 보수성향에는 아베 수상의 정책노선의 특성들과 중첩되는 부분이 적지 않은 것 같다. 즉 자민당 의원들의 강한 보수의 정책성향에도 강한 일본을 지향하고 과거의 암울한 침략역사를 희석시키고 일본인들의 자존심과 존엄심을 되찾으려는 사상들이 강하게 작용하고 있는 것으로 보인다.

그리고 각 정책들이 공통적으로 추출한 성분을 좌표로 해서 공간적으로 어떻게 위치하는 지를 확인하기 위해 베리멕스 회전법을 이용해 〈그림 4〉와 같이 출력했다.

〈그림 4〉 공통성분의 회전공간에서의 각 정책성향의 위치

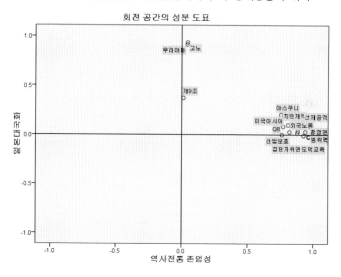

14개의 정책들이 두 개의 공통 성분, 즉 '일본의 대국화'와 '역사전통의 존엄성'의 좌표에 따라 어떻게 위치하고 있는 지를 한 눈에 파악할 수 있다. 일본의 대국화 성향이 강하고 역사전통의 존엄성이 상대적으로 높은 위치에 안보외교를 강화하고, 경제성장을 촉진하고, 사회안정과 전통가치를 중시하는 정책들이 집중적으로 위치하고 있는 것을 확인할 수 있다. 또한 역사전통의 존엄성의 축에서 가장 높은 위치에 고노 및 무라야마 담화의 수정을 지지하는 정책성향이 위치하고 있다. 보수성향의 정책들 가운데, 공통적인 요인을 공유하고 있는 정책군들이 어떠한 지를 이해할 수 있다.

그런데 이러한 자민당 의원들의 공통적인 정책성향은 아베 수상이나
소수 특정 그룹이 직접적인 영향을 주었다고 보기는 어려운 것 같다.
2000년대 들어 자민당 당선자들은 전체적으로 강한 보수 성향의 방향에
서 전체적으로 변화하고 동조하고 있는 것으로 해석된다. 이런 판단이
가능한 것은 일본 의원들의 정책성향의 보수화가 아베 수상의 임기 중
에 급격하게 상승한 것이 아니고, 2005년, 2009년, 2012년, 2014년 총선을
거치면서 전반적으로 증가해왔기 때문이다. 〈표 19〉는 강경 보수 노선
의 정책 성향이 가장 민감하게 나타나는 7개 정책에 대한 자민당 당선
자들의 응답의 평균과 표준편차를 비교 정리한 것이다.

〈표 19〉 2005, 2009, 2012, 2014 자민당 당선자의 보수적 정책성향의 변화

정책항목	2005 총선당선자		2009 총선당선자		2012 총선당선자		2014 총선당선자	
	평균(표준편차)	N	평균(표준편차)	N	평균(표준편차)	N	평균(표준편차)	N
방위력증강	2.19(0.88)	265	1.98(0.85)	111	1.38(0.56)	277	1.55(0.70)	277
선제공격	2.71(1.04)	266	2.64(0.96)	107	2.68(0.87)	273	2.78(0.78)	273
집단적 자위권행사	2.63(1.20)	259	1.93(0.79)	110	1.33(0.55)	276	1.44(0.60)	278
치안위한 인권제약	2.50(0.85)	267	2.59(0.79)	111	2.43(1.00)	274	2.65(0.78)	269
외국인참정권인정	3.33(1.21)	267	3.74(0.97)	111	4.68(0.64)	277	4.56(0.70)	276
외국인노동자 수용	-	-	2.95(0.89)	111	3.14(0.84)	276	3.40(1.12)	273
도덕교육 충실화	-	-	2.84(0.59)	110	1.34(0.51)	276	1.43(0.60)	277

* 각 항목별 척도값은, 1=찬성, 2=찬성하는 편, 3=어느 쪽도 아님, 4=반대하는 편,
5=반대로 동일함.

이 분석에서 확인할 수 있는 것은, 방위력증강, 집단적 자위권, 외국
인참정권, 도덕교육 충실화의 4개 정책에서는 2005년부터 2012년까지는
보수 성향이 지속적으로 강화되었지만, 2014년에는 오히려 약간 완화되
었다. 선제공격은 2005년에서 2009년은 보수 성향이 강화되었지만, 2012
년부터는 완화되고 있다. 외국인 노동자 수용의 정책 성향은 지속적으
로 강화되고 있는 것으로 보인다. 치안을 위한 인권제약은 2009년은 완

화되고, 2012년은 강화되었고 2014년은 완화되는 등 일정한 방향성이 나타나지 않았다. 이처럼 자민당 중의원 의원들에게 나타나는 정책의 보수 성향은 정책 항목에 따라 약간의 차이가 있다. 전체적으로 2005년과 20014년을 비교하면, 방위력증강, 집단적 자위권, 외국인참정권은 보수 성향이 크게 강화되었다는 것을 알 수 있다. 예외적으로 선제공격은 오히려 보수 성향이 완화되기도 했다. 그리고 외국인 노동자 수용과 도덕교육 충실화는 2009년과 2014년을 비교하면, 크게 강화되었다는 것을 알 수 있다.

이런 비교 결과를 보았을 때, 일본 자민당 의원들에게 보이는 정책성향의 보수화 현상은 정책 항목에 따라 다르게 나타나는 것을 알 수 있다. 보수화의 양상은 단순하지 않고 특정한 시기에 집중해서 나타난 것도 아닌 것으로 해석된다. 또한 특정한 성향의 정치 그룹에 따라 크게 좌우되고 있는 것도 아닌 것 같다. 선제공격의 정책 성향처럼 국내외의 특별한 환경 요인이 영향을 주는 경우도 있는 것으로 보인다.

6. 결론

일본 국회의원들의 강경 보수 성향은 2005년, 2009년, 2014년 총선 당선자들과 2010년과 2013년 참의원 당선자들의 정책성향을 실증적으로 분석한 결과 전반적으로 크게 확산되고 증가해왔다고 규정할 수 있다. 특히 자민당 의원들의 경우는 일반인들에 비해 현격하게 높은 수준의 보수 성향을 보이고 있는 것이 여러 정책성향에서 확인되었다. 또 한편으로 일반인들의 보수 우경화 성향도 과거에 비하면 크게 증가한 것으로 보인다. 이렇게 일본의 국회의원들과 일반인들 사이에서 확산된 강한 보수 성향은 특정 이슈에 대해서만 나타나는 것은 아니고, 관련 정책 사항들이 밀접하게 상호작용하면서 안보외교 분야, 국내 사회경제 분야의 구분 없이 광범위하게 확산되고 있는 것으로 보인다.

또한 본 연구를 통해 아베 수상의 강경 보수 성향이 자민당 국회의원들의 정책성향에 직접적으로 영향을 주었는지는 일부는 확인되었지만, 전체적으로는 명확하지 않은 부분이 많다. 아베 수상의 정책성향이 자민당 의원들의 정책성향을 선도하는 것인지, 아니면 아베 수상이 자민당 국회의원들의 정책성향을 수렴해 정책화하는 것인지는 전체적으로 판단하기는 어렵다. 그렇지만, 현재 자민당 의원들의 정책성향들에서 나타나는 공통적인 정책방향과 특성은 아베 수상이 강조하는 강한 일본, 일본의 과거 역사와 전통, 문화에 대한 존엄성을 강조한 것들과 유사한 것으로 추측된다. 이들 요소가 자민당 의원들의 정책성향을 보수 우경화의 방향으로 이끄는 동력으로 작용하고 있을 가능성도 높아 보인다. 그러나 이들 요소의 영향은 정책 항목별로 다르고 또한 시간의 경과에 따라서 변화할 가능성도 존재하는 것 같다. 따라서 일본 국회의원들의 정책성향을 정확하게 이해하기 위해서는, 개별 정책에 대한 국회의원들의 정책성향의 분포를 실증적으로 파악하면서, 동시에 이들 정책성향들에 공통적으로 상호 작용하는 공통 요인들에 대한 심층 분석도 필요한 것으로 보인다.

참고문헌

김준섭, 「미일안보협력 강화와 일본의 안보정책」, 『국방연구』 56권 4호, 2013.

김호섭·이면우·한상일·이원덕, 『일본 우익연구』, 중심, 2000.

남궁영·김준영, 「탈고전적 현실주의 시각에서 본 21세기 일본의 안보정책」, 『세계지역연구논총』 30권 1호 통권 103권, 2012.

박영준, 「일본 아베 정부의 안보정책 변화와 한국의 대응방안: 수정주의적 내셔널리즘과 보통군사국가화」, 『국방정책연구』 103권, 2014.

이이범, 「2000년대 일본 국회의원들의 보수성향에 대한 실증 분석」, 『일본연구』 제62호, 2014.

이이범, 「일본 중의원 국회의원들의 정책성향 분석」, 『한일군사문화연구』 제10집, 2010.

이정환, 「현대일본의 보수화 정치변동과 동아시아 국제관계」, 『의정연구』 제41호, 2014.

조양현, 「아베 일본의 외교안보정책」, 『한일군사문화연구』 5권, 2007.

조양현, 「일본 중의원 국회의원들의 정채성향 분석」, 『한일군사문화연구』 제10집, 2000.

河野啓·小林利行, 「再び政権交代を選択した有権者の意識: 「衆院選後の政治意識·2013」調査から」, 『放送研究と調査』 2013年7月号, 2013.

蒲島邦夫·山本耕資, 「2005年東京大学·朝日新聞社共同政治家調査コードブック」, 『日本政治研究』第5巻第1·2合併号, 2008.

東大法·蒲島郁夫ゼミ 編, 『現代日本の政治家像』第Ⅰ巻, 木鐸社, 2000.

総務省自治行政局選挙部, 『第43回衆議院議員総選』, 2004.

総務省自治行政局選挙部, 『第44回衆議院議員総選』, 2006.

総務省自治行政局選挙部, 『第45回衆議院議員総選』, 2010.

総務省自治行政局選挙部, 「衆議院議員総選挙·最高裁判所裁判官国民審査結

果調」, 2012.

総務省自治行政局選挙部, 「衆議院議員総選挙・最高裁判所裁判官国民審査結果
　　調」, 2014.

総務省自治行政局選挙部, 第22回参議院議員通常選挙 速報結果: http://www.
　　soumu.go.jp/senkyo/senkyo_s/data/sangiin22/ index_1.html (2015년 8월
　　30일 검색)

総務省自治行政局選挙部, 第23回参議院議員通常選挙結果調: http://www.soumu.
　　go.jp/senkyo/senkyo_s/data/sangiin23 index.html (2015년 9월 20일 검색)

東京大学谷口研究室・朝日新聞社共同調査, 「2005年衆院選候補者調査」:
　　http://www.masaki.j.u-tokyo.ac.jp/utas/utasp.html (2015년 10월 2일 검색)

東京大学谷口研究室・朝日新聞社共同調査, 「2005年衆院選候補者調査」

東京大学谷口研究室・朝日新聞社共同調査, 「2009年衆院選候補者調査」

東京大学谷口研究室・朝日新聞社共同調査, 「2010年参議院議員・参院選候補者
　　調査

東京大学谷口研究室・朝日新聞社共同調査, 「2012年衆院選候補者調査」

東京大学谷口研究室・朝日新聞社共同調査, 「2013年参議院議員・参院選候補者
　　調査」

東京大学谷口研究室・朝日新聞社共同調査, 「2014年衆院選候補者調査」

日経定例電話世論調査: http://www.nikkei-r.co.jp/phone/results (2015년 10월
　　30일 검색)

NHK政治意識月例調査: http://www.nhk.or.jp/bunken/yoron/political/index.
　　html (2015년 10월 30일 검색)

内閣府, 「外国人労働者の受入れに関する世論調査」: http://survey.gov-online.
　　go.jp/h16/h16-foreignerworker/index.html (2015년 10월 31일 검색)

内閣府, 「自衛隊・防衛問題に関する世論調査」: http://survey.gov-online.go.jp/
　　h26/h26-bouei/zh/z09.html (2015년 10월 31일 검색)

제2장

일본 자민당파벌의 정책성향과 대한정책의 우경화

고선규

_선거연수원

1. 서론

2015년 9월 8일, 일본 자민당의 총재선거에서 아베 신조(安倍晋三) 현 수상이 재선에 성공하였다. 자민당 내 7개 파벌 모두가 순차적으로 지지를 선언하였고 후보자를 출마시키지 않게 되면서 무투표로 당선되었다. 무투표당선은 2001년 고이즈미(小泉純一郎) 수상 이후, 14만에 처음이다. 임기 2년을 무사히 마치고도 다시 무투표로 재선에 성공한 선거는 1997년 하시모토(橋本龍太郎) 총재 당선 이래이다. 이번 자민당총재

선거에서 이시바(石破茂), 노다(野田誠子)와 같은 유력정치가들이 출마하지 못한 이유는 역시 파벌정치의 논리에 있다. 각 파벌보스들이 파벌 소속 유력의원에게 출마 자제를 요청하였고 총재선거 이후 예정된 개각에서 인사상 불이익을 우려하였기 때문이다. 이렇듯 파벌은 일본형 정치를 특징지우는 중요한 요인 중의 하나이다.

자민당파벌은 일본정당의 형성과정에서 지역중심의 정치가 네트워크 그리고 중의원선거에서 오래 동안 채택해 온 중선거제도와 관련성이 깊다. 즉, 자민당파벌은 전전 의회정치과정에서 만들어진 개인적 인맥중심의 정치문화를 토대로 하고 있다. 그리고 전후 1955년에 이루어진 자유당과 민주당의 통합과정에서 형성된 사상적, 정책적, 당파적, 인적네트워크집단에서 출발하였다.

자민당은 파벌연합체 형태로 구성되었다고해도 과언이 아니다. 파벌은 1956년 하토야마 이치로(鳩山一郎) 수상의 후임을 선출하는 과정에서 형성된 8개 의원집단이 그 원형이다[1]. 이후 총재선거를 둘러싸고 파벌 간 이합집산이 반복되면서 소규모 파벌은 도태되었다. 1970년 후반, 중선거구제의 영향으로 자민당은 이케다파벌(池田派), 사토파벌(佐藤派), 기시파벌(岸派), 고노파벌(河野派), 미키파벌(三木派) 등 5개 파벌 연합체 형태로 귀착되었다. 현재는 파벌이라는 용어보다는 「정책집단」이라는 명칭을 공식적으로 사용한다. 그러므로 각 파벌의 공식명칭도 세이와정책연구회(清和政策研究会: 細田派), 헤이세이연구회(平成研究会: 額賀派), 코치카이(宏池会: 岸田派), 이코카이(為公会: 麻生派), 시스이카이(志師会: 二階派), 근미래정치연구회(近未来政治研究会: 石原派), 반쵸정책연구소

---

1) 1956년 당시 8개 파벌은 宏池会(池田派), 木曜研究会(佐藤派), 水曜会(石井・緒方派), 白政会(小野派), 十日会(岸派), 春秋会(河野派), 火曜会(石橋派), 政策懇談会(三木派) 등이다.

(番町政策研究所: 大島派) 등으로 표기되고 있다.

일본의 정책결정과정에서 고이즈미(小泉純一郎) 내각 이후 정치가주도의 결정이 강화되었다. 이러한 경향에 따라서 각 내각에서 정책결정을 주도하는 정치가그룹의 정책성향에 따라 정책결정의 변동 폭은 크게 확대되었다. 일본 정부의 대한정책 역시 정치가주도의 결정방식이 강화되고 있으며, 국회의원들의 정책연구 활동과 밀접하게 연결되고 있다.

2012년 총선거에서 자민당이 재집권하게 되면서 파벌의 정치논리가 다시 작동하는 경향이 나타나고 있다. 아베 수상이 자민당의 총재로 당선되는 과정에서 파벌 간 합종연횡이 결정적인 변수로 작용하게 되면서 파벌이 자민당 당내정치에 재등장하는 계기가 되었다. 그리고 2012년 12월 총선거에서 자민당이 3년 만에 다시 정권여당으로 복귀하면서 자민당식 정책결정이 작동하는 공간이 마련되었기 때문이다. 정책결정 뿐만 아니라 자민당 당3역인 간사장, 정조회장, 총무회장 인사에서도 파벌의 논리가 재작동하기 시작하였다. 2014년 총선거에서 자민당이 압도적인 승리를 거두게 되면서 파벌의 움직임은 더 활발해지고 있다.

그렇지만 자민당의 내각구성이나 정권운영이 전적으로 파벌의 논리에 의거하던 '1955년 체제'와는 다르게 움직이고 있다. 1994년 이후, 정치개혁과 행정개혁으로 내각이나 수상관저 주도의 정책결정이 강화되었기 때문이다. 더구나 수상관저의 기능강화는 관방장관, 관방부장관, 특명담당장관, 수상보좌관 등과 같은 수상의 측근이나 정책보좌기구의 기능을 대폭적으로 강화시키게 되었다. 이러한 변화에 따라 일본정치에서 정책결정에 직접, 간접적으로 관여하는 현 집권당인 자민당 내 정책그룹의 역할도 강화되었다. 더구나 수상 권한이 강화되면서 수상개인이나 총재파벌의 영향력도 커지게 되었다. 2001년 고이즈미 수상 이후, 수상의 정책적, 이념적 성향은 물론 내각의 대다수를 차지하는 총재파벌의 한국에 대한 이미지, 정책성향, 이념정향은 한일관계에 적지 않은 영향을 미치고 있다고 본다. 기존연구에서 일본정치의 보수화는 주로 경제침체에 따른 사회적 불안, 민족주의 대두, 양극화, 네트워크 우익세력의 등장, 혐한 등과 변화로 설명해 왔다. 이 논문에서는 자민당의 파벌에 주목한다. 특히, 대외정책이나 대한정책을 결정하는 의회정치, 자민당정치, 정책결정과정에 주목해 본다면, 주류파벌의 변화와 그에 따른 정책적 성향이 명확하게 달라졌기 때문이다.

그러므로 각 파벌의 정책성향, 이념정향에 대한 연구는 일본의 대한정책을 분석하는데 매우 유용하다고 본다. 본 연구에서는 우선 자민당 파벌의 기능변화, 파벌을 구성하는 인물들의 현황, 정책성향, 이념적 정향을 파악한다. 그리고 이를 토대로 최근에 나타나고 있는 자민당정치의 보수화, 대한정책의 우경화 배경을 주류파벌의 변화와 정책적 성향에서 찾고자 한다.

2. 1994년 정치개혁 이후 파벌정치의 변화

일본정치에서 파벌은 근대적 의회정치의 출발과 그 역사를 같이 한다. 일본에서 파벌은 1890년 제국의회개설 당시, 제1당인 자유당이 이타가키(板垣退助) 중심의 토사파(土佐派), 고노(河野広中) 중심의 토호쿠파(東北派), 오이(大井憲太郎) 중심의 칸토파(関東派), 그리고 마쓰다(松田正久) 중심의 큐슈파(九州派) 등 네 개 파벌로 나누어져 주도권 경쟁을 하게 되면서 시작되었다.[2] 자민당 파벌의 원형이 근대초기 의회정치와

---

2) 石川真澄・広瀬道貞, 『自民党』, 東京: 岩波書店, 1989.

더불어 만들어졌다고 해도 전전시기에는 자민당 총재 선출이 선거를 통해서 이루어지지 않았기 때문에 정치적 영향력이 표출되는 계기는 많지 않았다.

파벌이 정치적인 결속력을 가진 의원집단으로 활동하기 시작하는 계기는 1955년 자민당이 만들어지고 총재선출이 선거를 통해서 이루어지면서부터이다.[3] 1956년 12월에 실시된 자민당 총재선거에서 8개 파벌이 등장하여 '8개사단'으로 불리게 되었다. 1980년대에는 5개 파벌로 축소되었다[4]. 이 당시 파벌은 파벌 사무소를 가지고 독립적인 회계로 운영되었다. 총무, 선거대책, 정책, 섭외분야 등을 담당하는 간부를 두고 있었다. 자민당의 당 간부, 각료의 배분은 파벌 크기에 비례하여 이루어졌다. 파벌 소속의원들에게는 8월(お盆), 12월(떡값) 그리고 선거기간(선거비용)에 파벌로부터 지원금이 지급되었다. 자민당 총재선거에서 유력정치가들의 경쟁이 격화되면서 파벌의 기능도 확대되었다.

자민당 1당 지배체제에서 자민당총재는 자동적으로 내각총리대신(수상)이 되었다. 그러므로 유력정치가들은 총재선거에 대비하여 자신을 지지해 줄 국회의원 확보가 필요하였다. 일상적으로 자신을 지지해줄 의원들을 관리해야할 필요성이 대두되었다. 이러한 상황이 파벌을 만들게 하였고, 누가 더 많은 의원을 확보하는가를 둘러싸고 경쟁하게 되었다. 1979년 실시된 총재선거에서는 49일 동안 파벌 간 대립이 이루어지기도 하였다. 49일 동안 대립에도 불구하고 자민당 내에서 조정이 이루어지지 못해 결국 중의원에서 오히라(大平正芳)와 후쿠다(福田赳夫) 간

---

3) 北岡伸一, 『政党政治の再生―戦後政治の形成と崩壊』, 東京: 中央公論新社, 1995.

4) 石井・緒方派, 小野派, 石橋派 3개 파벌은 소멸되었다. 일본이 채택한 중선거구제는 3~5인을 선출하는 경우가 대부분이다. 그러므로 각 파벌에서 1명씩 당선되는 선거구가 다수 존재하게 되면서 5개 파벌이 존재하게 되었다.

수상지명 선거가 치러졌다. 총재선거를 둘러싸고 '2위·3위연합', '당직자파벌연합' 등 다양한 형태의 파벌 간 합종연횡, 이합집산이 이루어졌다. 총재선거 결과, 승리한 파벌연합은 '주류파벌'이 되었고 나머지는 '반주류파벌', '비주류파벌'로 밀려났다. 자민당은 파벌 간 대립을 약화시키기 위하여 1978년부터 총재선거를 당원에게도 확대하였다. 그러나 예상과는 달리 파벌 약화는 물론 금권체질이 개선되기는커녕 오히려 파벌의 '전국화'를 초래하고 말았다.[5]

그리고 파벌의 중요한 기능 중 하나는 선거운동에 필요한 정치자금을 제공하는 것이다. 파벌의 지원을 통해 당선되고 난 이후에는 파벌이 특화시킨 정책분야에서 활동하게 되었다. 파벌 내에서는 당선 회수에 따라 고유한 역할을 수행하게 되고 각료직 배분에 있어서도 우선순위가 결정되었다. 파벌이 자민당 정치에서 수행하는 가장 핵심적인 기능은 역시 총재선거와 관련된 파벌 보스의 득표기반이다. 파벌보스가 당 총재가 되기 위해서는 안정적인 지지기반으로서 의원과 대의원 확보가 필요했다.

이러한 자민당 파벌이 변화하는 계기는 1993년 총선거에서 야당으로 전락하게 되면서이다. 이어서 1994년 비자민연립정권이 등장한 이후, 중의원 선거제도가 중선거구제도에서 소선거구비례대표병립제로 변화하게 되었다. 중선거구제도하에서 자민당은 한 선거구에 복수의 자민당 후보자를 공천하였다. 자민당 후보자간 경쟁이 격화되면서 정당이 아니라 파벌차원에서 개별 후보자에 대한 지원이 이루어졌다. 그러나 소선거구제도의 도입은 한 선거구에서 한 명만이 당선된다. 그러므로 자민당 후보자간 경쟁이 사라지게 되었다. 파벌이 개입할 여지가 줄어들었

---

5) 井芹浩文, 『派閥再編成』, 東京: 中央公論社, 1988.

다. 소선거구에서는 후보자의 결정은 정당이나 정책을 중심으로 이루어지게 되었다. 소선거구제도 도입에도 불구하고 자민당 총재선거는 여전히 당원과 국회의원에 의해서 선출되었다. 그렇지만 자민당 총재선거의 민주화에 따라 당원 참여가 확대되었다. 결국 의원집단으로서 파벌의 영향력은 감소하게 되었다.[6]

소선거구제도의 도입과 동시에 이루어진 정치자금제도 개혁도 자민당의 파벌약화에 적지 않은 영향을 미치게 되었다. 정치가 개인에게 이루어지던 기업이나 단체의 정치헌금이 금지되었다. 이러한 개혁 조치로 파벌의 보스들이 정치자금을 모으는 것이 불가능하게 되었다. 결국 이전과 같이 파벌소속의원에게 지원해 줄 수 있는 자금의 확보가 봉쇄되었다.

1994년의 선거제도 개편과 더불어 1996년부터 실시된 행정개혁, 그리고 2001년 이루어진 중앙성청 개편에 따른 내각부의 설치는 당시 자민당 총재인 수상의 권력 강화를 가져왔다. 수상의 권력 강화는 자민당총재 선출방법에도 적지 않은 변화를 초래하였다. 자민당총재 선출방법의 변화는 파벌기능을 근본적으로 변화시키게 되었다. 자민당의원들의 다수파 형성을 위한 파벌연합에 의해 결정되는 것이 아니라 80만 명에 이르는 당원, 당우들의 참여 속에서 총재선거가 실시되었다. 자민당 총재선거에 이렇게 많은 당원, 당우들이 참가하게 되면서 당대표 선거의 민주화도 초래하였다. 이러한 변화는 파벌의 기능을 약화시키게 되었다.[7]

1994년에 이루어진 선거제도 개편은 중의원선거에서 정당정책의 중

---

6) Tsutsumi Hidenori, *How and Why did Japan's LDP Adopt "Open" Candidate selection Process? : The case of 2010, 2013 Upper House Election*, Workshop on Candidate selection Methods in East Asia, Gakushuin University, 2013.

7) 上神貴佳, 「党首選出過程の民主化－自民党と民主党の比較検討」, 『年報政治学』, 東京: 木鐸社, 2008.

요성은 물론 선거전략에서 당수가 차지하는 비중을 높이게 되었다. 이전 중선거구제도에서는 유권자의 투표선택 기준이 정당의 정책이 아니라 자민당 후보자 개인이었다. 그러나 소선거구제도로 변화하면서 유권자의 투표선택에서 정당정책이나 당수의 이미지가 차지하는 비중이 높아졌다.[8] 특히, 당수의 이미지나 인물평가가 정당이나 후보자의 득표에 중요해지게 되면서 정당차원에서도 정당의 비례대표선거 또는 각 선거구의 후보자 득표에 도움이 되는 정치가를 당수로 선출하게 되었다.

소선거구제도는 일본의 정당체계를 양당제로 변화시키게 되었다. 일본의 정당체계는 자민당을 한 축으로 하고 야당진영은 민주당을 중심으로 통합이 이루어졌다. 결국 2009년에는 민주당으로 정권교체가 이루어졌다. 그러나 민주당정권에 대한 실망과 함께 지지율이 하락하면서 2012년 12월 총선에서 자민당으로 정권교체가 이루어졌다. 2009년 총선거와 2012년 총선거에서 정권교체가 이루어지게 되면서 선거 전략이나 유권자 동원에서 차지하는 당수의 역할은 높아지게 되었다. 2009년 총선거에서 민주당의 하토야마(鳩山由起夫) 당대표, 2012년 자민당 아베(安倍晋三) 총재의 대중적인 이미지나 인기는 선거승리에 크게 기여하였다. 의원 개개인의 입장에서도 당수의 인기는 선거구에서 후보자 개인의 득표 증가로 이어지게 된다. 결국 소선거구제도의 도입은 대중적으로 인기 있는 당수를 요구하게 되었다.[9]

인기 있는 당대표를 선출해야 한다는 요구는 자민당 뿐 만 아니라 야당 민주당의 경우도 마찬가지였다. 1996년 민주당 창당이래, 야당진영이 민주당을 중심으로 결집되면서 2000년대 중반에 접어들면, 비례대표선거에서 민주당의 우위가 실현되었다. 2006년 아베 정권 이후 거의 매년

---

8) 池田謙一,「2001年参議院選挙と'小泉効果'」,『選挙研究』, 東京: 木鐸社, 2004.

9) 飯尾 潤,『日本の統治構造ー官僚内閣制から議員内閣制へ』, 東京: 中公新書, 2007.

마다 자민당정권의 수상이 교체되면서 이에 실망한 국민들은 민주당지
지로 옮겨가게 되었다. 결국 민주당이 2009년 총선거에서 승리할 수 있
었던 원인 중의 하나는 하토야마대표에 대한 국민들의 높은 인기이다.
민주당과 자민당의 양당제 속에서 정권교체 가능성이 높아지게 되면서
양당의 대표는 내각의 수상이라는 이미지가 만들어지게 되었다. 이러한
변화는 소선거구제도 도입이라는 선거제도개혁에서 유래되었다고 볼
수 있다.[10] 즉 선거제도 개혁이 인기 있는 당수를 요구하게 되었다. 총
선거에서 비례대표선거에서 득표는 물론 소선거구의 후보자 입장에서도
인기 있는 당수는 자신의 득표에 도움이 되었다. 결국 이러한 변화는 자
민당의 총재선거에도 영향을 미치게 되었다. 2000년대에 접어들어 자민
당 총재선거는 당원의 투표참여가 일반화되었다. 자민당 총재선거에서
당원의 참여가 확대된 배경에는 국민 대중에게 인기 있는 당총재를 선
출하기 위하여 유권자 수를 대규모로 확대한 결과이다. 이러한 자민당
총재선거의 민주화는 총재의 정치적 영향력 증가와 무관하지 않다.[11]

또 하나 자민당파벌의 정치적 역할과 관련하여 중요한 변화가 일어났
다. 주요파벌에서 선출되는 당총재 후보자의 사회경제적, 정치적 경력
에 커다란 변화가 나타났다. 2001년 고이즈미 총재 이후 도시지역을 기
반으로 하는 총재후보가 증가하였다. 당선횟수를 살펴보더라도 당선횟
수가 적은 젊은 의원들의 출마가 확연하게 증가하였다. 젊은 의원들의
총재선거 출마는 당직경험이나 각료경력에서도 이전시기와는 다른 형
태로 나타났다.[12] '55년체제'에서 자민당 총재선거에서 파벌보스, 각료

10) 진창수 · 신정화, 『일본민주당정권의 탄생과 붕괴』, 서울: 오름, 2014.

11) Tsutsumi, 2013.

12) 上神貴佳, 「政権交代期における指導者像－自民党総裁と民主党代表のプロファイル
とその変容」, 飯尾 潤 編, 『政権交代と政党政治』, 東京: 中央公論新社, 2013.

경험, 당직 경험과 같은 풍부한 정치적 경험이나 경력은 필수조건으로 평가되었다. 그리고 자민당 총재의 출신지역을 살펴보면, 자민당의 지지기반이 농촌지역이므로 농촌선거구 출신이 많았다. 당선횟수를 늘려 자민당에서 당직이나 각료경험을 쌓기 위해서는 견고한 지지기반이 필요하였다. 이러한 측면에서 살펴본다면, 농촌지역 출신이 절대적으로 유리하였다.13) 농촌지역에서 후원회를 조직하고 이를 유지, 관리한다면, 어떤 상황에서 선거가 실시되어도 당선이 보장되는 경우가 많았다. 반대로 도시지역은 야당성향이 강하고 유권자의 유동성이 높아서 안정적인 당선을 확보하는 것이 어려웠다.

그러나 1994년 소선거구제도 도입 이후, 당총재의 자질로서 대중적 인기를 요구하게 되었다. 현재 일본정치에서 고령의원, 많은 당선횟수, 파벌의 보스는 구태정치의 아이콘이 되었다. 도시지역은 농촌지역보다 인구수가 많아서 지명도 측면에서도 유리하다. 시대적 변화에 민감한 도시지역 유권자들의 지지를 받는 것은 대중적 지지를 얻는데도 유리한 기반이 될 수 있다. 더구나 도시지역의 정치가는 매스미디어 노출을 통해 자신의 지명도를 높을 수 있는 유리한 조건에 놓여있다. 최근 IT기술의 발전은 SNS를 활용한 다양한 네트워크 형성과 소통을 도와준다. 도시지역의 유권자와 SNS를 매개로 한 일상적인 소통은 대중적 인기의 기반이 되고 있다.

이렇듯, 자민당 총재선거의 변화는 기존의 파벌보스와 같은 기성정치인보다는 젊고 인기 있는 정치가로 하여금 선거의 얼굴역할을 하도록 만들고 있다. 실제로 1997년 이후, 자민당 총재선거에서 파벌의 보스가 아닌 정치가가 출마한 경우가 대부분이다. 1997년 자민당 총재선거에서

---

13) 北岡伸一, 1995.

하시모토(橋本龍太郞), 1998년 총재선거에서 카지야마(梶山静六), 2001년 총재선거에서 고이즈미(小泉純一郞), 아소(麻生太郞), 2003년 총재선거에서 고이즈미(小泉純一郞), 후지이(藤井孝男), 2006년 총재선거에서 아베(安倍晋三), 2007년 자민당 총재선거에서 후쿠다(福田康夫), 2008년 총재선거에서 요사노(与謝野馨), 고이케(小池百合子), 이시하라(石原伸晃), 이시바(石破茂), 2009년 총재선거에서는 고노(河野太郞), 니시무라(西村康聡), 그리고 2012년 자민당 총재선거에서는 아베(安倍), 이시하라(石原伸晃), 이시바(石破 茂), 하야시(林 芳正) 등이 대표적인 사례이다.

1990년대와는 달리 2001년 고이즈미 정권 등장 이후, 한일관계가 악화와 호전을 반복하는 이유는 다양한 이유가 존재한다고 본다. 그러나 자민당의 파벌이나 정치엘리트에 주목하여 본다면. 우선, 2000년 모리(森) 수상 등장 이후, 자민당의 주류파벌이 친중정책, 요시다노선을 계승하는 다나카(田中)파에서 친미주의를 표방하면서도 헌법개정, 자주국방노선, 재군비 등에 적극적인 정치적 성향을 나타내고 있는 세이와정책연구회로 변화한 점이다.

또 다른 원인은 자민당 파벌의 역할 변화, 특히, 자민당 총재의 선출방법의 변화, 정치적 영향력의 변화 등과도 밀접하게 관련되어 있다고 본다. 현재 자민당총재는 국민에게 인기 있는 정치가가 선출되고 있다. 자민당의원 중에서 총재 즉 수상에 출마하려는 정치인은 대중영합적인 발언이나 정책을 추진하는 경향이 존재한다. 일본사회가 장기적 경기침체 속에서 보수화, 민족주의적 정서가 강화되는 가운데 여론의 주목과 대중적인 인기를 높이기 위해서 대외정책에서 강경한 발언들을 쏟아내고 있다. 더구나 현재 아베수상이 소속되어 있는 파벌은 헌법개정, 자주국방, 재군비 등에 관련하여 적극적인 정책을 표방하고 있다. 2015년 9월 자민당 총재선거에서 아베수상은 무투표로 재선되었다. 이러한 측면

에서 본다면, 세이와정책연구회(細田派)가 당분간 자민당을 지배하게 될
것이며, 현재와 같은 보수우경화 정책이 지속될 가능성이 높아졌다.

3. 자민당 파벌의 현황과 정책노선

　그럼, 일본 자민당 주요파벌의 현황과 정책노선이 어떻게 다른지를
살펴보기로 한다. 전후 일본정치를 지배해 온 1955년체제는 자민당 장
기집권체제이다. 파벌에 주목해 본다면, 자민당은 파벌의 연합체이다.
자민당의 정책결정이나 포스트 배분은 파벌을 기본 단위로 이루어졌다.
정책결정도 파벌간의 조정과정을 거쳐 이루어져 왔다. 그러므로 자민당
대한정책의 결정과정, 결정자, 그리고 결정논리 등을 이해하고 분석하
기 위해서는 파벌에 대한 연구가 필요하다.

　자민당의 파벌은 구 자유당계열(보수본류)과 구 민주당계열(보수 방
류)에서 분화된 집단이다. 그러므로 파벌의 분화과정이나 변천과정을
살펴보면, 특정파벌이 지향하는 정책적 이데올로기나 정책내용을 추정

〈표 1〉 자민당의 주요 파벌과 소속의원 현황[14]

파벌	대표자	의원수	중의원	참의원
清和政策研究会(細田派)	細田博之	93	60	33
平成研究会(額賀派)	額賀福志郎	50	29	21
宏池会(岸田派)	岸田文雄	43	30	13
為公会(麻生派)	麻生太郎	36	28	8
志師会(二階派)	二階俊博	34	27	7
近未来政治研究会(石原派)	石原伸晃	14	13	1
番町政策研究所(大島派)	大島理森	11	8	3

출처: 『國會便覽』, 2015년.

하는 것이 가능하다. 왜냐하면, 자유당계열과 민주당계열의 정책적 이

데올로기나 정책방향은 서로 구별되어 왔기 때문이다. 즉, 자유당계열
은 요시다(吉田)노선을 추구하는 정치집단의 분화이고 민주당계열은 하
토야마(鳩山一郞)노선을 추구하는 집단이다. 그리고 자유당계열의 파벌
은 주로 온건파(비둘기파) 성향이 강하고 민주당계열의 파벌은 강경파
(매파)적 성향이 강하다. 재정정책이나 경제정책면에서도 차별적인 입
장을 보여주고 있다. 외교문제나 대외정책에서 각 파벌의 노선이나 내
용, 그리고 특징 등에 대해서 분석해 보기로 한다.

1) 세이와(淸和)정책연구회

(1) 세이와정책연구회의 변천과정과 정책노선

세이와정책연구회는 현재 호소다(細田博之)가 파벌의 영수이다(細田
派). 지금까지 마치무라(町村)파벌로 불리어 왔으나 2014년 12월 파벌영
수인 마치무라(町村信孝)가 국회의장에 취임하면서 호소다가 파벌을 계
승하였다.[15] 세이와정책연구회는 1990년대에 접어들어 자민당의 파벌
해소 정책에 따라 정책집단으로 형태가 변화되면서 정책연구회라는 이
름으로 변모하였다. 호소다파벌은 후쿠다(福田赳夫) 수상에서부터 출발
한다. 그러나 호소다파벌의 정치적 성향은 자민당 통합시 일본민주당소
속 정치지도자인 기시(岸信介) 수상, 하토야마(鳩山一郞) 수상의 정치적

---

14) 각 파벌에 소속된 의원 수는 2015년 8월 6일 현재를 기준으로 파악한 숫자이다.
15) 자민당 파벌정치에서 파벌의 대표가 총재 또는 국회의장에 취임하게 되면,
파벌에서 탈퇴하는 것이 관례이다. 2014년 12월 총선거에서 자민당이 압승을
거두었고 새롭게 구성된 중의원 의장에 마치무라(町村) 파벌의 영수인 본인
이 취임하게 되면서 파벌을 이탈하였다. 퇴임 이후에는 다시 파벌로 복귀하
는 경우가 일반적인데 마치무라가 2015년 6워 사망하게 되면서 호소다가 회
장직을 유지하고 있다.

네트워크나 정치성향을 계승하고 있다. 일본민주당은 反요시다노선을
표방하는 정치적 그룹이다. 일본민주당은 친미주의를 표방하면서도 헌
법개정, 자주국방노선, 재군비 등에 적극적인 정치적 성향을 나타내고
있어 강경파로 구분되고 있다. 냉전시기에는 반공산주의적 성향에 따라
친한(親韓), 친대만(親臺灣) 성향을 토대로 독자적인 네트워크를 가지고
있다고 평가되기도 하였다.16)

　호소다파벌은 1962년에 후쿠다가 결성한 당풍쇄신연맹(黨風刷新聯盟)
이 파벌형성의 토대가 되었다. 1970년 사토(佐藤栄作) 수상 집권시기에
후쿠다파벌이 정식으로 출범하였다. 후쿠다 이후 파벌영수가 아베(安倍
晋太郎) → 미쓰즈카(三塚博) → 모리(森喜朗) → 마치무라(町村信孝) → 호
소다(細田博之)로 이어져왔다.

　1970년 당시 후쿠다파벌은 1972년 7월에 있었던 사토수상의 후계자를
선출하는 자민당총재선거를 위해서 결성되었다. 1972년 자민당총재선
거에는 후쿠다와 다나카 간 치열한 대결이 펼쳐졌다. 일명 가쿠후쿠전
쟁(角福戰爭)이라고 불리는 두 사람의 총재경쟁은 여러 가지 의미에서
파벌정치의 분기점이 되었다. 1972년 자민당총재선거에서 결국 다나카가
승리하여 수상에 취임하였다.

　그러나 다나카 수상이 록히드사건으로 사임하게 되면서 후쿠다는
1976년에 정권을 획득하였다. 수상에 취임한 후쿠다는 파벌해체를 주장
하면서 자신의 파벌을 해체하였다. 하지만 1978년 자민당총재선거에서
오히라(大平)에게 패배하게 되면서 1979년 1월 후쿠다파벌은 '세이와카
이(淸和会)'로 재출범하게 되었다. 이후 현재 수상인 아베 신조의 아버지
인 아베파벌, 미쓰즈카파벌시기에는 수상을 배출하지 못하고 비주류파
벌이 되었다. 1993년 총선거에서 자민당은 야당으로 전락하였다. 1994년

16) 季武嘉也・武田知己, 『日本政黨史』, 東京: 吉川弘文館, 2011.

11월 자민당이 파벌해소를 추진하게 되면서 세이와카이는 해산될 수밖에 없었다. 그 대신 정책집단 결성이 인정되면서 21세기를 생각하는 모임(21世紀を考える会·新政策研究会)을 결성하고 회장직은 미쓰즈카가 그대로 유지하게 되었다.

후쿠다 수상 이후, 비주류에 머물고 있던 미쓰즈카파벌이 주류세력으로 등장하는 계기는 1998년 자민당 총재선거이다. 기존의 관례에 따르면, 자민당 총재선거에는 파벌의 영수가 출마하는 것이 마땅하지만, 1998년 총재선거에서 미쓰즈카파벌은 영수인 미쓰즈카 대신 고이즈미(小泉純一郎)를 총재후보로 출마시키게 되었다. 고이즈미의 출마는 미쓰즈카파벌 내 모리그룹이 주도하게 되었다. 이를 계기로 카메이(亀井静香)그룹이 반발, 이탈하여 독자적으로 카메이파벌을 형성하게 되면서 분열되었다.

1998년 12월 모리가 파벌회장을 맡게 되면서 현재의 '세이와정책연구회'로 파벌 명칭을 바꾸게 되었다. 그리고 2000년에 모리가 총재로 선출되면서 주류파벌로 부상하게 되었다. 자민당은 파벌의 보스가 수상에 취임하면 파벌에서 탈퇴하는 것이 관례화되어 있다. 결국, 2000년 4월 고이즈미가 세이와정책연구회의 회장이 되었다. 2001년 자민당 총재선거에서 고이즈미가 당선되면서 모리파벌은 여전히 총재파벌이 되었다. 더구나 2001년부터 2005년 총선거까지 자민당 의석이 증가하면서 주류파벌인 모리파의 세력은 급증하였다. 2005년 총선거에서는 자민당 최대파벌인 하시모토(橋本)파벌을 제치고 당내 최대파벌로 부상하게 되었다.

2006년 9월 고이즈미 수상의 후임 자민당총재선거에서 아베 신조가 선출되었다. 이후 후쿠다 야스오가 자민당의 총리로 선출되고 총리에 취임하였다. '세이와정책연구회'는 모리 수상 이후 4대에 걸쳐 수상을 배출하였다.

<그림 1> 자민당 파벌구성원의 변화 현황

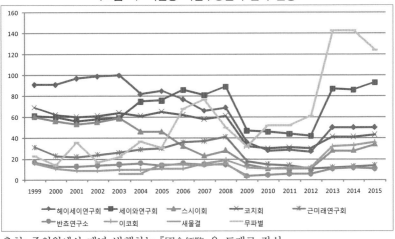

출처: 중의원에서 매년 발행하는 『國會便覽』을 토대로 작성.

그리고 2008년 9월 선출된 아소(麻生太郎) 내각에서는 '세이와정책연구회' 출신의 호소다가 간사장을 맡게 되면서 주류파벌을 유지할 수 있게 되었다. 2009년 총선거에서 자민당은 참패하여 야당으로 전락하였다. 야당시절에는 宏池会 출신의 다니가키(谷垣禎一) 총재가 당권을 장악하게 되었다. 그러나 2012년 9월 자민당 총재선거에서 현재의 아베 수상이 재선에 성공하게 되면서 마치무라파벌은 다시금 총재직을 되찾아오게 되었다.

2012년 9월 자민당 총재선거에서는 마치무라파벌 회장인 마치무라 본인이 출마를 선언하였다. 마치무라는 전임 총재이자 수상을 역임한 아베 전 수상에게 지원을 요청하였으나 아베는 이를 거절하고 총재선거에 출마하였다. 마치무라파벌에서 두 사람이 총재후보로 출마하게 됨으로써 분열되었다. 그러나 총재선거운동 기간 중에 파벌회장인 마치무라는 건강상의 이유로 선거운동을 중지하고 중도포기하고 말았다. 결국 총재

선거에서 아베가 파벌 내의 지지와 다른 파벌과의 연합에 성공하게 되면서 총재에 재선되었다. 2012년 총재선거에서 파벌의 합종연횡에 따라 아베가 당선되고 자민당이 2012년 12월 총선거에서 여당으로 복귀하게 되면서 파벌의 영향력은 더욱 확대되고 있다. 2012년 총선거, 2013년 참의원선거, 그리고 2014년 총선거에서 자민당은 대승을 거두게 되었다. 각종 선거에서 승리는 자민당 의원수를 증가시켰다. 자민당 의원수의 증가는 총재파벌인 호소다파벌의 급성장을 가져왔다. 2012년 자민당이 야당시절에는 42명에 불과하였으나 총선거에서 대승으로 87명, 또 다시 2013년 참의원선거, 2014년 총선거에서 승리하게 되면서 2015년에는 93명으로 2배 이상 증가하였다(그림 1). 중의원이 60명, 참의원이 33명으로 모두 증가추세이다. 반면, 2003년 100명의 의원으로 구성되어 세를 과시하던 헤이세이연구회는 이후 3분의 1 이하로 감소하기도 하였다. 현재는 50명 정도를 유지하고 있다.

〈표 2〉 '세이와정책연구회'의 역대 회장과 재임기간

회장순번	회장	파벌명칭	재임기간
1	후쿠다 다케오(福田赳夫)	福田派	1979년~1986년
2	아베 신타로(安倍晋太郎)	安倍派	1986년~1991년
3	미쓰즈카 히로시(三塚 博)	三塚派	1991년~1998년
4	모리 요시로(森 喜朗)	森派	1998년~2000년
5	고이즈미 준이치로(小泉純一郎)	森派	2000년~2001년
6	모리 요시로(森 喜朗)	森派	2001년~2006년
7	마치무라 노부다카(町村信孝) 나카가와 히데나오(中川秀直) 다니가와 히데요시(谷川秀善)	町村派	2007년~2009년
8	마치무라 노부다카(町村信孝)	町村派	2009년~2014
9	호소다노부유키(細田博之)	細田派	2014년~현재

출처: 『國會便覽』, 2014.

(2) 세이와정책연구회의 인적구성

자민당 최대파벌이자 아베 총리가 소속되어 있는 세이와정책연구회
는 93명으로 구성되어 있다. 파벌에 소속되어 있는 의원들의 구성은 다
음과 같다.

〈표 3〉 세이와정책연구회파벌 소속의원의 현황

이름	당선회수	중/참의원	이름	당선회수	중/참의원
町村信孝	11	중의원	佐々木 紀	1	중의원
衛藤征士郎	10	중의원	白須賀 貴樹	1	중의원
細田博之	8	중의원	田畑 裕明	1	중의원
宮路和明	8	중의원	東郷 哲也	1	중의원
坂本剛二	7	중의원	豊田 真由子	1	중의원
塩谷 立	7	중의원	根本 孝典	1	중의원
木村太郎	6	중의원	藤原 崇	1	중의원
下村博文	6	중의원	堀井 学	1	중의원
高木 毅	5	중의원	前田 一男	1	중의원
馳 浩	5	중의원	三ツ林 裕己	1	중의원
松野 博一	5	중의원	宮沢 博行	1	중의원
吉野 正芳	5	중의원	山田 美樹	1	중의원
柴山 昌彦	4	중의원	義家 弘介	1	중의원
谷川 弥一	4	중의원	岩城 光英	3	참의원
西村 康稔	4	중의원	岡田 直樹	2	참의원
松島 みどり	4	중의원	北川 イツセイ	2	참의원
稲田 朋美	3	중의원	末松 信介	2	참의원
奥野 信亮	3	중의원	中川 雅治	2	참의원
北村 茂男	3	중의원	野上 浩太郎	2	참의원
鈴木 淳司	3	중의원	山谷 えり子	2	참의원
中山 恭秀	3	중의원	山本 順三	2	참의원
西村 明宏	3	중의원	赤石 清美	1	참의원
萩生田 光一	3	중의원	江島 潔	1	참의원
宮下 一郎	3	중의원	高階 恵美子	1	참의원
越智 隆雄	2	중의원	長谷川 岳	1	참의원
大塚 拓	2	중의원	若林 健太	1	참의원
亀岡 偉民	2	중의원	世耕 弘成	4	참의원
関 芳弘	2	중의원	橋本 聖子	4	참의원
高島 修一	2	중의원	伊達 忠一	3	참의원
土井 亨	2	중의원	磯崎 陽輔	2	참의원

이름	당선회수	중/참의원	이름	당선회수	중/참의원
中根 一幸	2	중의원	西田 昌司	2	참의원
松本 文明	2	중의원	古川 俊治	2	참의원
青山 周平	1	중의원	丸川 珠代	2	참의원
穴見 陽一	1	중의원	森 まさこ	2	참의원
池田 佳隆	1	중의원	赤池 誠章	1	참의원
小田原 潔	1	중의원	石田 昌宏	1	참의원
大西 英男	1	중의원	太田 房江	1	참의원
加藤 寛治	1	중의원	北村 経夫	1	참의원
神田 憲次	1	중의원	酒井 雇行	1	참의원
菅家 一郎	1	중의원	滝波 宏文	1	참의원
菅野 さちこ	1	중의원	堀井 厳	1	참의원
岸 信夫	1	중의원	山田 修路	1	참의원
今野 智博	1	중의원			

출처: 『國會便覧』, 2014.

2) 헤이세이연구회(平成研究会)

(1) 헤이세이연구회의 역사적 변천과 정책노선

헤이세이연구회는 자민당의 보수본류를 대표하는 파벌이다. 현재는 누카가파벌(額賀派)로 불리고 있다. 헤이세이연구회는 자민당 통합 이전 요시다 시게루(吉田茂)의 자유당이 그 기원이다. 이후 주산회(佐藤栄作派), 목요클럽(田中角栄派)로 이어지는 자민당의 주류파벌의 하나이다. 다나카파벌의 영향으로 친중국적 성격이 강하다고 볼 수 있다.

헤이세이연구회의 형성은 1985년 2월 다케시타 노보루(竹下登)와 가네마루 신(金丸信)이 중심이 되어 만든 다나카파벌 내 연구모임인 소세이카이(創政会)로부터 시작되었다. 1987년 7월 4일 다나카파벌로부터 독립하여 다케시타를 회장으로 하는 케이세이카이(経世会)를 결성하게 되면서 다케시타파벌이 시작되었다. 다케시타파벌 이후, 오부치(小淵)파벌 →

하시모토(橋本) → 쓰시마(津島)파벌을 거쳐 현재 누카가(額賀)파벌에 이르고 있다.

다케시타는 수상재직 기간은 물론 리쿠르트사건으로 사임한 이후에도 자민당의 최대파벌 보스로서 군림하였다. 그리고 인사문제는 물론 정치자금 면에서도 자민당을 실질적으로 지배하였다. 다케시타파벌은 파벌내부의 기율이 매우 엄격하여 강한 단결력을 특징으로 한다. 다케시타가 수상에 취임하면서 파벌은 가네마루가 이끌게 되었다. 그러나 다케시타가 수상을 그만둔 이후에도 가네마루가 파벌을 장악하게 되면서 두 사람간 갈등이 만들어지게 되었다. 특히, 가네마루그룹의 오자와 이치로(小沢一郎)가 자민당 간사장을 역임하는 시기에는 차기 수상후보를 사전에 면담할 정도로 파벌의 영향력이 막강하였다. 다케시타파벌 내에서도 오자와는 경세회 파벌회장대행에 취임, 가네마루의 비호아래 영향력을 행사하게 되면서 당 내에서 비판받게 되었다.

1992년 사가와큐빈(佐川急便)사건에 연루되어 가네마루가 다케시타파벌의 회장에서 물러나게 되면서 파벌 내 권력투쟁이 발생하였다. 권력투쟁은 결국 오부치가 승리하여 회장에 취임하게 되어 오부치파벌로 변하게 되었다. 파벌 내 권력투쟁에서 패배한 오자와, 하타(羽田)그룹은 이탈하여 개혁포럼21(하타파벌)을 결성하게 되었다. 하타파벌의 형성과 자민당 탈당은 오부치파벌을 당 내 소수파벌로 전락시키게 되었다. 1993년 총선거에서 자민당은 단독 과반수 확보에 실패하였다. 그해 6월 자민당을 탈당한 하타파벌은 신생당(新生党)을 결성하여 호소가와(細川)의 일본신당과 연합하여 1993년 8월 비자민연립정권을 수립하게 되었다. 결국 자민당은 야당으로 전락하고 말았다.

호소가와 내각이 1994년 4월 사직하게 되면서 하타 내각이 성립되었으나 역시 단명에 그치고 말았다. 뒤이어 무라야마(村山) 내각이 탄생하게 되면서 자민당은 연립여당으로 복귀하게 되었다. 무라야마 내각에서 오부치파벌은 세력을 점차 회복하여 자민당 주류파벌로 재부상하게 되었다. 1996년 1월 무라야마총리 후임 수상에는 오부치파벌의 하시모토가 당선되었다. 1993년 야당으로 전락한 이후, 케이세이카이 간판을 내리고 헤이세이연구회로 개칭하게 되었다. 그러나 1996년 자민당 내각이 다시 성립되면서 헤이세이연구회는 다시 총리파벌로 복귀하게 되었다.

1998년 7월 실시된 참의원선거에서 자민당은 소비세인상안을 공약으로 제시하였으나 참패하고 말았다. 선거패배에 대한 책임을 지고 하시모토가 사임하게 되면서 후임총리에는 헤이세이연구회의 회장인 오부치가 선출되었다. 파벌회장인 오부치가 총리가 되면서 헤이세이연구회의 새로운 회장은 와타누키(綿貫民輔)가 맡게 되었다. 오부치 제1차 내각은 자민당 단독내각이었으나 제2차 내각은 오자와의 자유당, 그리고 공명당과 연립내각을 구성하였다 제2차 내각에서 자유당이 연립을 이탈하게 되면서 보수당, 공명당이 연립파트너로 참가하였다. 그러나 2000년 7월 오부치가 갑자기 사망하게 되면서 모리 내각이 탄생하게 되었다. 헤이세이연구회는 오부치 이후 총리후보를 배출하지 못하게 되면서 총재파벌 자리를 모리파벌에게 넘겨주게 되었다.

2001년 4월 자민당 총재선거에서 모리파벌의 고이즈미 후보와 오부치파벌의 하시모토 후보가 격돌하게 되었으나 고이즈미 후보의 승리로 오부치파벌은 현재까지도 주류파벌에서 밀려난 상태이다. 특히, 고이즈미 정권에서 오부치파벌은 '저항세력'으로 낙인이 찍히면서 당 집행부는 물론 2005년 총선거에서는 자민당의 공천을 받지 못한 후보자가 속출하였다. 2005년 총선거 직전 파벌의원수는 85명에서 2006년 77명으로 감소하게 되었다. 2004년 일본치과연맹의 정치헌금문제가 터져 나오면서 하시모토는 파벌회장직을 사임하였다. 더구나 2005년 총선거에서는 파벌회

장을 맡고 있는 와타누키가 우정민영화법안에 반대함으로써 자민당의
공천을 받지 못하게 되었다. 결국 하시모토파는 당내 제1파벌 자리를
모리파벌에 넘겨주게 되었다.

2005년 총선거에서 고이즈미가 추천하는 신인의원들이 대거 당선되
면서 모리파는 세력이 급증하게 되었다. 이후 헤이세이연구회는 쓰시마
유지(津島雄二)가 파벌회장을 역임하고 현재에는 누카가가 회장직을 맡
고 있다. 그러나 오부치 총리 이후, 유력한 총리후보를 갖지 못하고 비
주류 파벌에 머무르고 있다. 2008년 후쿠다 총리의 후임을 선출하는 자
민당 총재선거에서 이시바 시게루(石破茂)를 후보로 옹립하였으나 5위
에 그치고 말았다. 이후, 이시바는 파벌해소를 주장하면서 무파벌로 활
동하였다. 그러나 2015년 9월 28일, 차기 자민당 총재선거를 준비하기
위하여 새롭게 파벌을 결성하였다. 이시바파벌(水月會)에는 20명이 참가
하고 있다.

2015년 파벌의 세력분포를 보더라도 세이와정책연구회는 93명인데
불구하고 헤이세이연구회는 50명에 그치고 있다.

〈표 4〉 헤이세이연구회의 역대 회장과 재임기간

회장순번	회장	파벌명칭	재임기간
1	다케시타노보루(竹下登)	竹下派	1985년~1987년
2	가네마루 신(金丸信)	竹下派	1987년~1992년
3	오부치 게이죠(小淵恵三)	小淵派	1992년~1998년
4	오타누키타미스케(綿貫民輔)	綿貫派	1998년~2000년
5	하시모토류타로(橋本龍太郞)	橋本派	2000년~2004년
6	공석	橋本派	2004년~2005년
7	쓰시마 유지(橋本雄二)	橋本派	2005년~2009년
8	누카가후쿠지로(額賀福志郞)	額賀派	2009년~현재

출처: 『國會便覽』, 2014.

(2) 헤이세이연구회의 인적구성

자민당 제2파벌인 헤이세이연구회는 2014년 현재 50명으로 구성되어
있다. 파벌에 소속되어 있는 의원들의 구성은 다음과 같다.

〈표 5〉 헤이세이연구회 소속의원의 현황

이름	당선회수	중/참의원	이름	당선회수	중/참의원
額賀 福次郎	10	중의원	新谷 正義	1	중의원
船田 元	10	중의원	津島 淳	1	중의원
佐田 玄一朗	8	중의원	中谷 真一	1	중의원
茂木 敏充	7	중의원	野中 厚	1	중의원
今津 寛	6	중의원	比嘉 奈津実	1	중의원
田村 憲久	6	중의원	宮崎 政久	1	중의원
三原 朝彦	6	중의원	関口 昌一	3	참의원
小淵 優子	5	중의원	山崎 力	3	참의원
櫻田 義孝	5	중의원	島尻 安伊子	2	참의원
新藤 義孝	5	중의원	二之湯 智	2	참의원
竹下 亘	5	중의원	野村 哲郎	2	참의원
林田 彪	5	중의원	松村 楊史	2	참의원
山口 泰明	5	중의원	青木 一彦	1	참의원
渡辺 博道	5	중의원	岩井 茂樹	1	참의원
加藤 勝信	4	중의원	宇都 隆史	1	참의원
西銘 恒三郎	3	중의원	福岡 資麿	1	참의원
大塚 高司	2	중의원	渡辺 猛之	1	참의원
金田 勝年	2	중의원	尾辻 秀久	5	참의원
木原 稔	2	중의원	吉田 博実	3	참의원
とかしき なおみ	2	중의원	石井 準一	2	참의원
橋本 岳	2	중의원	石井 みどり	2	참의원
原田 憲治	2	중의원	佐藤 伸秋	2	참의원
平口 洋	2	중의원	佐藤 正久	2	참의원
若宮 健児	2	중의원	牧野 たかお	2	참의원
池田 道孝	1	중의원	島田 三郎	1	참의원

출처: 『國會便覽』, 2014.

3) 코치(宏池)정책연구회(岸田派)

(1) 파벌의 변천과정과 정책노선

코치정책연구회(岸田派)는 자민당 합당 이전 자유당의 요시다파벌에서 분파한 집단이다. 파벌 결성자인 이케다(池田勇人)는 마에오(前尾繁三郎), 오히라(大平正芳), 스즈키(鈴木善幸), 미야자와(宮沢喜一) 등 관료들을 규합하여 파벌을 형성하였다는 점이 특징이다. 코치정책연구회는 다른 파벌에 비해 이탈자가 적은 파벌이기도 하다. 그러나 고노(河野洋平) 총재나 다니가키(谷垣禎一) 총재와 같이 자민당이 야당인 시절에 총재를 맡은 불운의 파벌이기도 하다. 코치정책연구회는 자민당 내에서 중도파로 인식되고 있다. 정책적인 지향점을 살펴보면, 안전보장측면에서는 미일관계를 중시하고 일본정치세력 중에서는 온건파로 통용되고 있다. 고이즈미 정권 이후에는 자민당의 주류파벌이 보수화, 우경화되는 경향 속에서 코치정책연구회는 자유주의적 가치를 강조하고 있기도 하다.

코치정책연구회는 파벌영수가 이케다(池田派)→마에오(前尾派)→오히라(大平派)→ 스즈키(鈴木派)→ 미야자와(宮沢派)→ 가토(加藤派)→ 코가(古賀派)→ 기시다(岸田派) 등으로 변화하여 왔다. 2009년 9월 자민당은 총선거에서 패배하여 야당으로 전락하게 되었다. 아소 총재의 후임을 선출하는 총재선거에서 코치정책연구회 소속 다니가키가 당선되었다. 그러나 야당기간 동안 다니가키는 민주당에 대항세력의 의미에서 뿐만 아니라 정치적 리더십에서도 국민들의 지지를 얻는데 실패하게 되었다. 결국 2012년 9월 자민당 총재선거에 출마를 포기하게 되면서 주류파벌로 재진입하는 기회를 놓치고 말았다.

(2) 코치정책연구회의 인적구성

코치정책연구회에 소속된 의원은 41명(2014년)으로 의원현황은 다음과 같다.

〈표 6〉 코치정책연구회의 소속의원 현황

이름	당선회수	중/참의원	이름	당선회수	중/참의원
金子 一義	9	중의원	小林 史明	1	중의원
岸田 文雄	7	중의원	古賀 篤	1	중의원
鈴木 俊一	7	중의원	国場 幸之助	1	중의원
塩崎 添久	6	중의원	新開 裕司	1	중의원
竹本 直一	6	중의원	末吉 光徳	1	중의원
根本 匠	6	중의원	武井 俊輔	1	중의원
宮腰 光寛	6	중의원	藤丸 敏	1	중의원
望月 義夫	6	중의원	堀内 のりこ	1	중의원
山本 幸三	6	중의원	村井 英樹	1	중의원
小野寺 五典	5	중의원	吉川 赳	1	중의원
北村 誠吾	5	중의원	渡辺 孝一	1	중의원
福井 照	5	중의원	岸 宏一	3	참의원
上川 陽子	4	중의원	藤井 基之	2	참의원
三ツ矢 憲生	4	중의원	水落 敏榮	2	참의원
佐藤 章	3	중의원	金子 原二郎	1	참의원
寺田 稔	3	중의원	宮沢 洋一	1	참의원
葉梨 康弘	3	중의원	林 芳正	4	참의원
木原 聖二	2	중의원	松山 政司	3	참의원
盛山 正仁	2	중의원	二之場 武史	1	참의원
岩田 和親	1	중의원	森屋 宏	1	참의원
小島 敏文	1	중의원			

출처: 『國會便覽』, 2014.

4) 이코카이(為公会: 麻生派)

(1) 이코카이의 변천과정과 정책노선

현재의 아소파(為公会)는 코치정책연구회에서 분파한 자민당의 파벌이다. 1994년 자민당이 야당에서 여당으로 복귀하는 과정에서 고노(河野洋平)그룹이 이탈하여 만든 파벌이다. 당시 하타 수상이 사임하게 되면서 자민당은 사회당과 신당 사키가케와 연립을 구성하여 여당으로 복귀한다. 이후, 사회당 무라야마 수상이 사임을 표명하면서 자민당에서는 후계수상 선출을 위한 당총재 선거가 실시되었다. 당시 자민당의 총재는 고노 요헤이였다. 하지만 코치정책연구회 내에서 미야자와의 후임회장을 차지하기 위한 대립이 고노 요헤이와 가토(加藤紘一) 간에 치열하게 전개되었다. 무라야마 수상의 후임을 선출하기 위한 자민당 총재선거에서 가토는 다른 파벌 후보인 하시모토 류타로를 지지하게 되었다. 이로 인해 고노는 결국 총재선거출마를 단념하고 말았다. 이를 계기로 고노그룹은 1998년 12월 파벌을 이탈하여 다이유카이(大勇会)를 결성하였다. 다이유카이는 친고노파, 반가토파의 인적네트워크의 성격이 강하다. 그러나 고노는 친중국적 성향과 온건파적 성격이 강하다. 그렇지만 아소타로는 친중국적 경향대신 친대만적 성향을 가진 강경파로 알려져 있다.

2006년 9월 20일 자민당 총재선거에서 다이유카이의 대표주자인 아소타로가 136표를 획득하여 차점자가 되었다. 이러한 결과를 토대로 차기 총재로서 이미지가 만들어지면서 아소 대망론이 대두되었다. 2006년 12월 15일 아소가 다이유카이를 계승하여 아소파가 성립되었다. 아소는 2007년 9월 23일 아베 신조 수상의 후임을 선출하는 총재선거에서 197를 얻어 여전히 차점자를 차지하였다. 아소의 득표는 지난 2006년 총재선거보다 증가하여 총재선출 가능성이 더 높아지게 되었다. 이어 2008년 후쿠다 내각에서는 아소가 간사장을 맡게 되면서 주류파로 진입하게 되었다. 2008년 9월 다시 후쿠다 수상의 사임에 따른 후임 총재선거에서 아소는 결국 총재로 당선되어 수상이 되었다. 그러나 2009년 9월 총선거에서 자민당이 참패하여 야당으로 전락하게 되면서 사임하게 되었다. 2012년 9월에 실시된 총재선거에서 아소파벌은 아베 신조를 지지하여 총재 당선에 기여하게 되었다. 2012년 12월 총선거에서 자민당이 압승하여 여당으로 복귀하게 되면서 아소는 부총리겸 재무장관을 맡고 있다. 그리고 2012년 총선거에서 자민당이 대승하면서 신인의원들이 급증하였다. 신인의원들이 아소파에 대거 가입하면서 파벌의 영향력이 높아지고 있는 상황이다.

(2) 이코카이의 소속의원 현황

〈표 7〉 이코카이의 소속의원

이름	당선회수	중/참의원	이름	당선회수	중/참의원
麻生 太郎	11	중의원	工藤 彰三	1	중의원
森 英介	8	중의원	斎藤 洋明	1	중의원
山口 俊一	8	중의원	白石 徹	1	중의원
岩屋 毅	6	중의원	中村 裕之	1	중의원
河野 太郎	6	중의원	長坂 康正	1	중의원
原田 義昭	6	중의원	船橋 利実	1	중의원
松本 純	5	중의원	牧島 かれん	1	중의원
井上 信治	4	중의원	宮川 典子	1	중의원
西川 京子	4	중의원	務台 俊介	1	중의원
永岡 桂子	3	중의원	武藤 貴也	1	중의원
あかま 二郎	2	중의원	山田 賢司	1	중의원
鈴木 響祐	2	중의원	大家 敏志	1	참의원
園浦 健太郎	2	중의원	藤川 政人	1	참의원
武藤 容治	2	중의원	鴻池 祥筆	4	참의원
井林 辰憲	1	중의원	塚田 一郎	2	참의원
井上 貴博	1	중의원	豊田 俊郎	1	참의원
大見 正	1	중의원			

출처: 『國會便覽』, 2014.

5) 시스이카이(志師会: 二階派)

(1) 시스이카이의 변천과정과 정책노선

니카이파는 1998년 11월 정책과학연구소(政策科學研究所)파벌, 즉 나카소네(中曾根康弘)파가 후계를 둘러싸고 대립하면서 야마자키(山崎拓)가 이탈하게 되었다. 그러자 나카소네를 중심으로 하는 잔류세력이 당시 세이와카이를 이탈한 카메이(亀井静香)그룹과 통합하여 만든 것이 현재의 니카이파이다. 나카소네파 이후 무라카미(村上)·카메이(亀井派) → 에토(江藤)·카메이(亀井派) → 카메이(亀井派) → 구카메이(旧亀井派) → 이부키(伊吹派 → 니카이(二階派)로 변화하여 왔다.

2001년 고이즈미 정권기에 들어서는 '저항세력'으로 분류되어 고이즈미개혁을 비판하는 세력이 되었다. 2003년 10월 카메이가 파벌회장에 취임하였고 나카소네는 고이즈미수상의 70세 이상 후보자 공천불가 방침에 따라 정계를 은퇴하게 되었다. 2005년 우정민영화 법안성립과정에서는 반대표를 행사하여 소속의원들이 자민당 공천을 받지 못하는 사태가 발생하게 되면서 카메이는 회장직을 사임하고 자민당을 이탈하였다. 이후 이부키(伊吹文明: 伊吹派) 파로 변화하였다. 이후 2012년 12월 26일 자민당이 여당으로 복귀하면서 이부키가 국회의장에 선출되었다. 이부키는 관례에 따라 파벌을 이탈하였으며 현재 니카이(二階俊博)가 파벌에 이끌고 있다.

정책노선은 개헌지지파, 대북한 강경파, 외국인참정권 반대, 인권옹호법 반대, 특히, 외국인의 인권옹호법 반대를 주장하는 의원연맹에 참가하는 의원수가 많다. 일본의 전통문화 강조, 우정민영화에 반대하고 사회적 양극화에 비판적인 의원들이 다수 포함되어 있다. 과거 건설족,

운수족 출신 의원들이 다수 존재하여 공공사업 중심의 경기부양책을 주장하는 성향이 강하다.

(2) 시스이카이의 소속의원 현황

〈표 8〉 시스이카이의 소속의원

이름	당선회수	중/참의원	이름	당선회수	중/참의원
二階 俊博	10	중의원	門 博文	1	중의원
河村 建夫	8	중의원	金子 恵美	1	중의원
林 幹雄	7	중의원	木内 均	1	중의원
江崎 鐵磨	5	중의원	小林 鷹之	1	중의원
西川 公也	5	중의원	清水 誠一	1	중의원
谷 公一	4	중의원	高木 宏寿	1	중의원
長島 忠美	3	중의원	武部 新	1	중의원
伊東 良孝	2	중의원	中川 郁子	1	중의원
伊藤 忠彦	2	중의원	宮崎 謙介	1	중의원
松本 洋平	2	중의원	鶴保 康介	3	참의원
秋元 司	1	중의원	片山 さつき	1	참의원
小倉 奬信	1	중의원	中原 八一	1	참의원
大岡 敏孝	1	중의원	衛藤 晟一	2	참의원
勝沼 榮明	1	중의원	柳本 卓治	1	참의원

출처: 『國會便覽』, 2014.

6) 근미래정치연구회(近未来政治研究会: 石原派)

(1) 근미래정치연구회의 변천과정과 정책노선

1998년 11월 30일 나카소네파(中曾根康弘)에서 이탈한 야마자키(山崎拓)가 중심이 된 37명으로 구성된 파벌이다. 헌법개정에 적극적인 점이 특징적이다. 파벌구성원들이 개헌론과 관련된 단행본을 출판할 정도로 적극적이다.

고이즈미 정권에서 야마자키는 자민당 간사장, 부총재를 맡아 주류파
벌이었다. 그러나 2003년 중의원선거에서 낙선하여 내각총리보좌관에
임명되었다. 2005년 4월 보궐선거에서 당선되어 정계에 복귀하였다. 그
러나 고이즈미의 후임총재를 선출하는 자민당총재선거에서 反아베노선
을 표명하였다. 2007년 12월에는 이시하라 노부테루(石原信晃)가 파벌에
들어오면서 유력총재후보가 되었다. 2009년 총선거에서는 파벌의원이
37명에서 16명으로 급격하게 감소하였다. 2012년 총선거에서는 파벌회
장인 야마자키가 불출마를 선언하고 회장직을 이시하라가 이어받았다.
대북한정책에서는 독자적인 네트워크를 가지고 야마자키가 북한을 방
문하기도 하였다.

(2) 근미래정치연구회의 소속의원

〈표 9〉 근미래정치연구회의 소속의원

이름	당선회수	중/참의원	이름	당선회수	중/참의원
野田 毅	14	중의원	うえの 賢一郎	2	중의원
保岡 興治	12	중의원	富岡 勉	2	중의원
石原 伸晃	8	중의원	鬼木 誠	1	중의원
平沢 勝榮	6	중의원	田野瀬 太道	1	중의원
坂本 哲志	4	중의원	湯川 一行	1	중의원
森山 裕	4	중의원	木村 義雄	1	참의원
石原 宏高	2	중의원			

출처:『國會便覽』, 2014.

7) 반쵸정책연구소(番町政策研究所: 大島派)

(1) 반쵸정책연구소의 변천과정과 정책노선

오시마파(番町政策研究所)는 전후 초기 개진당(改進党)에서 출발한 자

민당의 파벌이다. 전전 2대정당의 하나인 입헌민정당, 전후 중도정당인 국민협동당의 인적네트워크집단인 미키다케오(三木武夫), 가와모토 도시오(河本敏夫)계열의 파벌이다. 미키·마쓰무라(三木·松村派) → 미키(三木派) → 가와모토(河派) → 고무라(高村派) → 오시마(大島派)로 변천해 왔다. 자민당 내 좌파적 성향을 가진 의원들이다. 정책노선은 중도적 성향이 강하다.

미키(三木)는 이시바시(石橋) 내각, 이케다(池田) 내각에서 간사장, 그리고 기시(岸) 내각, 사토(佐藤) 내각에서도 간사장을 역임하였다. 1964년 총재선거에서 마쓰무라(松村)가 이탈하여 미키파벌이 되었다. 1972년 다나카와 후쿠다가 대결하는 총재선거에 출마하여 최하위를 기록하였다. 그러나 결선투표에서 다나카를 지지하여 중일국교정상화시기까지는 주류파에 머물렀다.

1974년 이후 미키파벌은 반주류파벌로 전락하게 되었다. 다나카 수상 사임 이후, 미키는 수상에 취임하였다. 그러나 1976년 12월 자민당 내 미키 수상에 대한 퇴임요구(三木下ろし)로 퇴진하였다. 1980년 사회당이 제출한 오히라 수상에 대한 내각불신안에 기권하여 가결의 단초를 제공하는 등 자민당 반주류파벌로 존재하였다. 1980년 미키파벌을 해산하고 새로운 정책연구회(河本派)를 결성하였다. 1982년 스즈키 수상의 후임을 선출하는 자민당 총재선거에 가와모토가 출마하였으나 나카소네 야스히로에 패배하였다. 1995년 5월, 파벌명칭을 반쵸(番町)정책연구소로 개칭하고 고무라(高村正彦)가 회장을 맡게 되었다. 2012년 10월 아베 내각이 발족되면서 고무라가 자민당부총재를 맡게 되면서 파벌회장이 교체되어 오시마파벌이 되었다. 반쵸(番町)정책연구소 출신의 총리는 미키와 가이후(海部俊樹) 2명이다.

(2) 반쵸정책연구소의 소속 의원

〈표 10〉 반쵸정책연구소의 소속의원

이름	당선회수	중/참의원	이름	당선회수	중/참의원
大島 理森	10	중의원	熊田 裕通	1	중의원
江渡 聡徳	5	중의원	高橋 ひなこ	1	중의원
伊藤 信太郎	4	중의원	佐藤 ゆかり	1	참의원
北川 知克	4	중의원	山東 照子	7	참의원
丹羽 秀樹	3	중의원	有村 治子	3	참의원
上杉 光弘	1	중의원	滝沢 求	1	참의원

출처: 『國會便覽』, 2014.

4. 결론: 자민당 주류파벌의 보수화와 대외정책의 변화

일본정치에서 외교문제와 안전보장 문제는 주요한 쟁점으로 취급받지 못하는 경우가 많았다. 그러나 2012년 총선거 이후, 국내정치의 중요한 쟁점으로 부상하게 되었다. 특히, 자민당의 아베총재는 방위력 강화와 더불어 헌법 개정을 시도하고 있다. 자위대를 국방군으로 개편하고 미국의 신방위전략과 연계하여 자위대의 역할을 강화한다는 전략이다. 이러한 안보전략은 선거공약으로 제시되었고, 2012년 총선 이후, 미일가이드라인 개정, 집단적 자위권 허용과 자위대의 국제적 활동을 강화하는 안보법제를 2015년 9월 성립시키게 되었다. 2012년 총선에서 오사카 지역정당으로 머물고 있던 유신정당이 전국 정당화하고 방위력 강화와 헌법개정문제에 대해서 자민당과 거의 비슷한 입장을 취하게 되면서 안보법제가 탄력을 받게 되었다.

일본의 외교와 관련하여 '미국중시노선'과 '아시아중시노선'간의 정책적 차이도 명확하게 나타났다. 자민당은 지난 2014년 총선 매니페스토에서 미일동맹을 강화하고 국익을 지키기 위하여 영토문제에도 적극적으로 대응하겠다는 입장을 표명하였다. 이를 위해 해상보안청의 인원, 장비, 예산 등을 확대하고, 집단적 자위권 인정과 영토·영해경비를 강화하기 위한 법률을 제정하겠다는 입장이다.

유신정당도 집단적 자위권 인정과 영토문제에 있어서도 자민당의 입장과 유사하다. 미일동맹을 심화시키고 실효지배력을 강화하기 위하여 해상방위력을 강화하고 방위비 지출과 관련하여 GDP 1% 제한을 철폐하겠다고 주장한다. 집단자위권의 행사 및 영해 통치를 규정하는 「국가안전보장기본법」의 제정을 공약으로 제시하였다. 그리고 자민당과 마찬가지로 해상보안청의 경비력 강화, 자위대의 무기사용기준을 완화하는 등 보수적인 경향의 정책들을 제시하였다. 여기에 자민당을 탈당한 의원 또는 보수계의원으로 구성된 차세대당, 개혁신당, 일본을 건강하게하는 모임 등이 자민당의 안보정책에 동조하게 되면서 보수적 색채가 강화되고 있다.

〈그림 2〉 일본 유권자의 이념적 위치 변화

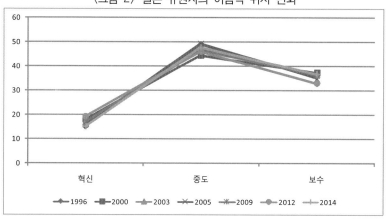

출처: 일본 밝은선거추진협의회 선거의식조사결과를 토대로 작성(2014)

일본국민의 이념적인 변화를 살펴본 것이 〈그림 2〉이다. 1996년부터 2009년까지는 민주당의 지지가 증가하는 시기였다. 이 시기에는 자신을 '혁신'으로 평가하는 유권자 비율이 15.2%에서 16.9%로 증가하였다. 그렇지만 자신을 '보수'라고 평가하는 비율은 35.8%에서 36.1%로 거의 변하지 않았다. 그 대신 '중도'라고 평가하는 비율이 약간 감소하였다. 2012년 총선에서는 자민당이 압승을 거두었지만 '혁신'이 2.3%p 증가하였고, '보수'라고 평가하는 비율은 3.1%p 감소하였다. 2014년에는 '혁신'은 4%p 감소, '보수'는 3.8%p 증가하였다. 2014년에는 '혁신'은 감소하고 '보수'는 증가하였지만, 이러한 변화가 일본국민의 이념적 지형에 변화를 초래하고 있다고 보기는 어렵다고 생각된다.

이러한 국민들의 이념적 변화와는 달리 국회의원들의 이념적인 성향은 보수화 경향이 강화되고 있다. 국회의원의 보수화는 두 가지 차원에서 논의될 수 있을 것이다. 하나는 기존 국회의원들의 보수화 경향이고 또 다른 하나는 보수적 성향의 신인의원들의 대거 당선일 것이다. 기존 의원집단의 보수화는 고이즈미 정권 이후, 자민당주류파벌의 보수화 영향과 깊은 관계가 있다. 고이즈미→아베→후쿠다→아소→아베2차 내각 등에서 보이는 바와 같이 보수강경파 내각의 성립이다. 이러한 보수적 성향이 강한 내각의 등장은 대한정책은 물론 헌법개정, 집단적 자위권, 영토문제, 역사인식 문제 등에서 보수적인 정책을 추진하게 되었다. 자민당의 보수적인 정권은 대외인식에서 강경파인 세이와정책연구회의 집권시기와 거의 일치한다[17].

---

17) 제2차 아베 내각의 대신, 부대신, 정무관, 국회상임위원장 등 '일본의 파워엘리트 52인'의 소속파벌을 조사한 결과를 살펴보아도, 현재 주류파벌이자 강경 보수적인 성향이 강한 호소다파벌의 숫자가 11명으로 가장 많다(동북아역사재단, 「일본의 대한국정책에 참여하는 파워엘리트에 대한 연구」, 16-24, 2013).

국회의원의 보수화경향과 관련하여 또 다른 가능성은 보수적인 성향이 강한 신인의원들이 당선되었다는 점이다. 민나노당(2009), 일어서라 일본(2010), 태양당(2012년), 일본유신회(2012), 차세대당(2014) 등과 같은 보수정당의 다당화현상으로 보수적인 의원비율이 높아졌다.[18] 그리고 자민당의 경우, 총재 및 수상 리더십의 강화에 따라 정당의 정책이나 공약에 총재의 보수적 성향이 반영되기 쉬운 구조를 가지게 되었다. 더구나 최근에는 후보자 공모과정에서 우정민영화, 헌법개정, 아베노믹스, 소비세 인상 등과 같은 쟁점에 대한 입장이 공천유무를 결정하는 요인으로 작용하고 있기도 하다.[19]

특히, 2000년 이후 모리수상으로부터 시작되는 세이와정책연구회의 집권은 미일의존관계의 심화와 중일관계, 한일관계의 악화시기와 일치된다. 1972년 다나카 수상 시기 중일관계정상화 이후, 중국에 대한 우호적인 관계는 1980년대를 거쳐 1998년 강택민 국가주석의 일본방문(중국 국가원로서 최초방문), 1999년 중국군대표단의 일본방문 등으로 이어졌다. 이러한 대중관계는 친중국성향을 가진 다나카(田中)파벌의 지배와 전혀 무관하다고 보기는 어려울 것이다. 한일관계도 김대중 정부 시기까지 정상회담을 통한 현안문제 해결과 교과서문제, 야스쿠니참배문제, 어업협정문제, 정치가들의 망언문제와 같은 양국의 갈등을 관리하면서 유지하여왔다고 볼 수 있다. 물론 이 시기까지는 냉전시기와 중첩되면서 양국 간의 우호적 관계를 위한 외부적인 요인이 컸던 점도 작용되었을 가능성도 크다. 그러나 2001년 고이즈미 정권 이후에는 셔틀외교중

18) 고선규,「지역정당의 제도화를 위한 입법조건－일본의 사례와 시사점」,『입법과 정책』6권 1호, 2014.
19) 자민당은 후보자 공모과정에서 에세이 제출을 의무화하고 있는데 에세이작성 시, 선거의 현안에 대한 입장표명을 요구하고 있다. 우정민영화와 관련해서는 현역의원에게 찬성을 위한 서약서를 요구하였다.

지, 역사인식문제, 영토문제, 야스쿠니신사 참배가 극단적인 형태로 한일관계는 물론 중일관계가 악화되었다. 이러한 갈등의 악화는 1970년대 이후 1990년대 후반까지 주류파벌로 군림해온 다나카파벌이 추진한 외교, 안보정책에 대한 세이와정책연구회의 궤도 수정과도 무관하지 않다[20]. 2000년 이후 세이와정책연구회가 배출한 정치지도자는 2세의원이 대부분이다. 정치적 갈등이 부모세대로까지 거슬러 올라가게 되면서 자민당 내 갈등이나 대립, 차별은 더욱 증폭된 측면도 존재한다.

아베 내각은 총재의 권한을 강화시키는 조치를 취하면서도 장관이나 부대신, 정무관 임용에서 파벌의 균형을 고려하는 인사를 단행하고 있다. 결국 자민당의 여당 복귀와 총재선출, 정치적 포스트 배분이 파벌균형을 고려해서 이루어진다는 점에서 향후 파벌의 기능은 강화될 가능성이 높다. 그리고 총재파벌의 정치적 성향이나 정책이 자민당의 정책결정, 더 나아가서는 대외정책결정에도 반영되는 폭이 커지면서 파벌은 일본정치의 중요한 변수로 재등장하게 될 것이다. 현재 아베수상의 임기는 2018년 9월까지이나 2020년 동경올림픽까지 연장이 논의되고 있는 상황이다. 당분간 아베 정권이 지속되고 세이와정책연구회의 정책노선이 일본의 대외정책을 지배하게 될 것으로 예상된다. 그러므로 대한정책도 현재와 같은 기조가 지속될 가능성이 높다고 본다.

---

20) 森康郎, 「일본의 정권교체와 향후 전망」, 단국대학교 현대정치연구소 세미나 발표문과 2013년 11월 5일 인터뷰, 2013.

참고문헌

고선규,「자민당정치의 변화: 새로운 레짐의 형성?」,『한일군사문화연구』
    6권, 2008.

고선규,「2013년 참의원선거와 정당체계 분석」,『21세기정치학회보』제23
    집 3호, 2013.

고선규,「지역정당의 제도화를 위한 입법조건-일본의 사례와 시사점」,『입
    법과 정책』6권 1호, 2014.

김영일 · 김유정,「일본 참의원 선거 결과의 의미와 향후 전망」,『이슈와
    논점』제692호, 국회입법조사처, 2013.

동북아역사재단,「일본의 대한국정책에 참여하는 파워엘리트에 대한 연
    구」, 16-24, 2013.

진창수 · 신정화,『일본민주당정권의 탄생과 붕괴』, 서울: 오름, 2014.

明るい選挙推進協会,『総選挙実態意識調査』, 東京: 明るい選挙推進協会, 2012.

明るい選挙推進協会,『参議院通常選挙実態意識調査』, 東京: 明るい選挙推進
    協会, 2013.

飯尾 潤,『日本の統治構造-官僚内閣制から議員内閣制へ』, 東京: 中公新書, 2007.

池田謙一,「2001年参議院選挙と‘小泉効果'」,『選挙研究』, 東京: 木鐸社, 2004.

井芹浩文,『派閥再編成』, 東京: 中央公論社, 1988.

上神貴佳,「党首選出過程の民主化-自民党と民主党の比較検討」,『年報政治学』,
    東京: 木鐸社, 2008.

上神貴佳,「政権交代期における指導者像-自民党総裁と民主党代表のプロファイ
    ルとその変容」, 飯尾 潤 編,『政権交代と政党政治』, 東京: 中央公論新社,
    2013.

宇野重規 · 川本裕子 · 岸井成格,「2013年参議院選挙座談会」,『毎日新聞』2013年
    7月23日.

石川真澄 · 広瀬道貞,『自民党』, 東京: 岩波書店, 1989.

蒲島郁夫, 『戦後政治の軌跡』, 東京: 岩波書店, 2004.

北岡伸一, 『政党政治の再生―戦後政治の形成と崩壊』, 東京: 中央公論新社, 1995.

佐藤 誠三郎・松崎 哲久, 『自民党政権』, 東京: 中央公論新社, 1986.

森康郎, 「일본의 정권교체와 향후 전망」, 단국대학교 현대정치연구소 세미나 발표문, 2013.

季武嘉也・武田知己, 『日本政党史』, 東京: 吉川弘文館, 2011.

朝日新聞企画シリーズ, 「安定政権の条件」, 2013.

毎日新聞企画シリーズ, 「日本どこへ: 安倍大勝」, 2013.

産経新聞企画シリーズ, 「3分2時代: 政治はどこに向かうか」, 2013.

読売新聞企画シリーズ, 「ねじれ政治」, 2013.

濱本真補, 「首相と党内統治―人事と造反」, 日本選挙学会発表論文, 2015.

待鳥聡史, 「官邸権力の変容」, 日本選挙学会発表論文, 2015.

Tsutsumi Hidenori, *How and Why did Japan's LDP Adopt "Open" Candidate selection Process? : The case of 2010, 2013 Upper House Election*, Workshop on Candidate selection Methods in East Asia, Gakushuin University, 2013.

제3장

일본의 보수·우익 정치세력

—제2차 아베 내각을 중심으로

정미애

_국민대학교 일본학연구소

1. 서론

2012년 12월 16일 일본에서는 제46회 중의원총선거에서 자민당이 294
석을 획득하여 압승을 거두면서 민주당에 의해 정권이 교체된 지 3년
만에 다시 집권여당으로 복귀했다. 이에 따라 12월 26일에는 아베 신조
가 총리에 취임하면서 2006년에 이은 '제2차 아베 내각'이 발족했다.[1]

---

* 본고는 2016년 한국외국어대학교 일본연구소 『일본연구』 67호에 게재된 논문
   을 수정한 것이다.

1) '1차 아베 내각'은 2006년 9월 26일부터 2007년 9월 26일까지, '2차 아베 내각'

아베 총리는 1차 내각 당시 '아름다운 나라만들기(美しい国づくり)'라는 슬로건 하에 '전후 레짐의 탈각'을 주장하며 이른바 '평화헌법'과 더불어 전후 일본의 기본축을 형성해왔던 교육기본법을 개정한 바 있다. 그는 이번 2차 내각의 출범에 앞서서도 1차 내각에서 총리로 재직했을 때 야스쿠니신사를 참배하지 않은 것이 후회스럽다는 발언을 하는가 하면, 일본군위안부의 강제성을 인정한 고노담화(河野談話)의 수정 및 침략전쟁에 대해 사죄한 무라야마 담화(村山談話)를 계승하지 않을 듯한 취지의 발언 등을 통해 왜곡된 역사인식을 노정하고, 헌법 개정 의지를 드러냄으로써 일본의 보수·우경화에 대한 우려를 자아내었다.

제46회 중의원총선거에서는 일본 내 대표적인 우익인사인 이시하라 신타로(石原慎太郎)와 하시모토 도루(橋下徹)가 공동대표를 맡고 있는 극우정당인 일본유신회가 54석을 획득하며 민주당의 57석에 이어 제3당으로 원내에 진입했다. 평소 돌출된 언행을 보여왔던 하시모토 도루는 2013년 5월 13일에 일본군위안부 문제와 관련하여 "총탄이 오가는 상황에서 정신적으로 신경이 곤두서 있는 강자 집단에 위안부제도가 필요하다는 것은 누구라도 알 수 있는 일"이라며 "왜 일본의 종군위안부제도만 문제가 되느냐. 당시는 세계 각국이 (위안부제도를) 갖고 있었다"는 망언을 했다.

2차 아베 내각 출범 후 2013년 2월 21일에는 부총리 겸 재무대신인 아소 다로(麻生太郎)를 비롯하여 각료 3명이 야스쿠니 신사를 참배한 데 이어, 2월 23일에는 일본의 여야 국회의원 168명이 야스쿠니 신사에 집단 참배했다. 이날 참배한 의원 수는 기록 확인이 가능한 1989년 이후

은 2012년 12월 26일부터 2014년 12월 24일까지이다. 2016년 2월 현재의 아베 내각은 '3차 아베 내각'으로 2014년 12월 24일 발족되었다. 엄밀하게는 아베 총리가 자민당 총재로 무투표 당선된 이후 2015년 10월에 발족한 내각은 '3차 아베 개조내각'이라고 한다.

가장 많은 것이고, 참배 인원이 100명을 넘은 것도 2005년 10월 이후 처음이다. 그리고 10월 18일에는 다시 총무대신을 비롯하여 국회의원 159명이 야스쿠니 신사에 참배했다.

중의원선거 7개월 후인 2013년 7월 21일에 치러진 참의원 선거에서는 중의원선거에 이어 자민당이 압승을 거두었다. 자 · 공 연립여당은 135석을 확보하여 상임위원장을 독점하는 이른바 '안정 과반수'라고 하는 129석을 무난히 넘겼다. 중 · 참 양원 선거의 잇따른 승리로 일본 정치권에는 자민당 일강체제가 구축되었고, 아베 내각의 보수 · 우경화는 더욱 탄력을 받게 되었다.

일본의 보수 · 우경화가 한국의 정책결정에 큰 영향을 미치는 변수임에도 불구하고, 일본 우익에 대한 연구는 2000년대 들어 출판된 몇 편의 저작에 불과하다. 더욱이 기존 연구 성과들은 주로 우익의 사상연구에 치중되어 우익세력의 조직 및 활동에 대한 구체적 연구는 찾아보기 어렵다.[2]

한편 일본의 우경화라는 현상에 주목하여 이에 대한 원인 및 한계를 살펴보고, 시민사회 내의 대립구도를 조망하는 연구,[3] 일본의 우경화로 인한 한일관계 및 동북아 지형의 변화를 전망하는 연구들이 있다.[4] 그

---

2) 김호섭 · 이면우 · 한상일 · 이원덕,『일본 우익연구』, 중심, 2000; 김채수 · 호사카 유지 · 김양희 · 홍현길,『일본 우익사상의 기저 연구』, 보고사, 2007; 김채수,『일본 우익의 활동과 사상 연구』, 고려대학교출판부, 2008; 박훈 외,『일본 우익의 어제와 오늘』, 동북아역사재단, 2008; 서울대학교 일본연구소,「특집: 현대 일본의 보수 그리고 우익」,『일본비평』10호, 2014.

3) 정미애,「일본의 보수 · 우경화와 시민사회의 구도」,『일본연구』37호, 한국외대 일본연구소, 2008; 이지원,「일본의 '우경화': '수정주의적 역사인식'과 아베식 '전후체제 탈각'의 한계」,『경제와 사회』101호, 비판사회학회, 2014.

4) 박철희,「일본 보수정치 세력의 동아시아를 둘러싼 갈등」,『일본연구논총』33호, 현대일본학회, 2011; 김용복,「일본 우경화, 한일관계 그리고 동아시아: 과거사 갈등과 영토분쟁」,『경제와 사회』99호, 비판사회학회, 2013; 이면우,

러나 이러한 연구들은 일본의 보수·우경화를 주도하는 실질적 주체에 대한 면밀한 검토가 이루어지지 않은 상태에서, 보수·우경화라고 하는 현상을 독립변수로 간주하여 논의를 전개하고 있다.

보수 의원연맹을 고찰한 연구로는 박철희,[5] 구유진[6]의 연구가 있다. 전자의 경우는 기술한 선행연구들과 마찬가지로 일본 정치세력의 보수화를 전제로 이를 나타내는 현상으로 보수정당의 약진, 정당 내 리버럴의 약진, 보수 우파 의원연맹의 활성화를 들고, 이러한 '삼중구조의 보수화'의 틀 속에서 보수 의원연맹을 소개하고 있다. 후자의 경우는 역사문제와 관련한 보수 의원연맹에 한정하여 해당 의원연맹의 이념 및 조직 구성 등을 고찰하고 있다.

본고는 현재 나타나고 있는 일본의 보수·우경화는 아베 총리를 비롯한 보수·우익적 정치인들에 의한 '위로부터의 보수화'라는 관점에서 출발한다. 그런 의미에서 아베의 총리 재취임, 다시 말해 2차 아베 내각의 출범은 '잃어버린 20년'으로 상징되는 장기적 경기침체, 전후 세대의 이른바 '역사피로감', 중국의 부상과 북한의 핵실험으로 인한 안보불안 등과 같은 국내적·국제적 요인에 의해 점차 자신감을 상실하고 보수화되어가던 일본 사회를 확실하게 보수·우경화로 견인하는 결정적 역할을 했다고 할 수 있다.

이상과 같은 문제의식 및 선행연구의 한계에 기초하여 본고는 일본의 보수·우경화를 주도하고 있는 실질적 주체에 초점을 맞추고 있다. 특히 기술한 바와 같이 2차 아베 내각에 주목하여 각료의 대다수가 회원

『일본 정계의 우익 성향 강화와 동북아』, 세종연구소, 2014.

5) 박철희, 「일본 정치보수화의 삼중 구조」, 『일본비평』 10호, 서울대 일본연구소, 2014.

6) 구유진, 「역사문제를 둘러싼 일본 보수의원연맹 연구 – 일본 정책결정과정에 대한 함의를 중심으로」, 『일본공간』 16호, 국민대 일본학연구소, 2014.

으로 참여하고 있는 '일본회의'를 비롯, 신도정치연맹 및 보수적 성향의 의원연맹 · 의원모임을 중심으로 이들 단체의 기본이념 및 정책 방향성을 살펴보고, 여기에 참여하고 정치인들을 중심으로 일본 내 보수 · 우익 정치세력의 전체상을 조망하고자 한다. 이를 통해 일본의 보수 · 우익 정치세력이 갖고 있는 일본사회 변혁의 의도와 방향성을 명확히 밝히고자 한다.

2. 보수 · 우익단체와 관련된 정계 제휴단체

1) 일본회의 국회의원간담회

일본회의[7]는 현재 일본 최대의 보수계 단체다. 이시다 가즈토(石田和外) 전 최고재판소 장관의 호소로 1978년에 결성된 '원호(元號)법제화실현국민회의'가 원호법[8] 성립 후 '일본을 지키는 국민회의(日本を守る國民會議)'로 바뀌었다가 1997년 5월 30일 '일본을 지키는 모임(日本を守る會)'을 통합하여 결성되었다.

일본회의는 홈페이지 첫 화면에 "아름다운 일본의 재건(美しい日本の

---

7) 일본회의에 관한 상세는 日本會議 홈페이지(www.nipponkaigi.org)를 참조하였으며, 홈페이지의 내용을 인용하는 경우, 이들의 주장을 그대로 전달하기 위해 천황을 일왕으로, 종전을 패전으로 번역하지 않고 그대로 직역하였다. 일본회의에 관해서는 정미애, 「일본의 보수 · 우경화와 시민사회의 구도」, 2008, 13~15쪽에서도 소개하고 있는 바, 내용의 일부는 중복됨을 밝힌다.

8) 원호(元號)에 관한 법적 근거(구 황실전범 제12조)는 전후 일본국헌법의 시행과 더불어 폐지되었으나, 우익단체의 원호법 제정 운동 등에 의해 1979년부터 다시 시행되었다. 원호의 사용은 천황이 시간까지도 지배한다는 천황중심의 사상에 기반한 것이다.

再建)과 자랑스러운 나라 만들기(誇りある国づくり)를 위해 정책 제언과 국민운동을 하는 민간단체"라고 스스로를 정의하고 있다. 일본회의는 약 35,000명의 개인회원과 약 800만 명의 가맹단체회원을 소유한 거대 조직으로 정계, 재계, 사법, 교육, 종교 등의 보수계 단체 및 개인과 연계하여 보수·우익단체의 정상단체로서 우익의 내셔널 센터(national center)로 기능하고 있으며, 보수계 단체 및 우익 성향 단체 간의 연락기관으로서의 역할을 수행하고 있다. 보수적 입장에서 정책제언활동을 하며, 국가적인 과제에 관해 국민운동을 적극적으로 전개하고 있다.

일본회의는 전국 47개 광역자치단체를 9개 블록으로 나누어 각 도도부현에 도도부현 본부가 있고, 그 아래 다시 지부를 두고 있을 정도로 전국적 조직망을 갖추고 있다.

일본회의의 정계 제휴단체로는 '일본회의 국회의원간담회'가 있다. 일본회의 국회의원간담회는 일본회의가 발족하기 직전에 일본회의를 지원하기 위한 목적으로 1997년 5월에 결성되었다. 국회의원간담회가 결성되기 이전인 1997년 2월에 '새로운 역사교과서를 만드는 모임'을 지원하기 위한 조직으로 '일본의 미래와 역사교육을 생각하는 젊은 의원의 모임(日本の前途と歴史教育を考える若手議員の会)'이 결성되었으며, 이 조직을 중심으로 국회의원간담회가 결성되었다. 2014년 현재 289명이 초당파적으로 참가하고 있고,[9] 아베 내각의 각료 19명 중 15명이 일본회의 국회의원간담회 소속이다.[10]

〈표 1〉의 일본회의 국회의원간담회 간부진을 보면, 일본 정계의 내로라하는 보수정치인들이 총망라되어 있다. 2차 아베 내각 당시의 2013년

---

9) 「地方から改憲の声, 演出 日本会議が案文, 議員ら呼応」,『朝日新聞』2014.8.1.
10) 「政権に巣食改憲·右翼団体日本会議勢力主張·言動に見る異常」,『しんぶん赤旗』2014.9.7.

현재 회장은 일본유신회의 히라누마 다케오(平沼赳夫)가 맡고 있고, 회
장 대행은 누카가 후쿠시로(額賀福志郎)다. 부회장은 아베 신조 총리를
비롯하여 이시바 시게루(石破茂) 자민당 간사장, 고이케 유리코(小池百
合子) 자민당 홍보본부장, 스가 요시히데(菅義偉) 내각관방장관, 나카다
니 겐(中谷元) 자민당 부간사장, 후루야 게이지(古屋圭司) 국가공안위원
장, 야마자키 마사아키(山崎正昭) 참의원 의장이고, 간사장은 시모무라
하쿠분(下村博文) 문부과학상, 사무국장은 하기우다 고이치(萩生田光一)
자민당 중의원 의원, 특별고문은 아소 다로 부총리이다. 더욱이 누카가
후쿠시로 의원은 친한파적인 성향이 있다고는 하나 한일의원연맹의 일
본 측 회장이라는 점에서 한국의 대일본 외교의 주요 파트너들에 대한
이념적 성향의 재검토와 이에 대한 대응이 필요하다고 판단된다.

〈표 1〉 일본회의 국회의원간담회 간부

회장	상담역	회장대행	부회장	간사장	사무국장	특별고문
히라누마 다케오	고가 마코토	누카가 후쿠시로	아베 신조 이시바 시게루 고이케 유리코 스가 요시히데 나카다니 겐 후루야 게이지 야마자키 마사아키	시모무라 하쿠분	하기우다 고이치	아소 다로

자료: wikipedia(http://ja.wikipedia.org)[11]

11) 일본회의 홈페이지에 '일본회의 국회의원간담회' 관련 사이트가 있으나, 국회
의원들의 강연 및 스터디모임(勉強会)에 관한 보고가 주요 내용으로 구성원
에 대한 정보를 제공하지 않고 있어 부득이하게 위키피디아 일본어 사이트를
참조했다.

2) 신도정치연맹 국회의원간담회

신도정치연맹(이하 '신정련')은 종교우익인 신사본청을 모태로 1969년 결성된 정치단체이다.[12] 신정련이 홈페이지에서 밝히고 있는 운동의 목표와 내용은 이념적 기반과 지향성이 같기 때문에 기술한 일본회의와 거의 일치한다.

다음은 신정련 홈페이지에 게재된 단체 소개글이다.

> 신정련은 세계에 자랑하는 일본의 문화·전통을 후세에 올바로 전하는 것을 목적으로 결성된 단체이다. 전후 일본은 경제발전에 의해 물질적으로는 풍요로워졌지만, 그 반면에 정신적인 가치보다 금전적 가치가 우선되는 풍조, 배려나 위로의 마음을 결여한 개인주의적인 경향이 강해져 오늘날에는 많은 문제를 안게 되었다. 신정련은 일본다움, 일본인다움이 잊혀져가고 있는 이 시대에 전후 등한시되어온 정신적 가치의 소중함을 호소하고, 우리들이 태어난 이 나라에 자신과 긍지를 되돌리기 위해 다양한 국민운동을 전개하고 있다.

신정련의 활동목표는 다음과 같다.

· 세계에 자랑하는 황실과 일본의 문화전통을 소중히 하는 사회 만들기
· 일본의 역사와 국가특성에 기초한 긍지를 가질 수 있는 신헌법 제정
· 일본을 위해 목숨을 바친 야스쿠니 영령에 대한 국가의례 확립
· 일본의 미래에 희망을 가질 수 있는 마음이 풍요로운 어린이를

---

12) 神道政治連盟(http://www.sinseiren.org)

육성하는 교육 실현
· 세계로부터 존경받는 도의(道義)국가, 세계에 공헌할 수 있는 국가
확립

신정련은 47개 도도부현에 본부를 갖고 있는 전국적 조직으로, 정계 제휴단체로는 '신도정치연맹 국회의원간담회'가 있다. 이 간담회에는 모리 요시로, 아베 신조 등 전 · 현직 총리를 비롯하여 다수의 중 · 참의원이 회원으로 참여하고 있으며, 2013년 현재 회장은 아베 총리가 맡고 있다. 〈표 2〉에서와 같이 2013년 10월 23일 현재 중의원 150명, 참의원 60명 모두 210명의 국회의원이 신정련 국회의원간담회 회원이다.

한편 〈표 2〉의 신정련 국회의원간담회 회원 명단과 후술하는 〈표 5〉의 2차 아베 내각의 각료 명단을 비교한 결과, 전체 각료 19명 중 16명이 이 간담회 회원임이 밝혀졌다. 이 간담회에 소속되지 않은 세 명의 각료는 공명당의 오타 아키히로(太田昭宏) 국토교통대신, 오노데라 이쓰노리 (小野寺五典) 방위대신, 네모토 다쿠미(根本匠) 부흥대신이다. 2차 아베 내각의 각료 중 신정련 국회의원간담회 회원은 쉽게 확인할 수 있도록 〈표 2〉에서 굵고 큰 글씨에 밑줄로 표시하였다. 그런데 이 간담회에 소속되지 않은 세 명의 각료 중 한 명인 부흥대신 네모토의 경우, 신정련이 홈페이지에 게재한 회원 명단에는 올라있지 않으나 다와라 요시후미 (俵義文)가 공개한 자료13)에는 네모토도 신정련에 참여하고 있는 것으로 되어 있다. 이를 확인하고자 네모토 의원(후쿠시마(福島) 2구)의 개인 홈페이지14)도 살펴보았으나 관련내용은 없었다. 만약 다와라의 주장이 맞는다면 2차 아베 내각의 각료 19명 중 17명(89.4%)이 신정련 국회의원

---

13) 俵義文, 「第2次安倍晋三内閣の超タカ派の大臣たち」(www.ne.jp/asahi/tawara/goma/ 2013.1.13./1.pdf).

14) 根本匠(https://www.t-nemoto.com)

간담회 소속이 된다. 신정련이 신도(神道)에 기반하여 황실 숭배, 야스
쿠니신사 참배, 헌법 개정 등을 활동목표로 하고 있는 점에 비추어 볼
때, 2차 아베 내각은 '보수·우익 내각'이라고 단정할 수 있다.

또한 신정련에는 일본회의 국회의원간담회 회장인 히라누마 다케오
를 비롯하여 아베 총리, 아소 부총리 등의 각료 및 다수의 자민당의 보
수계 정치인들이 일본회의와 신도정치연맹에 중복 가입되어 있다.

〈표 2〉 신도정치연맹 국회의원간담회 회원

2013년 10월 23일 현재

北海道	前田一男·町村信孝·吉川貴盛(衆) 伊達忠一(參)	滋 賀	うえの賢一郎·大岡敏孝· 武村展英·武藤貴也(衆)
青 森	江渡聰徳·大島理森·木村太郎(衆) 滝沢求·山崎力(參)	京 都	安藤裕·伊吹文明·田中英之· 谷垣禎一·宮崎謙介(衆) 西田昌司·二之湯智(參)
岩 手	鈴木俊一·高橋比奈子(衆)	大 阪	大塚高司·左藤章·竹本直一· とかしきなおみ·中山泰秀(衆)
秋 田	金田勝年·御法川信英(衆) 石井浩郎(參)	兵 庫	谷公一·西村康稔(衆) 鴻池祥肇·末松信介(參)
宮 城	秋葉賢也·大久保三代·土井亨· 西村明宏(衆) 愛知治郎·熊谷大(參)	奈 良	奥野信亮·高市早苗·田野瀬太道 (衆)
山 形	遠藤利明(衆) 岸宏一(參)	和歌山	石田真敏(衆) 世耕弘成·鶴保庸介(參)
福 島	吉野正芳(衆) 岩城光英·森まさこ(參)	鳥 取	石破茂(衆)
茨 城	石川昭政·梶山弘志·新谷正義· 田所嘉徳·永岡桂子·額賀福志郎 (衆) 岡田広·上月良祐·長谷川大紋(參)	島 根	竹下亘·細田博之(衆) 青木一彦(參)
栃 木	佐藤勉·茂木敏充·渡辺喜美(衆) 上野通子(參)	岡 山	逢沢一郎·加藤勝信·橋本岳· 平沼赳夫·山下貴司(衆) 石井正弘(參)
群 馬	小渕優子·佐田玄一郎(衆) 中曽根弘文·山本一太(參)	広 島	亀井静香·河井克行·岸田文雄· 中川俊直·平口洋(衆) 溝手顕正(參)

埼 玉	今野智博·柴山昌彦·**新藤義孝**·豊田真由子·山口泰明(衆)関口昌一(参)	山 口	**安倍晋三**·河村建夫·岸信夫·高村正彦(衆)**林芳正**(参)
千 葉	秋本真利·齋藤健·薗浦健太郎·浜田靖一·林幹雄·松野博一·森英介(衆) 石井準一(参)	徳 島	後藤田正純·福山守·山口俊一(衆)中西祐介(参)
東 京	**石原伸晃**·井上信治·**下村博文**·平沢勝栄·松本洋平·山田美樹(衆)中川雅治·丸川珠代(参)	香 川	大野敬太郎·瀬戸隆一·平井卓也(衆)
神奈川	**甘利明**·河野太郎·**菅義偉**·田中和徳·松本純·義家弘介(衆)小泉昭男(参)	愛 媛	塩崎恭久·白石徹·山本公一(衆)山本順三(参)
山 梨	長崎幸太郎·中谷真一·堀内詔子·宮川典子(衆)	高 知	中谷元·福井照·山本有二(衆)
長 野	後藤茂之(衆)吉田博美·若林健太(参)	福 岡	**麻生太郎**·鬼木誠(衆)大家敏志·松山政司(参)
岐 阜	金子一義·棚橋泰文·野田聖子·藤井孝男·**古屋圭司**(衆) 渡辺猛之(参)	佐 賀	今村雅弘·保利耕輔(衆)福岡資麿(参)
静 岡	井林辰憲·川田隆·城内実·塩谷立·宮澤博行·武藤容治(衆)岩井茂樹·牧野京夫(参)	長 崎	北村誠吾·谷川弥一·冨岡勉(衆)
愛 知	青山周平·池田佳隆(衆)酒井庸行·鈴木政二·藤川政人(参)	熊 本	金子恭之·木原稔·坂本哲志(衆)松村祥史(参)
三 重	川崎二郎·**田村憲久**·三ツ矢憲生(衆)	大 分	岩屋毅·衛藤征士郎(衆)礒崎陽輔(参)
新 潟	石崎徹·金子恵美·高鳥修一·長島忠美·細田健一(衆)塚田一郎·中原八一(参)	宮 崎	江藤拓·古川禎久(衆)松下新平(参)
富 山	橘慶一郎·田畑裕明·宮腰光寛(衆)野上浩太郎(参)	鹿児島	小里泰弘·森山裕(衆)野村哲郎(参)
石 川	北村茂男·佐々木紀(衆)岡田直樹(参)	沖 縄	―
福 井	**稲田朋美**·高木毅·山本拓(衆)山崎正昭(参)	比 例	赤池誠章·有村治子·衛藤晟一·尾辻秀久·片山さつき·佐藤ゆかり·水落敏栄·山谷えり子(参)

자료: 神道政治連盟(http://www.sinseiren.org/ouenshiteimasu/ouensimasu.htm)
주: 굵고 큰 글씨체 밑줄은 2차 아베 내각의 각료.

3. 보수 · 우익 성향의 의원연맹

일본정치의 보수화를 상징하는 현상으로 1990년대 중반부터 활발하게 이루어진 보수 · 우익 성향의 의원모임의 증가를 들 수 있다. 의원모임은 특정 목적 하에 결성된 국회의원들의 조직으로, 그 목적은 정책과제 및 이념적 성향의 실현뿐만 아니라 특정 업계나 지역으로의 이익유도, 외국과의 우호, 취미 활동에 이르기까지 다양하다. 일본의 경우, 의원연맹은 대체로 "○○하는 (국회)의원 모임(○○(国会)議員の会)", "○○위원회", "○○간담회", "○○연구회" 등의 명칭을 사용한다. 일본에는 약 300개가 넘는 의원모임이 있는 것으로 알려져 있다. 의원들에 의한 자발적 결사체로 국회의 공식기구가 아니기 때문에 구성원 및 활동내용에 대한 정확한 정보를 파악하기는 매우 어렵다. 이에 본고에서는 이들에 대한 정보를 획득하는 데 주로 인터넷(특히 위키피디아 일본어 사이트 및 야후 재팬)과 신문기사에 의존한 바가 크다.

이하에서는 300여 개의 의원모임 중 아베 총리, 아소 부총리 등 일본의 주요 정치인이 참여하고 있는 의원모임을 중심으로 한국과의 관계에 영향을 미칠 수 있는 이념 및 활동을 추구하는 보수 · 우익적 성향의 의원모임을 간추려, 그 중에서도 적극적 활동으로 인해 언론에의 노출 빈도 및 사회적 주목도가 높은 의원모임을 7개 선정하여 이들의 이념, 활동, 구성원 등에 대해 살펴보고 있다.

1) 다함께 야스쿠니 신사에 참배하는 국회의원 모임(みんなで靖国神社に参拝する国会議員の会)

1981년에 결성된 초당파 의원연맹으로 자민당, 민주당, 일본유신회, 다

함께당, 생활의당, 녹색바람(みどりの風)의 6당의 국회의원들로 구성되어 있다. 2013년 현재 회장은 자민당 참의원 의원 오쓰지 히데히사(尾辻秀久)이다. 오쓰지는 일본회의 대표위원과 일본유족회 회장도 맡고 있다.

일본의 '종전기념일'인 8월 15일과 야스쿠니신사의 춘계 · 추계 예대제(例大祭)에는 소속 의원들이 집단으로 참배를 하며, 의원 본인이 참배할 수 없는 경우에는 비서가 대리로 참배하고 있다. 2009년 민주당으로 정권이 교체되고 나서 3년간은 국무대신이나 부대신의 참배는 없었으나, 2012년 자민당의 재집권 후 일부 국무대신은 물론 국회의원들의 대규모 집단 참배가 이루어지면서 야스쿠니신사 참배가 다시 일본 국내외적으로 이념적 · 외교적 갈등사안으로 부상했다.

2014년 현재 확인 가능한 소속의원은 자민당은 아베 총리를 비롯하여 47명, 민주당 6명, 일본유신회 3명, 다함께당 3명, 생활의당 3명, 녹색바람 1명으로 모두 63명이다. 그러나 국회 외교통일위원회 소속 민주당 인재근 의원이 2013년 9월 23일 일본 우익단체 '영령에 보답하는 모임'[15]이 공개한 자료를 분석하여 야스쿠니신사에 참배한 일본 정치인의 명단을 공개하였는데, 이에 의하면 각료를 포함한 일본 정치인 306명이 올해 야스쿠니 신사를 직접 또는 대리 참배했다고 밝혔다.[16] 그러나 공개된 명단을 일일이 비교한 결과, '종전기념일'에 참배한 의원의 경우, 대부분이 춘계예대제에 참배하여 명단이 중복될 뿐 아니라 예를 들어 4월 춘계예대제 기간 중 야스쿠니 신사를 참배한 의원은 직접 참배 169명, 대리 참배 64명 등 총 233명이며, 8월 15일에는 직접 참배 118명, 대리 참배 98명 등 총 216명이라고 보도되었으나, 필자가 공개된 명단에 기초하여 재

---

15) 英霊にこたえる会(http://eireinikotaerukai.com)
16) 「명단] 인재근 의원, 야스쿠니 참배 日의원 306명 실명 공개」, 『국민일보』 2013.9.23.

검토한 결과, 〈표 3〉, 〈표 4〉에서 나타내고 있는 바와 같이 직접 참배 의원수는 춘계예대제 166명, '종전기념일' 118명으로 약간의 차이를 보였다. 그러나 참배의원수의 상이는 차치하더라도 중요한 것은 이 의원모임에 참여하지 않은 상당수의 국회의원들도 야스쿠니 신사에 참배하고 있다는 것이다. 이는 다시 말해 일본 국회에서 보수·우익적 성향의 국회의원이 차지하는 비율이 매우 높다는 것을 의미한다.

〈표 3〉 2013년 춘계예대제(4월 21일~23일) 야스쿠니신사에 직접 참배한 의원수

정당명	참배의원수		계
	중의원	참의원	
자민당	107	23	130
민주당	2	3	5
일본유신회	24	1	25
다함께당	2	1	3
생활의 당	1	0	1
무소속	1	1	2
계	137	29	166

자료: 『국민일보』 2013년 9월 23일 기사에 기초하여 필자가 작성.

〈표 4〉 2013년 8월 15일 종전기념일에 야스쿠니신사에 직접 참배한 의원수

정당명	참배의원수		계
	중의원	참의원	
자민당	60	24	84
민주당	3	4	7
일본유신회	18	3	21
다함께당	1	3	4
무소속	1	1	2
계	83	35	118

자료: 『국민일보』 2013년 9월 23일 기사에 기초하여 필자가 작성.

2) 평화를 기원하고 진정한 국익을 생각하여 야스쿠니신사 참배를 지지하는 소장 국회의원 모임(平和を願い真の国益を考え靖国神社参拝を支持する若手国会議員の会)

아베 신조 등이 발기인이 되어 2005년 6월 28일에 발족한 자민당 국회의원 의원연맹이다. 자민당 소속 국회의원 중 중의원은 5선 이하, 참의원은 2선 이하의 의원들이 참여하는 것으로 하고, 당시 중의원 83명, 참의원 33명 모두 116명이 참여하여 결성했다. 설립 당시에는 고이즈미 총리의 야스쿠니신사 참배에 대해 지지를 표명했으나, 소속의원 중 21명이 우정민영화 법안에 반대하여 자민당을 탈당했다. 초대 회장에는 마쓰시타 다다히로(松下忠洋, 2012년 사망)가 취임했으나, 그 해 9월에 실시된 제44회 중의원 총선거에서 마쓰시타 회장이 낙선하면서 그 후 휴면상태에 들어갔다. 이듬해 2006년 4월 6일에 약 120명이 활동을 재개하면서 이마즈 히로시(今津寛)가 회장으로 취임하여 현재까지 회장을 맡고 있다. 2006년에 활동을 재개한 것은 그 해 6월에 있을 자민당 총재선거에서 아베 신조를 지원할 목적도 있었다.[17] 현재 아베 총리가 고문을 맡고 있고, 소속 의원 중 주요 인물로는 시모무라 하쿠분, 하기우다 고이치, 야마타니 에리코 등이 있다.

3) 일본의 영토를 지키기 위해 행동하는 의원연맹(日本の領土を守るため行動する議員連盟)

2004년에 결성된 자민당계 초당파 의원연맹으로 일본회의 국회의원 간담회 회장인 히라누마 다케오가 최고고문이고, 참의원 의원인 야마타

---

17) 「靖国参拝: 首相支持の若手国会議員の会, 活動再開へ」, 『毎日新聞』 2006.4.6.

니 에리코가 회장이다. 북방영토·센카쿠제도·독도를 "일본 영토 중 근린제국과 영유권 문제가 제기되고 있거나 불법점거된 지역"으로 간주하고 이에 대한 문제를 적극적으로 제기하고 있다.

본 의원연맹은 학습지도요령 개정 당시 독도와 센카쿠에 관해 기재하도록 결의했다. 2008년에는 한국 기업에 의한 대마도 토지매수문제와 관련하여 총회를 개최하고, 2010년에는 일부 소속의원들이 대마도를 실제로 시찰했다. 2012년 8월 19일에는 센카쿠의 우오쓰리시마(魚釣島)에서 위령제를 지낼 목적으로 '일본의 영토를 지키기 위해 행동하는 지방의원연맹'과 연명으로 상륙허가를 신청했으나 불허되어[18] '힘내라 일본! 전국행동위원회'의 회원 및 일반참가자 150여 명과 인근 해상(海上)에서 위령제를 지낸 바 있다.

4) 일본의 전도와 역사교육을 생각하는 의원모임(日本の前途と歴史教育を考える議員の会)

자민당 내 보수계 의원연맹으로 '일본의 전도와 역사교육을 생각하는 소장의원모임'에서 1997년에 소장의원에 국한하지 않고 전체 의원을 대상으로 하는 현재의 의원모임으로 바뀌었다. 일본회의 국회의원간담회의 부회장인 후루야 게이지와 아베 신조가 각각 회장과 고문을 맡고 있다.

모임 내에는 '난징문제 소위원회'와 '위안부문제 소위원회', '오키나와전 검증을 위한 소위원회'를 설치하고 역사교과서, 일본군위안부, 난징 대학살에 관하여 수정주의적 역사관에 입각하여 제언하고 있다. 특히 '오키나와전 검증을 위한 소위원회'는 2007년 10월 17일에 설치한 것으로 제2차 세계대전 말기 오키나와 전투에서 발생한 오키나와 주민의 집

---

18) 「政府, 超党派議連の尖閣上陸申請を不許可」, 『産経ニュース』 2012.8.14.

단자결에 관해 "구 일본군의 조직적 강제 · 강요는 전혀 사실무근"이라는 입장에서 적극적으로 대처하고 있다. 일본회의 국회의원간담회의 사무국장인 하기우다 고이치가 '오키나와전 검증을 위한 소위원회' 위원장을 맡고 있다.

이 의원모임에서 출판한 서적으로『역사교과서에의 의문-소장 국회의원에 의한 역사교과서문제의 총괄』(1997),[19]『난징의 실상-유엔은 '난징 2만 명 학살'조차 인정하지 않았다』(2008)[20] 등이 있다.

5) 창생 '일본'[21]

2007년 12월에 결성된 '진(真) · 보수정책연구회'가 2010년에 개칭한 것으로 자민당, 일본유신회, 다함께당, 신당 개혁의 4당과 무소속 의원 등으로 구성된 초당파 의원연맹이다. 2013년 현재 회장은 아베 총리이고 약 70명의 국회의원이 참여하고 있다.

2007년 9월 1차 아베 내각이 퇴진하고 후쿠다 내각이 발족하자 보수세력의 결집을 목표로 나카가와 쇼이치(中川昭一), 히라누마 다케오 등이 중심이 되어 설립되었다. 설립목적은 ①전통 · 문화를 지킨다, ②피폐한 전후 시스템을 재검토한다, ③국익을 지키고 국제사회에서 존경받는 나라로 만든다는 것이다.

초대 회장인 나카가와가 2009년 10월 3일 갑자기 사망하자 2대 회장에 아베 신조가 취임하여 현재까지 회장을 맡고 있다. 이념적 성향이 같

---

19) 日本の前途と歴史教育を考える若手議員の会 編,『歴史教科書への疑問―若手国会議員による歴史教科書問題の総括』, 日本の前途と歴史教育を考える若手議員の会, 1997.

20) 日本の前途と歴史教育を考える議員の会,『南京の実相―国際連盟は「南京2万人虐殺」すら認めなかった』, 日新報道, 2008.

21) 創生「日本」(http://www.sosei-nippon.jp)

기 때문에 소속의원들이 일본회의 국회의원간담회, 신도정치연맹 국회
의원간담회에 중복 가입되어있는 경우가 많아 이들 간담회와 긴밀한 공
조를 유지하며 외국인참정권 반대, 부부별성 반대 등의 국민운동에 적
극 나서고 있다.

2013년 현재 회원수는 143명으로 2013년 10월 17일 열린 총회에서는
당시 아직 야스쿠니 신사에 참배하지 아베 총리를 향해 "야스쿠니신사
에 가지 않는 회장"에 대한 불만이 제기되기도 했다.[22] 두 달 뒤인 2013
년 12월 26일 아베 총리가 한국 및 중국과의 외교관계 악화를 무릅쓰고
총리 취임 1주년을 기념하여 야스쿠니 신사 참배를 강행한 것은 자신이
회장을 맡고 있는 의원모임의 소속 의원들마저 불만을 제기하는 상황에
서 외교관계를 희생하더라도 국내 지지층을 결집하기 위해서는 참배할
필요가 있다고 판단한 것으로 보인다.

6) 가치관외교를 추진하는 의원모임

2007년 5월 17일에 자민당 내에서 당시 총리였던 아베 신조가 제창하
는 '가치관외교'를 지지하는 보수계 의원들이 중심이 되어 만든 의원연
맹이다. 초대 회장은 '일본의 전도와 역사교육을 생각하는 의원모임'의
회장이기도 한 후루야 게이지가 맡았고, 고문에는 '창생 '일본''을 설립한
카가와 쇼이치가 취임했다.

본 의원모임은 '가치관외교'에 기반하여 "인권 · 자유 · 민주주의 등 동
일한 가치관을 갖고 있는 국가"와의 외교관계를 추진한다는 취지에서
결성되었다. 그러나 동년 7월의 참의원 선거에서 자민당이 패배하고 아

---

22) 「創生「日本」が再始動 石破氏を意識し勢力拡大図る」, 『産経ニュース』 2013.10.17.

베 총리가 퇴진하면서 모임의 유력 회원들이 아베 총리와는 외교상의
가치관이 크게 다른 후쿠다 야스오(福田康夫) 총리를 지지함으로써 모
임의 결속력이 위태로워졌다.

2012년 2차 아베 내각이 출범과 더불어 현재는 '가치관외교'를 더욱
강하게 주창하면서 "자유, 민주주의, 기본적 인권, 법의 지배라는 보편적
가치를 공유하는 국가가 아닌 중국"23)에 대한 경계심을 노골적으로 드
러내고 있다.

7) 헌법96조 개정을 목표로 하는 의원연맹

본 의원연맹(약칭 '96조의연')은 300여 개가 넘는 의원모임 중 가장 최
근에 설립된 의원모임으로서 2차 아베 내각의 출범과 더불어 아베 총리
의 개헌 의지에 힘입어 활동을 본격화하고 언론의 조명을 받고 있다. 96
조의연은 헌법 96조에서 규정하고 있는 헌법 개정의 국회발의요건을 3
분의 2에서 과반수로 완화하는 것을 목표로 하여 2012년 6월 자민당, 민
주당, 공명당, 다함께당, 일어서라 일본, 국민신당의 각 당의 의원 100여
명이 참여하여 설립된 초당파 의원연맹이다. 그러나 동년 12월에 실시
된 제46회 중의원선거에서 자민당이 승리하여 재집권하면서 소속 의원
중 상당수가 입각하거나 총리보좌관 등의 요직에 취임하면서 스케줄 조
정이 어려워지고, 아베 총리가 회장을 맡고 있는 '창생 '일본''이 개헌을
위한 환경정비를 맡아야 한다는 의견 등이 부상하면서 96조의연의 활동
은 휴면상태에 빠졌다.24)

그러나 96조 개정을 실현하기 위해서는 '창생 '일본''과 96조의연이 연동

---

23) 古屋圭司通信(http://www.furuya-keiji.jp/blog/archives/98.html)
24) 「96条議連, 役目終え休眠 相次ぐ入閣 改憲へ前進」, 『産経ニュース』2013.2.18.

해야 한다는 판단 하에 2013년 7월의 참의원 선거를 앞두고 5월 13일 다시 회합을 갖고 활동을 재개했다. 이날 회합에서는 후루야 게이지를 회장으로 선출했으며, 자민, 민주, 일본유신회, 다함께당 등에서 350명 정도의 의원이 참가하여 2차 아베 내각 하에서의 개헌파의 위세를 과시했다.[25]

4. 2차 아베 내각 각료의 이념적 성향: 소속 의원모임을 중심으로

〈표 5〉는 이상에서 살펴본 보수·우익적 성향의 국회의원간담회와 의원모임에 대한 가입여부를 중심으로 2차 아베 내각 각료의 소속 의원모임 및 의원모임에서의 직위를 정리한 것이다. 아울러 각료는 외교관계에 직접적 영향을 미치는 지위에 있는 인물이므로 대일외교의 방향성을 가늠하는 기초자료로의 의미로써 이들의 일한의원연맹 가입여부도 기입하였다.

〈표 5〉 2차 아베 내각 각료의 소속 의원연맹

직명	이름	소속 (의원, 정당)	보수·우익 성향의 소속 의원연맹 (일한의원연맹 가입 여부 포함)
내각총리대신	아베 신조 安倍晋三	중의원 자유민주당	· 일본회의(부회장) · 신정련(회장) · 다함께 야스쿠니 · 야스쿠니 소장모임(고문) · 역사교육(사무국장) · 창생 '일본'(제2대회장) · 헌법96조 개정(고문) · 일한의원연맹(부간사장)

25)「超党派「96条改正議連」再始動 参加議員350人に達する」,『産経ニュース』2013.5.13.

직명	이름	소속 (의원, 정당)	보수·우익 성향의 소속 의원연맹 (일한의원연맹 가입 여부 포함)
부총리, 재무대신, 내각부 특명담당대신 (금융담당)	아소 다로 麻生太郎	중의원 자유민주당	· 일본회의(특별고문) · 신정련(특별고문) · 다함께 야스쿠니 · 헌법96조 개정(고문) · 창생 '일본'
총무대신, 내각부 특명담당대신 (지방분권개혁 담당)	신도 요시타카 新藤義孝	중의원 자유민주당	· 신정련 · 다함께 야스쿠니 · 일본 영토 · 창생 '일본'(부간사장) · 헌법96조 개정
법무대신	다니가키 사다카즈 谷垣禎一	중의원 자유민주당	· 일본회의(상담역) · 신정련 · 다함께 야스쿠니 · 헌법96조 개정 · 일한의원연맹(상임이사)
외무대신	기시다 후미오 岸田文雄	중의원 자유민주당	· 일본회의 · 신정련 · 역사교육
문부과학대신	시모무라 하쿠분 下村博文	중의원 자유민주당	· 일본회의(간사장) · 신정련 · 야스쿠니 소장모임 · 창생 '일본'(부회장) · 헌법96조 개정 · 일한의원연맹
후생노동대신	다무라 노리히사 田村憲久	중의원 자유민주당	· 일본회의 · 신정련 · 다함께 야스쿠니 · 헌법96조 개정
농림수산대신	하야시 요시마사 林芳正	참의원 자유민주당	· 신정련 · 다함께 야스쿠니 · 헌법96조 개정
경제산업대신, 내각부 특명담당대신 (원자력손해배상지원 기구 담당)	시데키 도시미츠 茂木敏充	중의원 자유민주당	· 일본회의 · 신정련 · 다함께 야스쿠니 · 헌법96조 개정 · 일한의원연맹
국토교통대신	오타 아키히로 太田昭宏	중의원 공명당	

직명	이름	소속 (의원, 정당)	보수·우익 성향의 소속 의원연맹 (일한의원연맹 가입 여부 포함)
환경대신, 내각부 특명담당대신 (원자력방재 담당)	이시하라 노부테루 石原伸晃	중의원 자유민주당	· 신정련 · 창생 '일본' · 헌법96조 개정
방위대신	오노데라 이츠노리 小野寺五典	중의원 자유민주당	· 일본회의 · 다함께 야스쿠니 · 창생 '일본' · 헌법96조 개정
내각관방장관	스가 요시히데 菅義偉	중의원 자유민주당	· 일본회의(부회장) · 신정련 · 야스쿠니 소장모임 · 창생 '일본'(부회장) · 헌법96조 개정 · 일한의원연맹
부흥대신	네모토 다쿠미 根本匠	중의원 자유민주당	· 일본회의 · 신정련 · 역사교육 · 야스쿠니 소장모임
국가공안위원회위원장, 내각부 특명담당대신 (방재담당)	후루야 게이지 古屋圭司	중의원 자유민주당	· 일본회의(부회장) · 신정련 · 역사교육(부간사장) · 야스쿠니 소장모임 · 창생 '일본'(회장대리) · 가치관외교(회장) · 헌법96조 개정(회장)
내각부 특명담당대신 (오키나와 및 북방대책 담당) (과학기술정책 담당) (우주정책 담당)	야마모토 이치타 山本一太	참의원 자유민주당	· 신정련 · 역사교육(사무차장) · 야스쿠니 소장모임 · 창생 '일본'(부간사장) · 헌법96조 개정 · 일한의원연맹
내각부 특명담당대신 (소비자·식품안전 담당) (저출산대책 담당) (남녀공동참획 담당)	모리 마사코 森まさこ	참의원 자유민주당	· 신정련 · 헌법96조 개정
내각부 특명담당대신 (경제재정정책 담당)	아마리 아키라 甘利明	중의원 자유민주당	· 일본회의 · 신정련 · 다함께 야스쿠니 · 헌법96조 개정 · 일한의원연맹

직명	이름	소속 (의원, 정당)	보수·우익 성향의 소속 의원연맹 (일한의원연맹 가입 여부 포함)
내각부 특명담당대신 (규제개혁 담당)	이나다 도모미 稲田朋美	중의원 자유민주당	· 일본회의 · 신정련(사무국장) · 창생 '일본'(사무국장대리) · 다함께 야스쿠니 · 헌법96조 개정

자료: 俵義文, 「第2次安倍晋三内閣の超タカ派の大臣たち」를 기초로 각료 개인의 공 식홈페이지, 블로그, 신문기사 등을 조사하여 필자가 작성.
주: '일본회의 국회의원간담회'는 '일본회의', '신도정치연맹 국회의원간담회'는 '신 정련', '다함께 야스쿠니신사에 참배하는 의원모임'은 '다함께 야스쿠니', '평 화를 기원하고 진정한 국익을 생각하여 야스쿠니신사참배를 지지하는 소장 국회의원모임'은 '야스쿠니 소장모임', '일본의 영토를 지키기 위해 행동하는 의원연맹'은 '일본 영토', '일본의 전도와 역사교육을 생각하는 의원모임', 은 '역사교육', '가치관외교를 추진하는 의원모임'은 '가치관외교', '헌법96조 개정 을 목표로 하는 의원연맹'은 '헌법96조 개정'으로 줄여서 표기함.

이상을 통해 볼 때 2차 아베 내각에는 강경 보수 우파가 다수 포진해 있음을 확인할 수 있다. 각료의 대부분은 일본회의 국회의원간담회와 신도정치연맹 국회의원간담회에 중복가입되어 있으며, 야스쿠니신사 참배와 관련해서는 '다함께 야스쿠니신사에 참배하는 의원모임' 혹은 '평화를 기원하고 진정한 국익을 생각하여 야스쿠니신사참배를 지지하는 소장 국회의원모임' 중 한 군데에는 가입해 있음을 알 수 있다. 따라서 아베 내각이 지속되는 동안 각료의 야스쿠니신사 참배를 둘러싼 한일 갈등은 계속될 것으로 예측된다. 더욱이 흥미로운 것은 19명의 국무대신 중 아베 총리를 비롯하여 다니가키 사다카즈 법무대신, 시모무라 하쿠분 문부과학대신, 시데키 도시미쓰 경제산업대신, 스가 요시히데 관방장관, 야마모토 이치타·아마리 아키라 특명담당대신의 7명은 일한 의원연맹에 가입되어 있다는 것이다.

한편 야스쿠니신사 참배 관련 의원연맹 외에 가장 많은 각료가 참여하고 있는 의원연맹은 「헌법96조 개정을 목표로 하는 의원연맹」이다.

'전후레짐으로부터의 탈각'을 주장하며 이를 위해 '평화헌법'의 개정을 궁극적 목표로 내걸고 있는 아베 총리는 개헌의 첫 단계로 2014년 7월 헌법의 해석 변경을 통해 집단적 자위권 행사를 용인하는 각의 결정을 단행했다. 두 번째 단계는 필시 96조 개헌이 될 것이고, 이를 실현시키기 위해 '96조의연'은 그 여세를 몰아 앞으로 더욱 그 활동에 박차를 가할 것이다. 그리고 만약 96조 개헌이 이루어진다면 헌법 9조 개헌 또한 가능해질 것이다.

보수·우익적 성향의 의원모임에 가장 많이 참여하고 있는 각료는 후루야 게이지이고, 아베 신조, 시모무라 하쿠분, 이나다 토모미 등이 그 뒤를 잇고 있다. 아베 총리는 가입되어 있는 의원모임의 수도 다른 각료들에 비해 많은 편이지만, 다수의 의원모임에서 회장, 부회장, 고문과 같은 역할을 맡아 실질적으로 국정의 최고 지도자이지만, 이념적으로도 보수·우익의 리더라는 것을 알 수 있다.

5. 결론

본고는 아베 내각의 보수·우경화에 대한 한국 사회의 우려가 깊어지고 있는 가운데, 아베 총리를 비롯한 일본 내 보수·우익적 정치인들의 이념적·정책적 지향성을 보다 면밀히 검토하기 위해 이들이 긴밀한 관계를 맺고 있는 대표적 종교우익집단인 일본회의와 신도정치연맹의 국회의원간담회를 구체적으로 살펴보고, 보수·우익적 성향의 의원모임에 대해 조사했다.

이들 단체 및 모임들이 공통적으로 주장하고 있는 것은 천황에 대한 충성과 애국이다. 보수·우익세력은 천황제는 일본 고유의 '아름다운 전통과 문화'로서 이를 자랑스럽게 생각하고 지켜나가야 한다고 주장한다. 그리고 이러한 연장선상에서 일본이 '전범국가'임을 부정하고 지난 역사에 대한 '사죄외교'를 단호히 거부한다.

현재 일본의 보수 · 우익세력은 수치스러운 침략전쟁의 역사를 배제한 그들만의 '자랑스러운 나라 만들기'를 위해 총리 및 정치인의 야스쿠니신사 참배 추진, 자위대 활동 지원, 수정주의적 역사관에 입각한 역사교과서 편찬 사업 등을 적극적으로 펼치고 있으며, 영토수호와 자주국방을 강하게 주장하고 있다. '전후 체제로부터의 탈각'을 위해 보수 · 우익세력들이 궁극적으로 목표로 하는 것은 일본의 군사력 보유와 교전권을 인정하지 않고 있는 이른바 '평화헌법'의 개정이다. 그리고 보수 · 우익세력의 선봉에서 아베 총리가 그들만의 '아름다운 나라 만들기'를 위해 매진하고 있다.

일본사회가 점차 보수화하고 있는 가운데 등장한 아베 내각은 '아베노믹스'를 전면에 내세우며 대규모 양적 완화를 통해 경기를 부양하고, '강한 일본의 회복'을 외치면서 자신감을 상실해가고 있던 일본국민들에게 희망을 불어넣고 있다. 1964년의 도쿄올림픽이 전후 부흥의 완성을 알리는 상징으로서 일본인들의 자긍심을 절정으로 끌어올렸던 것처럼 2020년 도쿄올림픽의 유치는 '잃어버린 20년' 이후 오랜만에 가져보는 희망 속에서 울린 팡파르 같은 것이었다. 이를 증명하듯 주춤하던 아베 총리의 지지도는 올림픽 유치 이후 상승했다. 주변국의 우려에도 불구하고 아베 총리의 보수 · 우익적 정책 구상들은 경기부양이라는 가시적 성과로 인한 높은 지지도에 편승하여 착착 진행되고 있다. 그런 의미에서 2차 아베 내각의 등장, 즉 아베의 총리 재취임은 일본의 보수 · 우경화에 결정적 역할을 하고 있다고 평가할 수 있다.

참고문헌 ......

『국민일보』
『朝日新聞』
『産経ニュース』
『しんぶん赤旗』
『毎日新聞』

구유진, 「역사문제를 둘러싼 일본 보수의원연맹 연구 − 일본 정책결정과정
　　　에 대한 함의를 중심으로」, 『일본공간』 16호, 국민대 일본학연구소,
　　　2014.
김용복, 「일본 우경화, 한일관계 그리고 동아시아: 과거사 갈등과 영토분쟁」,
　　　『경제와 사회』 99호, 비판사회학회, 2013.
김채수, 『일본 우익의 활동과 사상 연구』, 고려대학교출판부, 2008.
김채수 · 호사카 유지 · 김양희 · 홍현길, 『일본 우익사상의 기저 연구』, 보
　　　고사, 2007.
김호섭 · 이면우 · 한상일 · 이원덕, 『일본우익연구』, 중심, 2000.
박철희, 「일본 보수정치 세력의 동아시아를 둘러싼 갈등」, 『일본연구논총』
　　　33호, 현대일본학회, 2011.
박철희, 「일본 정치보수화의 삼중 구조」, 『일본비평』 10호, 서울대 일본연
　　　구소, 2014.
박훈 외, 『일본 우익의 어제와 오늘』, 동북아역사재단, 2008.
서울대학교 일본연구소, 「특집: 현대 일본의 보수 그리고 우익」, 『일본비평』
　　　10호, 2014.
이면우, 『일본 정계의 우익 성향 강화와 동북아』, 세종연구소, 2014.
정미애, 「일본의 보수 · 우경화와 시민사회의 구도」, 『일본연구』 37호, 한국
　　　외국어대학교 일본연구소, 2008.

俵義文,「第2次安倍晋三内閣の超タカ派の大臣たち」(www.ne.jp/asahi/tawara/
　　goma/2013.1.13/1.pdf).

日本の前途と歴史教育を考える若手議員の会　編,『歴史教科書への疑問―若手
　　国会議員による歴史教科書問題の総括』, 日本の前途と歴史教育を考える
　　若手議員の会, 1997.

日本の前途と歴史教育を考える議員の会,『南京の実相―国際連盟は「南京2万人
　　虐殺」すら認めなかった』, 日新報道, 2008.

wikipedia(http://ja.wikipedia.org/wiki)

産経ニュース(http://sankei.jp.msn.com)

子どもと教科書全国ネット(www.ne.jp/asahi/kyokasho/net21)

神道政治連盟(www.sinseiren.org)

創生「日本」(http://www.sosei-nippon.jp)

日本会議(www.nipponkaigi.org)

英霊にこたえる会(http://eireinikotaerukai.com)

根本匠(https://www.t-nemoto.com)

古屋圭司通信(http://www.furuya-keiji.jp/blog)

제4장

역사문제를 둘러싼
일본 보수의원연맹 연구

―일본 정책결정과정에 대한 함의를 중심으로

구유진

_도쿄대학 대학원

1. 서론

1) 문제제기

한일관계의 주요 정책을 결정하는 일본의 파워엘리트를 연구하는 데
있어 그들의 '모임'을 추적해 보는 것은 매우 중요하다. 공식적이든 비공
식적이든 파워엘리트들은 모임을 결성하고 그 곳에서 네트워크를 형성
하며 의견을 교류한다. 모임을 통해 형성된 인적 네트워크나 의견의 공

유·교류는 그 모임 안에만 머물 수도 있지만, 때로는 특정한 정책이나 발언·행동의 배경으로 구체화되기도 한다. 따라서 이들의 모임을 살펴보는 것은 일본 정치과정에 대한 깊은 이해에 필수적이라 할 수 있다.

일본의 파워엘리트들의 모임의 경우, '공식적'인 모임에 대한 연구는 많이 이루어졌지만, '비공식적'이고 '임의적'인 모임에 대한 연구는 아직 미미하다고 말할 수 있다. 일본 국회 내에서 설립되는 '의원연맹'에 대한 연구가 대표적이다. 의원연맹은 일본 국회 내에서 비슷한 정책적 성향을 가진 국회의원들이 모여 만드는 임의단체지만, 그 안에서 정책적 네트워크가 형성되고 일정한 정책적 선호가 수렴되기 때문에 일본의 정책결정과정상 중요한 역할을 한다고 볼 수 있다.

따라서 본 논문은 일본의 의원연맹을 분석대상으로 삼고 의원연맹이 일본의 정책결정과정에서 어떠한 역할을 하고 있는지 살펴볼 것이다. 특히, 이 글에서는 한일관계에 영향을 미치는 역사문제를 다루는 보수 의원연맹을 중심으로 다루고자 한다. 구체적으로는 역사문제를 둘러싸고 일본 정치인들은 왜 의원연맹을 결성하는지, 어떤 정치인들이 모임에 참여해 네트워크를 형성하는지, 이러한 의원연맹은 어떻게 작동되고 있는지, 또 정책결정과정에서 이러한 의원연맹은 어떤 역할을 하는지 등을 살펴볼 것이다.

본 논문은 파워엘리트들의 '모임', 그 가운데 '보수의원연맹'을 분석함으로써 우선 한일관계 현안에 대한 일본의 보수적 파워엘리트들의 네트워크 형성과 의견 교환·공유가 일본의 국회 저변에서 어떻게 이루어지고 있는지, 또한 일본의 정책결정과정에서 비공식적이고 임의단체 성격을 갖고 있는 '의원연맹'이 어떠한 위치와 역할을 갖고 있는지에 대한 논의에 기여하고자 한다.

2) 이론적 배경: '누가' '어디서' 결정하는가?

일본의 정책결정과정론에서 '누가 결정하는가?'하는 주제는 항상 중심에 위치했다. 특히 전후 일본의 눈부신 경제 발전을 이끈 주역으로 '관료'의 역할이 강조되면서 일본의 정책결정과정에서 관료의 영향력을 분석하는 연구가 많이 이루어졌다.[1] 하지만 반대로 정책결정과정에서 관료보다 '정치가' 우위론을 주장하며 그 역할과 영향력에 더 비중을 두는 주목받는 연구들도 이루어졌다.[2] 특히 이노구치와 이와이는『족의원연구』에서 관료의 정책결정권력 독점상태가 무너지면서 상대적으로 자민당 정치가들이 강한 영향력을 행사하는 현상을 '족현상(族現象)'이라 부르며, 정책적 지식 등에서 관료보다 우위에 서서 정책결정과정에 영향력을 미치는 '족의원(族議員)'을 주목, 분석했다.[3]

---

1) Johnson, Chalmers, *MITI and the Japanese miracle : the growth of industrial policy, 1925-1975.* Stanford University Press, 1982; Johnson, Chalmers *Japan: Who Governs? : The Rise of the Developmental State*, New York: Norton, 1995; 木寺元,『地方分権改革の政治学 : 制度・アイディア・官僚制』, 有斐閣, 2012.

2) 村松岐夫,『戦後日本の官僚制』, 東洋経済新報社, 1981; 村松岐夫,『政官スクラム型リーダーシップの崩壊』, 東洋経済新報社, 2010; 佐藤誠三郎・松崎哲久,『自民党政権』, 中央公論社, 1986; Curtis, Gerald L., *The logic of Japanese politics : leaders, institutions, and the limits of change*, Columbia University Press, 1999; 飯尾潤,『日本の統治構造: 官僚内閣制から議院内閣制へ著』, 中公新書, 2007.
정책결정과정에서 '관료인가 정치가인가?'라는 논의 이외에 다원주의적 관점도 물론 존재한다. 대표적으로는 Pempel and Tsunekawa와 Muramatsu and Krauss의 연구를 꼽을 수 있다.(Pempel, T. J. and Keiichi Tsunekawa, "Corporatism Without Labor? The Japanese Anomaly", in Philippe C. Schmitter and Gerhard Lehmbruch eds., *Trends toward corporatist intermedia- tion*, Sage Publications, 1979; Muramatsu, Michio and Ellis Krauss, "The Conservative Policy Line and the Development of Patterned Pluralism", in Yamamura K, Yasuda Y, eds., *The political economy of Japan, volu-me 1: the domestic transformation*, Stanford University Press, 1987)

3) 猪口孝・岩井奉信,『「族議員」の研究: 自民党政権を牛耳る主役たち』, 日本経済新

하지만 이와 같이 '누가' 결정하는가에 대한 탁월한 연구들이 진행돼 왔음에도 불구하고 '어디서' 결정하는가에 대한 분석은 많이 이루어지지 않았다. 물론 이노구치와 이와이의 연구는 자민당 정무조사회와 부회, 국회의 위원회와 같은 '공식적 모임'에서 정치가들이 어떤 역할과 영향력을 행사하는지에 대해 탁월한 분석을 보여주고 있지만, 비슷한 정책적 성향을 가진 의원들이 모이는 의원연맹과 같은 비공식 모임에 대한 분석은 다루고 있지 않다.[4] 또한 구체적인 정책을 둘러싸고 내각에 설치된 기구, 유식자 모임, 심의회 등에 대한 분석 역시 존재하지만,[5] 상기한 것처럼 국회 내에서 정책네트워크의 성격을 띠고 있는 의원연맹과 같은 '비공식적 모임'에 대한 분석은 그 중요성에 비해 비중 있게 다뤄지지 않았다.

본 논문에서는 의원연맹이 일본의 정책결정과정에서 일정한 역할을 하고 있음을 역사문제를 둘러싼 보수의원연맹을 중심으로 밝히고자 한다. 즉, 역사문제와 관련된 정책 이슈에 있어서 관료보다는 정치가가 더 주도적인 역할을 맡고 있으며 보수적 정치가들이 모인 비공식적 모임 보수의원연맹에서 관련 쟁점과 정책에 일정한 역할을 하고 있다는 것이다.

聞社, 1987, 19~20쪽.

4) 이노구치와 이와이는 족의원과 자민당 의원들의 모임인 '파벌'에 대해서는 비교 분석을 행하고 있다. 족의원과 파벌이 반드시 일치하는 않는 것을 밝힘으로써, 족의원의 특성을 더욱 부각시키고 있다(猪口 · 岩井, 1987, 92~95쪽). 자민당 파벌에 관한 연구는 Park, Cheol Hee, "Factional Dynamics in Japan's LDP Since Political Reform: Continuity and Change", *Asian Survey*, Vol. 41, No. 3, 2001 참조.

5) 예를 들면, 고이즈미 전총리의 구조개혁을 주도하던 곳으로 '경제재정 자문회의'에 대한 분석을 들 수 있다(內山融, 『小泉政権: 「パトスの首相」は何を変えたのか』, 中央公論新社, 2007).

3) 조사방법과 논문의 구성

본 논문은 1·2차 자료를 바탕으로 한 내용분석을 통해 한일관계에 영향을 미치는 보수의원연맹을 일본의 정책결정과정 속에서 살펴볼 것이다. 의원연맹은 임의단체의 성격을 갖기 때문에 대부분 공식적인 자료가 없기에 특정 이슈가 쟁점화 되었을 때의 신문기사 혹은 의원연맹이 자신들의 주장을 공론화하거나 활동 결과를 보고하기 위해 출판하는 출판물 정도의 관련 문헌이 분석대상이 된다.[6] 본 논문은 의원연맹 분석의 첫 단계로 이와 같은 관련 문헌의 활용을 극대화하고자 한다.

본 논문은 이를 바탕으로 의원연맹에 대한 대략적인 집합적 데이터 정리와 함께, 내용분석을 수행한다. 특히, 의원연맹 안에서 정치가들이 어떤 주장과 토론을 하는지 살펴보고, 의원연맹의 영향력을 가늠해 보기 위해 그들의 주장이 어떻게 행동으로 구체화되는지와 의원연맹에 속한 의원들이 후에 내각에 어느 정도 입각했는지 살펴볼 것이다.

본 논문의 구성은 다음과 같다. 먼저, 의원연맹을 개관하고 1990년 이후 역사문제와 관련된 보수의원연맹을 살펴 볼 것이다. 다음으로 사례연구로서 주요 의원연맹의 조직구성과 네트워크, 그리고 모임 내용과 활동 결과 등을 분석할 것이다. 활동 결과 분석을 통해 정책결정과정에서 의원연맹의 역할을 파악하고자 한다. 그리고 이에 덧붙여 최근 최대 쟁점이 되고 있는 영토문제 관련 의원연맹을 살펴보고자 한다. 마지막으로 결론으로서 본 논문의 연구의의를 되짚어 보고자 한다.

---

6) 의원연맹을 결성하게 되면 해당 의원연맹의 사무국장을 맡은 의원은 의원연맹의 활동 내역을 기록하고 보관하게 되어 있다. 하지만 기록물의 공개는 극히 제한적이다.

2. 역사문제를 둘러싼 보수의원연맹

1) 의원연맹이란?

일본 국회의원들이 설립하고 국회의원들로 구성되는 '의원연맹'은 정당, 파벌, 위원회 등과 다른 틀에서 정책적 과제 실현, 취미 교류, 산업단체 등과의 연계 등 다양한 목적을 가지고 결성되는 '친목조직'이다.[7] 의원연맹 결성은 의원 1명으로도 가능하며, 결성을 신고할 필요가 없기 때문에 국회 내 임의단체로 간주된다. 대부분 같은 정당 내에서 구성되지만 초당파 연맹으로 결성되는 경우도 있다.

의원연맹에 가입하면 회비로 매달 300엔에서 3,000엔 정도를 지불하기 때문에 그 기록이 남게 되지만 상기했듯 의원연맹 결성을 신고할 필요가 없기 때문에 전체 의원연맹 수를 파악하는 것은 어렵다고 알려져 있다.[8] 대략적인 수는 2012년 250개 정도로 파악되고 있으며 2005년에는 600개에 달한다는 추정치도 있다.[9] 1994년 자민당이 실시한 의원연맹에 관한 설문조사 결과를 보면, 의원 한 사람 당 평균 82개 연맹에 가입하고 있지만 평소에 출석하고 있는 의원연맹은 22개에 머물고 있으며, 의원 한 사람 당 회비 지출은 월평균 14만 엔에서 15만 엔 정도이다.[10] 유명 정치인의 경우 그 의원연맹의 '얼굴'로 활동하며 평균 이상의 연맹에 가입하고 있다.

하지만 이렇게 결성된 의원연맹의 대다수는 그 활동을 유지하는 경우

---

7) 『朝日新聞』 2012년 7월 29일.
8) 『朝日新聞』 2005년 2월 19일, 2012년 7월 29일.
9) 『朝日新聞』 2005년 2월 19일, 2012년 7월 29일.
10) 『朝日新聞』 1994년 12월 4일.

가 드물다. 의원연맹 가운데 70%가 휴면상태라고 여겨지며, 2009년 민주당 조사에 의하면 "국내서 활동하는 의원연맹의 40%, 국제적 혹은 외교적 활동을 벌이는 의원연맹의 20%은 동면상태"라고 한다.[11] 의원연맹을 결성하게 되면 대부분 수차례에 걸쳐 해당 분야의 전문가들을 초청해 소위 '공부회(세미나)'를 개최하고 공부회에서 만난 전문가나 의원들과 네트워크를 형성하거나 실질적으로 정책적 대안을 마련, 행동으로 옮기며 영향력을 행사하게 된다. 따라서 해당 분야에 전문적 지식을 쌓은 의원들이 새로이 '족의원화' 혹은 '족의원의 온상'이 된다며 비판의 대상이 되기도 한다.

2) 보수의원연맹 개관

일본의 의원연맹 가운데에는 일본의 역사와 전통을 중시하며 헌법이나 교육, 주권과 관계된 정책에 관심을 갖고 활동하고 있는 '보수의원연맹'도 존재한다.[12] 일본의 보수 정치가들은 의원연맹을 결성함으로써

11) '국제 의원연맹'이란 '한일 의원연맹'과 같이 국제교류를 주로 하는 의원연맹을 말한다. 『朝日新聞』 1994년 11월 1일, 2009년 11월 26일.

12) 일본 국내에서 역사문제를 다루는 진영이 '보수'인가 '우익'인가 하는 논의는 본 논문의 역량을 뛰어넘는다. 언론이나 여론 가운데는 '우익'이라 명명되는 경우가 많기 때문에 많은 연구들도 그들을 '우익'이라 칭하기도 한다. 하지만 일본정치 연구에서 이들을 어떻게 볼 것인지에 대한 논의는 아직 미미하다고 볼 수 있다. 사실 전후 일본 정치의 정치적 대립축은 방위문제를 기본축으로 보혁(保革) 간 대립을 보여왔으며(大嶽秀夫, 『日本政治の対立軸』, 中公新書, 1999; 内山, 2007, 172쪽), 일본 보수들도 미일동맹을 중시하는 온건파와 자주방위를 주장하는 강경파로 나눌 수 있다. 또한 일본의 보수는 방위문제 이외에도 경제문제, 그리고 자국의 전통과 역사를 자랑스럽게 생각하고자 교육과 헌법개정 등을 다루는 역사문제 등의 축들이 다양하게 혼재하고 있어, 일본 정치에 있어 누가 '보수'이고 누가 '우익'인가에 대한 학문적 연구가 시급한 실정이다. 이러한 문제의식을 가진 연구자들은 최근 이러한 논의를 전개하고 있다(中北浩爾, 『自民党政治の変容』, NHK出版, 2014; 中野晃一, 『右傾化する日本政治』, 岩

파벌이나 다른 위원회에서 다루기 어려운 보수적 정책 패키지에 대한 그들의 선호를 구체화해 가는 것이다. 일본의 보수의원연맹은 수많은 의원연맹 가운데 비교적 활발한 활동을 보여주고 있는데, 1990년 이후 결성된 보수의원연맹에 대해서는 본 논문 마지막 〈부록〉에서 구체적으로 소개하고 있는 바와 같다. 본 논문에서는 〈부록〉에서 소개한 보수의원연맹에 대한 개관과 함께 주요 보수의원연맹을 추려내고, 이에 대해 자세히 살펴보고자 한다.

우선 1990년 이후 결성된 보수의원연맹 결성 추이를 〈그림 1〉과 같이 정리해 보면, 가장 두드러진 특징은 1997년과 2007년 보수의원연맹 결성 건수이다. 예년에 비해 결성 건수가 많을 뿐더러 내용적인 면에서도 주요 보수의원연맹들이 결성되었다. 1997년에는 '일본의 앞날과 역사교육을 생각하는 젊은 의원 모임', '함께 야스쿠니신사에 참배하는 국회의원 모임', '북한 납치 의혹 일본인 구출 의원연맹', '헌법조사위원회 설치 추진 의원연맹'이, 2007년에는 '위안부문제와 난징사건의 진실을 검증하는 모임', '신헌법제정 의원동맹', '가치관외교를 추진하는 의원 모임', '중국 항일기념관에서 부당한 사진 철거를 요구하는 국회의원 모임', '위안부문제의 역사적 진실을 요구하는 모임'이 결성되었다.

波書店, 2015). 한편, 극우정당이 존재하는 유럽에서는 그들을 지칭하는 많은 명칭들이 눈에 띤다. 예를 들면, '보수'와 구별해 'extreme right', 'populist right', 'far right' 등을 들 수 있다(Ignazi, Piero, *Estreme Right Parties in Western Europe*, Oxford, 2003). 최근 일본에서도 유럽과 같은 '극우'의 개념 도입을 주장하는 연구도 진행되고 있다(樋口直人, 「日本政治の中の極右」, 『世界』 3月号, 2015). 본 논문에서는 이 글이 분석대상으로 삼고 있는 정치가들이 보수보다는 우파에 가깝다는 사실을 인정하면서도, 새로운 분석개념을 모색하는 과정에서 아직까지 일본정치 분석에 더 유용한 '보수'라는 명칭을 사용하기로 했다.

〈그림 1〉 일본 보수의원연맹 결성 추이(결성 건수)

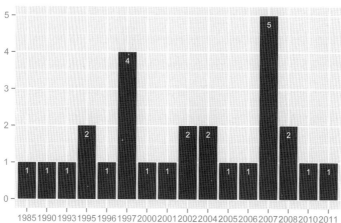

보수의원연맹 결성에는 몇 가지 흥미로운 경향이 나타나는데, 1997년 결성된 모임이 자민당·사회당 연립정권의 역사적 진보주의에 대한 반발로 결성되는 경향을 보인 반면, 2007년 결성된 모임은 미국발 위안부 결의안에 대한 반발과 더불어 보수정치가 아베 정권 하에서 결성되었다는 것이다. 또한 대부분의 보수의원연맹은 특정 사건이 있고 나서 반동적으로 결성되는 경우가 많지만, 헌법이나 교육기본법 개정 관련 의원연맹 등은 의원들 스스로 문제의식을 갖고 결성되는 경향도 보였다. 그런가하면 "함께 야스쿠니신사에 참배하는 국회의원모임"과 같이 정기적인 모임은 전혀 없지만 야스쿠니신사에 참배를 하면 무조건 소속의원으로 간주되는 실체가 불분명한 모임도 있다(〈부록〉의 야스쿠니신사참배 국회의원 연도별 일람 참조).

이하에서는 〈부록〉의 보수의원연맹 가운데 주요 보수의원연맹 구체적으로 살펴볼 것이다. 이를 통해 본 논문에서는 그들이 왜 모이게 됐는지, 어떤 의원들이 모여 네트워크를 형성하는지, 어떤 논의들이 오가는

지, 그 논의들이 어떠한 정책적 함의를 가지는지 차례로 검토해 볼 것이다. 이를 통해 역사문제에 있어서 의원연맹을 통해 정치인들이 주도적인 역할을 해 나가는 것을 밝혀나갈 것이다.

3. 1990년 이후 주요 보수의원연맹 분석

본 논문은 1990년 이후 결성된 보수의원연맹 가운데 주목할 만한 의원연맹으로 1) '역사검토위원회', 2) '일본의 앞날과 역사교육을 생각하는 젊은 의원 모임' 그리고 3) 2000년대에 결성된 '바른 일본을 만드는 모임'과 '가치관 외교를 추진하는 의원 모임'을 다루고자 한다.

이 모임들은 첫째, 유명한 정치가들이 포함되어 언론 노출이 높은 모임이란 점에서 중요한 분석대상이 된다. 또한 특히 1990년대 결성된 두 모임은 후에 결성되는 수많은 역사문제 관련 의원연맹에 영향을 주기도 했다. 둘째, 이들 모임은 모두 한일관계에 먹구름을 드리우는 주제인 역사문제를 다루고 있으며, 마지막으로 의원연맹에 관한 자료들이 거의 없는 상태에서 자신들의 활동을 출판물 등으로 공개하고 알리는 몇 안되는 활발한 활동을 보이는 모임들이기 때문이다.

1) 역사검토위원회(歷史檢討委員会)

(1) 설립배경과 조직

1993년 8월 23일 자민당의 '야스쿠니 관계 3협의회(みんなで靖国神社に参拝する国会議員の会, 遺家族議員協議会, 英霊にこたえる議員協議会)'는

자민당 내 '역사검토위원회'를 설치했다. 역사검토위원회는 호소카와 총
리가 1993년 8월 10일 제2차 세계대전에 대해 "그 전쟁은 침략전쟁이었
으며, 잘못된 전쟁이었다"라고 발언한 것에 대해 반발, "일방적으로 자
학적 역사관이 횡행하는 것을 용납할 수 없다"면서 제2차 세계대전을
"공정한 역사를 바탕으로 총괄"하는 것을 목적으로 밝혔다.[13]

역사검토위원회는 야마나카 사다노리(山中貞則) 위원장을 중심으로
중참의원 105명이 모여 구성됐다(〈표 1〉참조). 이 위원회는 1990년 이후
설립되는 역사문제 관련 의원연맹의 시발점으로 여겨지는데, 이는 소속
된 많은 의원들은 이후 결성되는 의원연맹에서 주도적인 역할을 맡게
되고 더 나아가서는 총리를 비롯해 정부 각료로 선출됐기 때문이다. 소
속 의원들을 살펴보면, 고문 하시모토 류타로(橋本龍太郎), 회원 가운데
모리 요시로(森善朗) 그리고 아베 신조(安倍晋三)까지 1990년대부터 현
재까지 총리를 역임한 정치가들이 포함되어 있다.

〈표 1〉 역사검토위원회 명부(1995년 기준)

직책	이름
고문	奧野誠亮, 桜内義雄, 田村元, 原田憲, 橋本龍太郎, 藤尾正行, 武藤嘉文, 斉藤十朗
회장	山中貞則
부회장	伊藤宗一郎
회원	(중의원 76명) 逢澤一郎, 荒井広幸, 安倍晋三, 稲垣実男, 石橋一弥, 江藤隆美, 衛藤往士郎, 衛藤晟一, 小川元, 小野普也, 小此木八郎, 越智伊平, 梶山静六, 金子原二郎, 金田英行, 唐沢俊二郎, 河村建夫, 片岡武司, 亀井善之, 岸田文雄, 久野統一郎, 近藤鉄雄, 古賀誠, 斉藤斗志二, 坂井隆憲, 佐藤玄一郎, 佐藤剛男, 志賀節, 塩川正十郎, 鈴木宗男, 住博司, 関谷勝嗣, 玉沢徳一郎, 谷垣禎一, 谷川和穂, 戸井田三郎, 虎島和夫, 中山利生, 中尾栄一, 中山太郎, 中川昭一, 長勢甚遠, 西田司, 西銘順治, 額賀福志行, 葉梨信行, 原田昇左右, 平沼赳夫, 平林鴻三, 藤井孝男, 藤本孝雄, 保利耕輔, 堀之内久男, 細

---

13) 『読売新聞』 1993년 8월 23일.

	田博之, 松下忠洋, 松永光, 三ツ林弥太郎, 三塚博, 御法川英文, 村田敬次郎, 森善朗, 持永和見, 森田一, 山下德夫, 谷津義男, 渡瀬憲明, 若林正俊
	(참의원 29명)
	岩崎純三, 井上吉夫, 上杉光弘, 浦田勝, 尾辻秀久, 太田豊秋, 合馬敬, 鎌田要人, 鹿熊安正, 笠原潤一, 片山虎之助, 狩野安, 倉田寛之, 坂野重信, 佐々木満, 佐藤静雄, 下条進一郎, 陣内孝雄, 関根則之, 野沢太三, 南野知恵子, 林田悠紀夫, 村上正邦, 守住有信, 山崎正昭, 柳川覚治, 吉村剛太郎
사무국장	坂垣正

*자료 출처: 『大東亜戦争の総括』, 歴史検討委員会 編, 1995, 446쪽.

(2) 공부회 주제와 토론 내용

역사검토위원회는 결성된 같은 해 10월부터 1995년 2월까지 총 20회의 공부회를 개최했으며, 자신들의 모임 내용을 알리기 위해 그 결과물로 1995년 8월 15일 『대동아전쟁 총괄』이라는 책을 출판했다. 〈표 2〉는 역사검토위원회가 개최한 공부회 내용으로 그 날의 주제와 강연자를 보여준다.

〈표 2〉 역사검토위원회 공부회 내용

회차	일시	주제	강연자
1회	1993.10.15	패전 망국 사관을 찔러보다	고보리 케이치로(小堀桂一郎, 메이세이대학 교수·도쿄대학 명예교수)
2회	1993.10.29	대동아전쟁은 왜 발발했는가?	나카무라 아키라 (中村粲, 독쿄대학 교수)
3회	1993.11.26	일미협상의 과정과 대동아전쟁의 의미	
4회	1993.12.06	역사교과서는 아이들에게 무엇을 가르치고 있는가?	우에스기 치토시 (上杉千年, 역사교과서 연구가)
5회	1994.01.18	도쿄재판과 국제법	사토 가즈오 (佐藤和男, 아오야마가쿠인대학 교수)
6회	1994.02.22	일본인의 역사인식	니시베 스스무 (西部邁, 평론가)

7회	1994.03.09	일본과 나치는 같은 죄를 범했는가?	니시오 간지 (西尾幹二, 전기통신대학 교수)
8회	1994.03.29	전후 50년의 총괄과 일본의 국가전략	오카자키 히사히코 (岡崎久彦, 전 태국대사)
9회	1994.04.21	소위 '무조건 항복'을 둘러싸고	에토 준 (江藤淳, 게이오대학 교수)
10회	1994.05.10	'난징대학살'의 허구	다나카 마사아키 (田中正明, 평론가)
11회	1994.05.20	대동아전쟁과 아시아의 본심	나고시 후타노스케 (名越二荒之助, 다카시오 쇼우카대학 강사)
12회		인도네시아 독립	나카지마 신자부로 (中島慎三郎, 아세안센터 회장)
13회	1994.07.19	양육강식에서 평등공존 시대로	후사야마 다카오 (総山孝雄, 도쿄의과치과대학 명예교수)
14회	1994.07.28	막부부터 대동아전쟁까지	마쓰모토 겐이치로 (松本健一, 레이타쿠대학 교수)
15회	1994.09.21	전후 50년을 생각하며	오하라 야스오 (大原康男, 고쿠카쿠인대학 교수)
16회	1994.10.18	내가 본 도쿄재판	후지 노부오 (冨士信夫, 전 해군대장·도쿄재판 자료 편찬 위원)
17회	1994.11.22	일본의 신화와 현재	이즈모 이아키 (山雲井晶, 작가·화가)
18회	1994.12.12	사회당 사관의 번영이 나라를 망친다	야스무라 키요시 (安村廉, 산케이신문 편집장)
19회	1995.01.26	역전의 '부전론'	하세가와 미치코 (長谷川三千子, 사이타마대학 교수)
20회	1995.02.16	전후 50년과 점령정책	다카하시 시로 (高橋史朗, 메이세이대학 교수)

*자료 출처: 『大東亜戦争の総括』, 歴史検討委員会 編, 1995에서 편집.

공부회의 내용은 크게 "1) (일본이) 대동아전쟁을 일으키게 된 경위, 2) 대동아전쟁 종결과 아시아, 3) 점령과 도쿄재판, 4) 종전 50년의 절목에서"로 나눠 이루어졌다.[14]

공부회에 초대된 강사들과 참석한 정치가들은 누구라고 할 것 없이 호소카와 총리의 '침략전쟁' 발언을 강하게 비판했다. 13회 강연 후 이뤄진 질의응답 시간에 가마다(鎌田要人) 의원은 참의원 예산위원회에서 호소카와 총리가 침략전쟁을 침략적 분쟁으로 수정해 답변한 것에 대해 총리의 인식에 분개했다고 발언했고, 가사하라(笠原潤一) 의원은 "1957년 미국에서 한 남미청년을 만났는데 그 청년이 영국의 지배에서 (남미가) 독립할 수 있었던 것은 일본 덕분이라고 한 말을 기억합니다. … 그때부터 저는 이 전쟁은 역시 잘못되지 않았어라고 생각하며 자부하고 있었는데… 호소카와 총리나 하타 쓰토무와 같은 사람은 일교조의 교육을 받아서 그런지 모르겠지만 전혀 다른 말을 하고 있습니다"라며 비판했다.[15] 공부회 내내 이어진 이와 같은 비판은 위원회 멤버들의 역사인식을 보여주는 대목이라고 볼 수 있다.

참석자들은 이러한 발언이 나오게 된 배경으로 일본의 교육 문제, 자학사관을 담고 있는 역사교과서 문제, 언론 문제 등을 지적했으며 일본인의 역사인식을 바꾸기 위한 움직임이 필요하다고 주장했다. 4회 공부회에서 강연자는 "호소카와 총리의 발언은 현재 역사교육과 역사교과서에 비추어 볼 때 정론이며 이는 좌익일변도 역사교과서 기술 때문이다"라고 주장했고, 이에 대해 이타카키(坂垣正) 의원은 "교과서 문제, 역사교육 문제가 정말 심각하다고 생각됐습니다. 역사를 잃어버린 시대에, 그 정점에서 호

---

14) '대동아전쟁'은 '태평양전쟁'을 말한다. 일본의 과거 전쟁을 '대동아전쟁'이라고 일컫는 데서 그들의 역사관을 엿볼 수 있다. 이 글에서는 그들의 논의를 살펴본다는 점에서 역사인식이 드러나는 용어들을 그대로 사용하기로 한다.

15) 歷史検討委員会 編, 『大東亜戦争の総括』, 展転社, 1995, 68.

소카와 총리의 침략발언이 존재하는군요"라고 반응하기도 했다.

(3) 정책결정과정에 대한 영향: 부전결의안 반대 활동

역사검토위원회 공부회를 통해 참가한 의원들은 서로의 의견을 교류·공유 했으며, 현재의 문제 상태를 정상화하는데 대한 필요성도 제기했다. 그 가운데 주목할 만한 정책적 움직임이 바로 연립여당이 추진하던 '종전 50주년 부전결의안'에 대한 '반대'이다.

10회 공부회에서 초청된 강사는 국회에서 일어나고 있는 결의안 움직임에 우려를 표시하며 반대를 부탁했다. 그는 "하타 총리가 뭐라고 말했냐면 … '사죄하는 것은 전혀 부끄러운 일이 아니기 때문에 내년 50주년을 맞이해 사죄합시다'라고 했습니다. 사죄의 국회결의까지 말하고 있는 것입니다. … 사죄한다는 것은 결국 인정해 버리는 거지요. … 따라서 저는 (여기 계신 의원분들께) 부탁하고 싶습니다. 내년이 50주년이 됩니다만 국회결의에 대해 결사 반대해 주십시오. … 그 이유는 첫째로, 역사를 정치가 단죄해서는 안 되며, 둘째 국회결의 등이 이루어지면 이는 일본민족이 영원히 국제적 전과자가 되면서 머리를 들 수 없게 됩니다. … 셋째로 자라나고 있는 청소년들의 교육에 어떤 영향을 미칠지, 조국 일본에 대해 자부심같은 것은 절대 가질 수 없게 되는 것입니다"고 간곡히 요청했다.[16] 이후로도 결의안 반대에 대한 의견은 이어졌다.

이런 논의가 있고 난 후 참가 의원들은 역사검토위원회 활동을 마칠 즈음인 1995년 1월 31일 결의안에 반대의 뜻을 같이 하는 의원들 143명을 모아 '종전 50주년 국회의원연맹'을 결성했다. 의원연맹 회장은 역사검토위원회 고문이었던 오쿠노 세이스케(奧野誠亮) 의원이 맡았다.

---

16) 歷史檢討委員会 編, 1995, 268쪽.

종전 50주년 국회의원연맹은 "반성이나 사죄 그리고 부전 결의는 전후 왜곡된 역사인식을 시인하고 이를 의도한 것이며 우리나라 앞날에 화근을 초래하는 것으로 용인할 수 없다"는 활동방침을 정하고, 결의안 문안에 '사죄'나 '부전' 등이 포함되는 데 강하게 반대했다. 이에 따라 결의안 작성은 난항을 거듭했고 계속해서 수정안이 제시됐지만 '침략적 행위'가 포함된 여당 수정안이 본회의에 상정되면서, 종전 50주년 국회의원연맹 소속 의원들은 결국 본회의 결석을 감행하기에 이르렀다.

결의안은 여야당 의원들이 절반 가까이 결석한 가운데 결국 통과되었지만 이러한 의원연맹의 움직임은 정책결정과정에서 의원연맹이 어떠한 영향을 미칠 수 있는지를 보여주는 중요한 사례가 되었다.

2) 일본의 앞날과 역사교육을 생각하는 젊은 의원 모임(日本の前途と 歷史敎育を考える若手議員の会)

(1) 설립배경과 조직

'일본의 앞날과 역사교육을 생각하는 젊은 의원 모임(역사교육 의원연맹)'은 1997년 2월27일 당선 4회 이하의 의원을 중심으로 결성된 의원연맹이다. 결성기자회견에서 의원연맹의 회장을 맡은 나카가와 쇼이치(中川昭一) 의원은 "중학교 역사교과서에 문제가 있는 점을 우려하고 있다. 특정 이데올로기가 아닌 일본인의 아이덴티티를 만들어야 한다"고 주장했으며, 중학교 역사교과서의 문제점은 바로 '종군위안부' 기술이라고 밝혔다.[17] 이러한 문제의식을 바탕으로 역사교육 의원연맹은 종군위안부와 난징대학살과 관련된 교과서 기술에 대한 재검토와 이 문제에

---

17) 『朝日新聞』 1997년 2월 28일, 『産經新聞』 1997년 3월 22일.

대한 국민적 여론 환기를 활동 목적으로 삼았다.

당시 이 의원연맹은 언론의 큰 주목을 받았는데 그 이유는 우선 일본 국내에서 영향력 있는 젊은 의원들이 주요 포스트에 포진되어 있었기 때문이며, 또한 역사문제를 다루는 당선 4회의 전후세대 의원들이 중심이 되었기 때문이다(〈표 3〉 참조). 당시 자민당 부간사장이었던 나카가와 의원이 회장을, 아베 신조 의원이 사무국장을 맡았으며, 중참의원 87명이 회원으로 참가했다(옵저버 포함 107명).

〈표 3〉 일본의 앞날과 역사교육을 생각하는 젊은 의원 모임 명부(1997년 기준)

직책	이름
회장	**中川昭一**
좌장	自見庄三郎
부대표	谷津義男, 木村義雄, 中山成彬, 松岡利勝, 八代英太, 狩野安, 小野清子, 森田健作, 保坂三蔵
간사장	衛藤晟一
간사장 대리	高市早苗, 小山孝雄
부간사장	森英介, 古屋圭司, 小林興起, 浜田靖一, 吉田六左エ門, 中野正志
사무국장	**安倍晋三**
사무국장대리	松下忠洋
사무국차장	下村博文, 渡辺博道, 北岡秀二, 山本一太
위원	飯島忠義, 石崎岳, 今村雅弘, 岩永峯一, 江口一雄, 遠藤利明, 大野松茂, 小野晋也, 小此木八郎, 金田英行, 亀井久興, 木村隆秀, 熊谷市雄, 熊代昭彦, 栗本慎一郎, 阪上善秀, 桜井郁三, 桜田義孝, 佐藤剛男, 佐藤勉, 清水嘉与子, 新藤義孝, 菅義偉, 砂田圭佑, 園田修光, 武部勤, 田中和徳, 谷川秀善, 田野瀬良太郎, 中島洋次郎, 長勢甚遠, 中谷元, 根本匠, 能勢和子, 林幹雄, 原田義昭, 桧田仁, 平沢勝栄, 松村龍二, 三浦一水, 持永和見, 山口俊一, 山口泰明, 柳本卓治, 吉川貴盛, 渡辺喜美 (46명)
옵저버(공부회 참가자)	赤城徳彦, 荒井広幸, 植村繁雄, 海老原義彦, 江渡聡徳, 大田豊秋, 奥山茂彦, 嘉数知賢, 金子一義, 河村建夫, 岸田文雄, 木宮和彦, 鴻池祥肇, 小林多門, 坂井隆憲, 佐田玄一郎, 佐藤静雄, 塩崎恭久, 鈴木政二, 鈴木恒夫, 滝実, 田中昭一, 棚橋泰文, 谷畑孝, 戸井田徹, 虎島和夫, 長峯基, 野田聖子, 橋本聖子, 馳浩, 平田耕一, 松本和那, 村田吉隆, 目方信, 山崎正昭 (35명)

*자료 출처: 日本の前途と歴史教育を考える若手議員の会 編, 『歴史教科書への疑問』, 1997, 516~517쪽.

(2) 역사교과서 의원연맹 공부회 내용

역사교과서 의원연맹은 결성 10개월 후에 그 동안의 의원연맹 활동과 공부회 내용을 담은 『역사교과서에 대한 의문』이란 책을 출판했다. 이 책에는 그들의 관심이 교과서와 역사교과서의 종군위안부 기술에 있는 점을 분명히 보여주고 있다(〈표 4〉).

〈표 4〉역사교과서 의원연맹 공부회 내용

회차	일시	주제	강연자
1회	1997.02.27	설립총회	
2회	1997.03.06	검정교과서의 현황과 문제점	다카하시 시로 (高橋史郎, 메이세이대학 교수) 엔도 아키오 (遠藤昭雄, 문부성대신 관방심의관· 초등·중등교육국 담당) 다카시오 이타루 (高塩至, 문부성 초등·중등교육국 교과서 과장)
3회	1997.03.13	교과서 작성의 문제점과 채택 현황에 대해	다카시오 이타루 (高塩至, 문부성 초등·중등교육국 교과서 과장) 쵸지 아츠시 (丁子惇, 사단법인 교과서협회 회장) 우루시바라 도시오 (漆原利夫, 사단법인 교과서협회 상무이사) 하세가와 준 (長谷川潤, 오사카부 히라가타시리츠 사쿠 라오카 중학교 사회과교론)
4회	1997.03.19	소위 종군위안부문제와 그 경위	히라바야시 히로시 (平林博, 내각외정심의실 실장) 도라시마 가즈오 (虎島和夫, 전 여당 전쟁50주년문제 프로 젝트 좌장) 다케베 쓰토무 (武部勤, 전 여당 종군위안부문제 소위원장) 니시오카 쓰토무 (西岡力, 『현대코리아』 편집장)

			히가시 요시노부 (東義信, 내각외정심의실 심의관)
5회	1997.03.26	'위안부 기술'을 둘러싸고	요시미 요시아키 (吉見義明, 추오대학 교수) 후지오카 노부가쓰 (藤岡信勝, 도쿄대학 교수)
6회	1997.04.02	일한 양국에 있어 진정한 파트너십이란 무엇인가?	고젠카 (吳善花, 작가·일한문화 연구가)
7회	1997.04.09	고노 관방장관담화 발표 배경	이시하라 노부오 (石原信夫, 전 내각관방부장관)
8회	1997.04.17	역사교과서는 어떻게 쓰여져야 하는가?	사카모토 다카오 (坂本高加雄, 가쿠슈인대학 교수)
9회	1997.06.13	우리나라 전후처리와 위안부문제	쓰루오카 고지 (鶴岡公二, 외무성 북미국 북미 제2과장)
10회	1997.06.17	왜 '관방장관 담화'를 발표했는가?	고노 요헤이 (河野洋平, 중의원의원·전 내각관방장관)

*자료 출처: 日本の前途と歷史敎育を考える若手議員の会 編,『歷史敎科書への疑問』, 1997.

역사교과서 의원연맹 공부회는 교과서 검정과 채택시스템, 교과서 작성과정, 종군위안부 기술이 등장하기까지의 과정, 마지막으로 종군위안부에 대한 일본정부의 조사를 담당, 담화 발표에 이르는 과정 등 한 가지 주제를 자세히 다루었다. 특히, 주제에 맞춰 정부 책임자들이 공부회 강사로 초대될 수 있었던 것은 이 의원연맹의 영향력을 가늠해 볼 수 있는 대목이기도 하다.

공부회에 참석한 의원들은 대부분 중학교 역사교과서에 등장하는 종군위안부 기술에 대해 비판적인 시각을 보였다. 2회 공부회에서 사쿠라다(桜田義孝) 의원은 "신문에는 '종군기자'라는 것이 있습니다. 전쟁에 참가했던 의원들의 이야기를 들어보면 '종군위안부'라는 말은 없었다고 합니다. … 이를 교과서에 일본만 나쁘게 말하는 것처럼 쓰는 것은 매우 유감이며 오해를 일으킬 수 있다고 생각합니다. 문부성에서 오신 분들은 이를 어떻게 생각하고 인식하고 있습니까?"라고 질문했으며, 3회 공부회 당시 고바야시(小林興起) 의원 또한 "중학교 의무교육(의 교과서)에 종군위안부 같은 믿을 수 없는 말이 실린다는 것 자체가 보통교육을 지금까지 받아 온 일본인, 또는 세계적으로 보통교육을 받아 온 교양 있는 사람들에게 있어서 용인될 수 있습니까?"라고 발언했다.[18] 이후 4회 공부회부터는 위안부문제에 대해 집중적으로 다루고 있다.

또한 공부회를 통해 의원들은 현행 교과서에 문제가 있다는 인식을 공유했다. 나카가와 회장은 "우리가 볼 때 건전한 일본인을 기르는 교과서로 괜찮다고 생각되는 것이 있었으면, 이런 모임은 만들어지지 않았을 것입니다"고 말했으며, 8회 공부회는 이 주제에 대해 심도 있게 다루었다.[19]

(3) 정책결정과정에 대한 영향: 고노담화 수정 요구

중학교 교과서의 종군위안부 기술 등장과 함께 교과서문제와 위안부문제에 대해 문제의식을 갖고 모이게 된 역사교과서 의원연맹은 공부회가 거듭되면서 문제의 정상화를 위해 행동에 나서야 한다고 주장했다. 이는 바로 1993년 과거 일본 군부에 의해 위안부가 강제연행된 사실을 인정하고 사죄한 '고노담화'에 대한 비판과 수정 요구로 구체화되어 나타났다.

4회 공부회에서 나카노(中野正志) 의원은 "'관방장관담화(고노담화)' 도

---

18) 日本の前途と歷史敎育を考える若手議員の会 編(이하 若手議員の会 編),『歷史敎科書への疑問』, 展転社, 1997, 39·90쪽.
19) 若手議員の会 編, 1997, 87쪽.

처에 오류가 있다는 사실이 올해 분명해졌는데 이를 금과옥조처럼 여기는
것은 옳지 않다"며 고노담화를 비판, 고노담화 자체에 대한 문제의식을
고조시켰으며, 6회 공부회에는 고노담화 작성 책임자였던 이시하라 노
부오(石原信雄) 전 내각관방 부장관을 강사로 초대했다.[20] 이 모임은 언
론에서도 주목했으며, 공부회에서 이시하라는 "본인 의사에 반하는 형
태로 (위안부) 모집이 이루어진 것인지에 대해서 적어도 문서상으로 확
인되지는 않았지만," "청취조사를 통해 이는 명백하게 본인의 의사에 반
해 모집이 이루어졌음을 부정할 수 없는 보고가 있었습니다"고 밝혔
다.[21] 이러한 내용에 대해 이 공부회에 참석한 의원들은 공부회를 통해
고노담화가 사실에 기초하지 않고 정치용으로 이루어졌다고 강하게 비
판했으며, 10회 공부회에서는 담화를 발표했던 고노 요헤이(河野洋平)
전관방장관을 강사로 섭외했다.

10회 공부회에서 고노 의원은 "여러분이 가장 문제라고 생각하며 지
적하고 있는, 그 당시 여성들이 강제적으로 연행되었는가에 대해서, 문
서나 서류는 없었습니다. … 저는 (피해자의) 증언을 모두 봤습니다. '증
언에 오류가 있다'고 지적하는 사람도 있지만, 피해자가 아니라면 도저
히 설명할 수 없는 증언도 있습니다. … 그리고 저는 이런 일을 (후세대
에도) 전해야 한다고 생각합니다"고 말했다.[22] 이에 대해 참석 의원들은
"관방장관의 인품과 생각만으로 담화가 정해지고 발표됐다는 느낌"이라
며, "(담화 발표) 당시 아시아외교 구축을 염두해 두고 발표된 담화"라고
비판했다.[23]

---

20) 若手議員の会 編, 1997, 207 · 288쪽.
21) 若手議員の会 編, 1997, 301, 308쪽.
22) 若手議員の会 編, 1997, 428~434쪽.
23) 若手議員の会 編, 1997, 435 · 439쪽.

이 모임 이후 역사교과서 의원연맹은 1) 위안부문제를 둘러싸고 1993년 8월에 이뤄진 고노 요헤이 관방장관담화를 재검토할 것을 수상관저와 당집행부에 요청할 것과 2) 종군위안부 기술의 삭제를 문부성과 교과서회사에 요구할 것을 담은 중간보고서를 작성했다.[24]

당시 이 모임에 사무국장을 맡아 실질적으로 의원연맹을 꾸려갔던 아베 신조는 공부회를 통해 다음과 같은 감상을 남겼다.

> "… 4월까지 공부회를 8회 개최하고 찬반의 입장에 선 강사분들의 의견과 자료들을 검토한 결과, 군과 정부에 의한 강제연행 사실을 나타내는 자료는 두 차례에 걸친 정부조사, 각 민간단체의 철저한 조사에 의해서도 전혀 발견되지 않았으며(조사 책임자였던 이시하라 전 관방부 장관도 명확히 증언, 요시미 교수도 이 사실을 인정하고 있다), 종군위안부 소동의 계기를 만든 요시다 세이지(吉田淸治)의 제주도 위안부 사냥 증언과 그 저서, 이를 소개한 아사히신문 기사, 그리고 아사히신문의 '여자정신대를 위안부로 했다'는 대대적인 보도 모두가 조작된 것으로 판명됐습니다.
>
> 헤세이 5년 8월 4일 발표된 고노 관방장관 담화는 당시 조성된 일한 양국의 분위기 속에서 진실보다는 외교상 문제를 우선시, 또한 증언자 16명의 청취조사를 뒷받침하는 것이 없음에도 불구하고, 군의 관여, 관헌 등의 직접적인 가담이 있었다고 인정하고 발표된 것으로 판명됐습니다. …
>
> 저는 소·중학교 역사교육의 이상적인 모습은 자신이 태어난 고향과 국가, 그 문화와 역사에 공감과 건전한 자부심을 가질 수 있도록 하는 것이라고 생각합니다. 일본의 앞날을 짊어지게 될 젊은이들을 위한 역사교육은 조작되거나 왜곡된 일문(逸聞)을 가르치는 교육이어서는 안 된다는 신념에서 향후 활동에 전력을 다해 갈 것을 결의합니다.[25]"

---

24) 『朝日新聞』 1997년 6월 19일.

이와 같이 의원연맹의 공부회를 통해 고노담화 수정이 필요하다고 인식하게 된 아베 신조는 2007년 3월 제1차 아베 내각에서 "정부가 발견한 자료 가운데는 군이나 관헌에 의한 소위 강제연행을 직접 보여주는 기술은 발견되지 않았다"는 정부답변서를 각의 결정했으며, 2012년 9월 자민당 총재선거 기간 당시 고노담화 재검토와 수정을 표명하기도 했다.[26]

3) 2000년대 결성된 보수의원연맹

2000년대 결성된 의원연맹은 선거 등의 정계개편 과정을 거치면서 1990년대 결성된 의원연맹을 기반으로 새로운 의원들을 포함해 결성되는 경우가 많았다. 여기서는 일본의 보수 색채를 뚜렷이 보여주는 '바른 일본을 만드는 모임'과 보수 정치가들이 정권을 지지하기 위해 만든 전략적 의원연맹인 '가치관 외교를 추진하는 의원의 모임'을 살펴보고자 한다. 이를 통해 역사문제로 인해 동아시아 국제관계의 마찰이 첨예화되는 2000년에 들어서도 일본의 보수 정치가들은 여전히 국회 저변에서 의원연맹을 결성하고 자신들의 정책적 선호를 공유하고 있었음을 확인할 수 있다.

---

25) 若手議員の会 編, 1997: 449-450.

26) 『朝日新聞』 2013년 2월 1일. 아베 총리는 2015년 8월 전후 70주년 담화를 통해 "전쟁의 그늘에서 명예와 존엄에 깊은 손상을 입은 여성들이 있었다"며 위안부 문제를 간접적으로 언급, 12월 28일 '위안부문제에 대한 한일합의'를 이끌어 내는 등 기존의 역사인식, 언행과 모순되는 담화와 합의를 보였다. 하지만 한일합의 과정과 결과의 바탕을 이루는 역사인식은 전후 70주년 담화 내용에서 보여준 바와 같이 전쟁 중 여성에 대한 명예와 존엄의 훼손에 대한 반성과 사과가 있을 뿐, 공부회에서 주 쟁점이 된 위안부 강제연행을 인정하고 이에 대한 반성과 사과는 이뤄지지 않았다는 점에서 공부회의 결론과 일치한다고 볼 수 있다.

(1) 바른 일본을 만드는 모임(正しい日本を創る会)

2006년 4월 결성된 '바른 일본을 만드는 모임'은 현재 일본에서는 올바른 역사인식이나 검증이 이루어지지 않고 있으며, 헌법, 교육, 야스쿠니, 황실전범 등의 문제가 위기에 처해 있다고 인식, "이 나라에 필요한 것은 '혁신(진보)'가 아니라 '건전한 보수'의 육성"이라 밝히면서 '건전한 보수' 정책집단으로 발족했다.27)

이 모임의 대표는 히라누마 다케오(平沼赳夫) 의원이, 사무국장은 아베 내각에서 특명담당대신을 맡았던 후루야 게이지(古屋圭司) 의원이 맡았다(〈표 5〉 참조). 두 사람 모두 1990년대 결성된 다른 보수 모임에 이름을 올렸으며 그 연장선상에서 새로운 보수의원연맹을 결성하고 활발한 활동을 이어오고 있는 것이다.

〈표 5〉바른 일본을 만드는 모임 명부(2007년 7월)

구분	이름
중의원의원	平沼赳夫, 古屋圭司, 今津寛, 今村雅弘, 下村博文, 岩屋毅, 福井照, 森山裕, 戸井田とおる, 江藤拓, 萩生田光一, 古川禎久, 武田良太, 馬渡龍治, 木挽司, 稲田朋美, 高鳥修一, 赤池誠章, 松本洋平
참의원의원	桜井新, 中曽根弘文, 吉村剛太郎, 亀井郁夫, 田浦直, 中川義雄, 河合常則, 二之湯智
전(前)의원	衛藤晟一, 森岡正宏, 小泉龍司, 城内実, 柏村武明

*자료 출처: 平沼赳夫と正しい日本を創る会, 『日本の正道』, 2007, 6쪽.

바른 일본을 만드는 모임은 그 설립 취지서에서 "이 모임은 우리나라 일본을 사랑하고 일본의 미래에 대해 책임을 갖고 국가로서 존엄을 지키며 진정한 보수정치를 확립하기 위해 행동하는 국회의원 정책집단이다. 전후 60년이라는 역사적 전환점에 직면한 지금, 국민의 막연한 불안을 불식시키기 위해서는 잘못된 도쿄재판사관으로 상징되듯 우리나라

27) 平沼赳夫と正しい日本を創る会, 2007, 1쪽.

를 비롯 세계의 올바른 역사인식과 사실을 공유하고 우리나라의 장래상을 명확히 제시하는 것이 요구되고 있다. … 동시에 이 모임은 이와 같은 이념에 기반하여 다양한 정책을 제언하고 실천해 갈 것을 목표로 삼고, 우선 당면 과제로서 이하 정책에 대해 일치 · 대응해 가고자 한다"고 밝혔다.[28]

이 모임은 9가지 구체적 정책을 제시하고 있는데 1) 자주헌법 제정, 2) 교육기본법 조기 개정, 3) 총리의 야스쿠니 참배 지지, 4) 황실 전범의 안일한 개정 반대, 5) 납치문제 해결 없이 북한과 국교정상화는 없으며 해결 수단으로 경제제재 지지, 6) 정부안 인권보호법안 반대, 7) 부부별성제 반대, 8) 구조개혁 찬성, 9) 외국인참정권 부여 반대의 입장을 명확히 했다. 이와 같은 정책 내용을 바탕으로 이 모임은 19번의 공부회를 개최, 정책적 토론을 가졌다(〈표 6〉 참조).

〈표 6〉 바른 일본을 만드는 모임 공부회 내용

회차	일시	주제	강연자
1회	2006.04.19	정보전에 강한 국가로	사쿠라이 요시코 (櫻井よしこ, 저널리스트)
2회	2006.05.10	황실제도를 보호하기 위한 법적 정비를	오하라 야스오 (大原康男, 국학원대학 교수)
3회	2006.05.24	의원내각제 위기- '자문회의정치' 검증의 필요성	세키오카 히데유키 (関岡英之, 다쿠쇼쿠대학 일본문화연구소 객원교수)
4회	2006.05.30	일본 문명을 관통하는 가치관을 주시할 때	나카니시 데루마사 (中西輝政, 교도대학 교수)
5회	2006.06.14	인도와의 관계를 어떻게 강화할 것인가?	하마다 가즈유키 (浜田和幸, 국제미래과학연구소 대표)
6회	2006.06.15	중국의 패권 확대를 방지하자	존 타식 (John Tkacik, 헤리티지재단 중국전문 연구원)
7회	2006.07.12	다극화하는 세계, 자주방위가 요구되는 일본	이토 칸 (伊藤貫, 국제정치 분석가)

---

28) 平沼赳夫と正しい日本を創る会, 2007, 3쪽.

8회	2006.07.27	ㅡ*	가사이 요시유키 (葛西敬之, JR 토카이 회장)
9회	2006.10.11	정치대란의 시기가 시작된다	호시 히로시 (星浩, 아사히신문 편집위원)
10회	2006.10.25	일본은 비핵삼원칙으로 가야한다	사토 유키오 (佐藤行雄, [재]일본국제문제연구소 이사장)
11회	2006.11.02	중국 민주화 세력에 일본은 지원을	웨이 진성 (魏京生, 중국민주운동가)
12회	2006.11.08	이 열도가 "열등"하게 되지 않도록 생각해 두어야만 할 것들	니시베 스스무 (西部邁, 평론가·슈메이대학 학장)
13회	2006.11.17	민주당 우위하 미국의 대일정책은 어떻게 변할 것인가?	스테펀 예이츠 (Stephen Yates, 체니 미국 부대통령 전 보좌관)
14회	2006.11.22	아시아의 에너지 그랜드 디자인을	가네키요 겐스케 (兼清賢介, 일본 에너지경제연구소 상임이사)
15회	2006.12.13	ㅡ*	기무라 아키코 (木村明子, 변호사)
16회	2007.02.14	벤처 육성 토양을 조속히 정비하자	사이토 키요미 (斉藤聖美, 제이본드 증권 사장)
17회	2007.02.28	해양세력을 증강하여 중국에 대항하자	기타무라 준 (北村淳, 정치사회학 박사)
18회	2007.03.14	부시정권은 변절한 것인가?	다쿠보 다다에 (田久保忠衛, 교린대학 객원교수)
19회	2007.03.28	대북한 외교의 승부처	니시오카 쓰토무 (西岡力, 도쿄기독교대학 교수· '구출회' 상임 부회장

*자료 출처: 平沼赳夫と正しい日本を創る会, 『日本の正道』, 2007. 8회와 15회는 강연
록 없음.

(2) 가치관 외교를 추진하는 의원모임(価値観外交を推進する議員の会)

2007년 5월 17일 아베 총리의 '가치관 외교'를 지지하는 43명의 의원들
이 모여 '가치관 외교를 추진하는 의원모임'을 결성했다. 이 모임은 자
유·민주·인권·법치와 같은 보편적 가치를 높이 사고 이를 공유하는

나라와 연계해 갈 것을 목표로 삼았다. 그리고 첫 회합에서부터 "총리의 일중정상회담은 큰 성과가 있었다. 하지만 한편으로 (중국의) 군사비 증대 등 패권 확장의 의혹은 불식되지 않았다. 중국은 공통의 가치관을 공유하는 나라가 아니다"라며 대중 견제의 목소리를 높였다.[29]

무엇보다 이 모임이 주목을 받은 이유는 모임을 구성한 의원들 때문이다. 모임의 회장을 맡은 후루야 게이지 의원이나 고문을 맡은 나카가와 쇼이치 의원, 시모무라 하쿠분(下村博文) 의원 등은 '일본의 앞날과 역사교육을 생각하는 의원 모임' 시절부터 인연을 맺어 온 의원들이고, 특히 후루야 의원은 우정민영화 법안에 반대 자민당을 떠났다가 복당한 의원으로 주목을 받고 있었다(〈표 7〉 참조).

〈표 7〉가치관 외교를 추진하는 의원모임 명부

구분	이름
마치무라파(町村派)	下村博文(4), 奧野信亮(2), 宮下一郎(2), 中山泰秀(2), 萩生田光一(2), 赤池誠章(1), 稻田朋美(1), 高鳥修一(1), 小川友一(1), 龜岡偉民(1), 木挽司(1), 岡田直樹(1)＝參, 山谷えり子(1)＝參, 岸信夫(1)＝參
쓰시마파(津島派)	今津寬(4), 戶井田徹(1), 馬渡龍治(1), 渡部篤(1)
고가파(古賀派)	木原誠二(1), 林潤(1)
이부키파(伊吹派)	中川昭一(8), 小島敏男(4), 西川京子(3), 松浪健太(2), 鍵田忠兵衛(1), 松本洋平(1), 中川義雄(2)＝參, 秋元司(1)＝參
고무라파(高村派)	赤城德彦(6), 西本勝子(1)
다니가키파(谷垣派)	小里泰弘(1)
아소파(麻生派)	岩屋毅(4), 鈴木馨祐(1), 薗浦健太郎(1)
무파벌	古屋圭司(6)◎, 今村雅弘(4)◎, 水野賢一(4), 江藤拓(2)◎, 武田良太(2)◎, 森山裕(2)◎, 古川禎久(2)◎, 木原稔(1), 武藤容治(1)

*자료 출처:『朝日新聞』2007년 5월 18일(괄호 안은 당선횟수, ◎ 복당 의원)

29)『朝日新聞』2007년 5월 20일.

가치관 외교를 추진하는 의원 모임은 〈표 7〉과 같은 멤버 구성으로 아베 내각의 보수 정책 패키지를 서포트하기 위한 중심적인 세력으로 주목을 모았다. 의원연맹이 실질적으로 정책뿐만 아니라 전략적인 모임으로 자리매김 될 수도 있는 면을 보여주는 모임의 예라고 볼 수 있다.

4) 영토관련 의원연맹

마지막으로 최근 최대 쟁점이 되고 있는 영토문제를 둘러싸고는 어떠한 의원연맹이 존재하며 어떤 활동을 하고 있는지 살펴보고자 한다. 여기서는 '다케시마 영토권 확립 현의회 의원연맹'과 일본 국회에서 결성된 두 개의 의원연맹을 간략하게 검토할 것이다.

특히 독도를 둘러싸고 결성된 '다케시마 영토권 확립 현의회 의원연맹'은 시마네현의회 의원연맹으로 일본 국회의 의원연맹과 조금은 다른 특징을 갖지만, 독도를 직접적으로 다루고 있는 유일한 의원연맹으로 그 활동을 살펴보고자 한다. 일본 국회에서는 독도 영유권을 단독으로 내세운 의원연맹은 존재하지 않지만, 센카쿠 문제를 둘러싸고 2004년과 2010년 영토문제를 다루는 의원연맹이 결성되었다. 여기서는 이 연맹들을 간략하게 살펴봄으로써 영토문제를 둘러싼 의원연맹의 특징과 활동을 살펴보고자 한다.

(1) 다케시마 영토권 확립 현의회 의원연맹(竹島領土権確立県議会議員連盟)

'다케시마 영토권 확립 현의회 의원연맹'은 초당파 의원연맹으로 2002년 10월 3일 시마네현 의회에 설립됐다. 이 의원연맹은 2002년 8월 한국이 독도를 국립공원으로 지정한 것을 두고 일본 측 독도 소재지 오키군(隠岐郡)의 의원이 주도해 설립됐다.[30] 회장으로는 호소다 시게오(細田重雄) 현의회 의원이 선출됐으며 현의회 36명의 의원이 소속됐다.

이 모임은 다케시마 영유권 확립을 요구하는 의견서를 채택함으로써 독도문제에 대한 중앙정부의 개입을 도모했지만, 중앙 정부가 움직이지 않자 2005년 시마네현 의회에 '다케시마의 날' 조례안을 제출·통과시키면서 국내외적으로 큰 반향을 일으켰다. 2005년 2월 23일 조례안을 상정하면서 호소다 의원은 "다케시마의 날을 제정하도록 정부에 의견서를 제출했지만 여전히 움직임이 보이지 않기 때문에 정부가 제정하기 전까지 현에서 제정하고 현민의 이해와 관심을 더해가고자 한다"고 말했다.[31]

이 모임은 조례안 통과로 영유권 문제를 국민여론에 호소하고자 하는 소기의 목적을 달성한 후 전국적으로 활동을 폭을 넓혀갔다.

(2) 일본의 영토를 지키기 위해 행동하는 의원연맹(日本の領土を守るため行動する議員連盟)·국가주권과 국익을 지키기 위해 행동하는 의원연맹(国家主権と国益を守るために行動する議員連盟)

'일본의 영토를 지키기 위해 행동하는 의원연맹'과 '국가주권과 국익을 지키기 위해 행동하는 의원연맹'은 각각 일본 국회에서 설립된 영토문제 관련 의원연맹이다. 두 연맹 모두 센카쿠 문제를 둘러싸고 설립된 점이 특징이다. 먼저, '일본의 영토를 지키기 위해 행동하는 의원연맹'은

---

30) 『朝日新聞』 2002년 10월 4일.

31) 『朝日新聞』 2005년 2월 24일, 연맹 사무국장인 조다이 요시로(上代義郎) 현의원도 조례안 상정과 관련 "외무성이 아무것도 하지 않으니까 제안했다. 주장에는 오류가 없다"고 말했다. 『朝日新聞』 2005년 3월 8일.

2004년 4월 7일, 중국인 활동가들이 센카쿠 열도에 상륙하는 사건을 계기로 자민당과 민주당 국회의원 60여 명이 모여 결성한 초당파 의원연맹이다. 이 모임은 독도나 북방영토를 포함한 영토문제를 안전보장의 측면에서 다루면서 센카쿠 열도의 경비체제 강화를 주장했다.

설립 당시 의원연맹 회장은 모리오카 마사히로(森岡正宏) 의원였지만 2012년 모임의 활동을 재개할 당시에는 야마타니 에리코(山谷えり子) 의원으로 바뀌어 있었다. 야마타니 의원은 '가치관 외교를 추진하는 의원 모임'에도 소속된 바 있으며 제1차 아베 내각에서 내각총리대신 보좌관으로 활약한 바 있다.

한편, '일본의 영토를 지키기 위해 행동하는 의원연맹'은 2012년 도쿄에서 처음 열린 시마네현의 '다케시마 행사'를 주최하기도 했는데 이런 독도 관련 집회에 정부관계자가 출석한 것은 처음이었다.[32]

이와 함께 2010년 10월 1일에는 '국가주권과 국익을 지키기 위해 행동하는 의원연맹'이 설립됐다. 이 의원연맹 역시 센카쿠 주변 중국선박 충돌사건을 계기로 만들어졌으며, 민주당 하라구치 가즈히로(原口一博) 당시 총무대신이 설립을 주도했다. 하라구치 의원은 "이번 사건은 일본에 심각한 위기를 초래했다. … (이에 따라) 10월 1일 의원연맹을 설립했다. 세계적으로도 안전보장·외교 분야에서 오른쪽이나 왼쪽으로 정치가 분단되어 있는 국가는 국력이 약하다고 볼 수 있다. 나는 당파를 초월해 안전보장을 생각하는 조직이 필요하다는 생각을 계속 갖고 있었다. 이번에 33명의 의원이 모인 것은 이러한 위기감이 표출된 것이라고 생각한다"고 밝혔다.[33] 이후 하라구치 의원은 의원연맹 의원들과 함께 센카쿠 주변을 시찰, 센카쿠 문제에 대해 대응해 갈 것을 확실히 했다.

---

32) 『朝日新聞』 2012년 4월 12일.
33) 『朝日新聞』 2012년 10월 15일.

4. 결론

역사문제 및 영토문제와 관계된 일본의 보수의원연맹은 이제까지 그 활동과 중요성에 비해 연구 주제로 많이 다뤄지지 않았다. 일본 정치가들은 이들 보수의원연맹이라는 '모임'을 통해 네트워크를 형성하고 의원연맹의 공부회를 통해 이들 문제와 관련된 지식을 습득, 서로의 의견을 교류하거나 공유하는 등 정책적 역량도 키우기도 했다. 이러한 의원연맹의 활동이 한일관계에 직접적인 영향을 미치는 역사문제나 관련 정책에 영향을 미치는 것은 주지의 사실일 것이다. 본 논문에서 살펴보았듯이, 일본의 보수의원연맹은 각 당이나 당파를 초월해 일본의 헌법, 교육, 주권과 관계된 정책에 관심을 갖고 있는 국회의원들이 만드는 임의단체이지만, 여러 활동 등을 통해 영향력을 발휘하고 있는 모임이기도 하다. 특히 일본의 각 당과 정부가 직접적으로 다루지 못하는 보수 정책 패키지들을 다루면서 한국을 비롯한 주변국과 마찰을 빚고 우려를 낳고 있는 모임이기도 하다.

이와 같이 보수의원연맹은 실제 정책적인 움직임을 활발히 하면서 그 영향력을 확대해 왔다고 볼 수 있다. 본 논문이 강조하고자 하는 바는 의원연맹은 정책결정과정에 영향을 미칠 수 있는 구조화된 조직도, 제도도 아니지만 의원연맹 내에서 이루어진 논의가 실질적으로 정책적 논의에 한 부분을 담당하고 있으며, 때에 따라서는 결의안 수정에서도 나타나듯이 정책결정과정에서 일정 정도의 영향력을 행사하고 있다는 사실이다.

이와 함께 실제 이와 같은 보수의원연맹에 소속된 의원들의 내각 진출 빈도를 살펴보는 것도 그 영향력을 일정 부분 가늠해 볼 수 있는 척도가 될 수 있다고 생각한다. 〈표 8〉은 역사검토위원회 소속의원들의 내각 진출 빈도를 나타낸 표이다. 위원회 활동이 끝나는 시점인 1995년

이전에 내각에 진출했던 의원은 약 26%이었던 것에 비해, 1995년 이후
에는 55%로 증가했다(17%는 1995년 이전부터 이후까지 변함없이 내각
에 몸을 담은 의원들이다). 역사교과서 의원연맹 역시 62%가 내각 진출
경험을 갖고 있다.

〈표 8〉 역사검토위원회 내각 진출 빈도(1995년 기준, 명[%])

		1995년 이후		총계
		내각 불참	내각 참여	
1995년 이전	내각 불참	20(19.8%)	38(37.6%)	58(57.4%)
	내각 참여	26(25.7%)	17(16.8%)	43(42.6%)
총계		46(45.5%)	55(54.5%)	101(100.0%)

〈표 9〉는 2015년 현재 제3차 아베 내각 각료들이 각각 어떤 의원연맹
에 속해 있는지 보여주고 있다. 전체 각료 가운데 절반가량인 11명이 본
논문에서 살펴본 보수의원연맹에 가입되어 있다.

〈표 9〉 제3차 아베 개조내각 소속 보수의원연맹(2015년 11월 기준)

대신	이름	소속 의원연맹
총리	아베 신조(安倍晋三)	역사검토위원회, 역사교육 의원연맹
부총리·재무·금융	아소 타로(麻生太郎)	야스쿠니, 납치 의원연맹
총무	다카이치 사나에(高市早苗)	역사교육 의원연맹
외무	기시다 후미오(岸田文雄)	역사검토위원회, 역사교육 의원연맹
문부과학	하세 히로시(馳浩)	역사교육 의원연맹
후생노동	시오자키 야스히사(塩崎恭久)	역사교육 의원연맹
농림수산	모리야마 히로시(森山裕)	바른 일본을 만드는 모임, 가치관 외교를 추진하는 의원 모임
경제산업	하야시 모토오(林幹雄)	역사교육 의원연맹
방위	나카타니 겐(中谷元)	역사교육 의원연맹
올림픽	엔도 도시아키(遠藤利明)	역사교육 의원연맹
관방장관·오키나와	스가 요시히데(菅義偉)	역사교육 의원연맹

*자료 출처: 다와라 요시후미 자료집(http://www.ne.jp/asahi/kyokasho/net21/top_f.htm)
에서 일부 추가.

　단순히 보수의원연맹에서 논의된 내용들과 소속 의원들의 내각 진출 빈도를 생각해 볼 때에 보수의원연맹 공부회에서 다뤄진 정책적 내용들이 정책화될 가능성은 높다고 볼 수 있다. 사실 공부회에서 다뤄진 내용들에 기반해 보수의원연맹 소속 정치가들이 일본 국내 강연이나 인터뷰에서 발언함으로써 파문을 일으키는 경우도 있지만, 또 하나 주목해야 할 점은 내각에 입각한 의원들에게는 '자제의 기제'가 적용된다는 점이다. 야스쿠니 참배 문제가 대표적이라 볼 수 있다. 따라서 '보수의원연맹=보수내각과 정책'으로 보는 관점은 다양한 주의가 필요하다고 볼 수 있다.

　마지막으로 본 논문은 일본의 정책결정과정론에 있어서 비중 있게 다뤄지지 않았던 의원연맹을 살펴봄으로써 의원연맹 설립이 실제로 정치가들이 정책적 의제를 다룰 때 제일 먼저 취하는 단계임을 가늠해 볼 수 있었다. 특히 역사문제에 있어서 일본의 정책결정과정론이 주장하는 관료의 결정보다는 정치가의 주도가 더 두드러진다는 것을 볼 수 있었고 이는 의원연맹이라는 장소를 통해 확인할 수 있었다. 본 연구는 일본의 정책결정과정론에 있어서 의원연맹의 연구의 한 조각을 살펴본 것으로 이 주제에 대한 심화된 연구가 앞으로도 계속 이루어져야 할 것이다.

부록

보수의원연맹 리스트

	설립시기	모임 명칭	설립목적 및 특징
1	1985.10.25	교과서문제를 생각하는 의원연맹(教科書問題を考える議員連盟)	"사회나 국어교과서는 우리나라의 역사나 전통을 부정적으로 기술하고 있으며, 국가의 일원으로서의 자긍심을 잃고 있다"며 현 교과서를 부정적인 입장에서 검토하는 자민당 의원연맹.
2	1990.04.13	천황폐하 즉위 봉축 국회의원연맹(天皇陛下御即位奉祝国会議員連盟)	1990년 11월 있을 일왕 즉위식과 대상제를 축하하기 위해 설립.
3	1993.8.23	역사검토위원회(歷史檢討委員会)	태평양전쟁 검토. 호소카와 수상의 침략전쟁 발언을 부정적인 입장에서 검토하는 자민당 의원연맹.
4	1995.01.31	종전50주년 국회의원연맹(終戦五十周年国会議員連盟)	전후 50주년을 맞아 '반성'과 '사죄'가 포함된 부전결의 반대하는 자민당 의원연맹.
5	1995.02.21	바른 역사를 전하는 국회의원연맹(正しい歷史を伝える国会議員連盟)	전후 50주년을 맞아 '반성'과 '사죄'가 포함된 부전결의 반대하는 신진당 의원연맹.
6	1996.06.04	밝은 일본 국회의원연맹("明るい日本"国会議員連盟)	역사교육 재검토와 중학교 역사교과서 '위안부 기술' 반대.
7	1997.02.27	일본의 앞날과 역사교육을 생각하는 젊은 의원 모임(日本の前途と歷史教育を考える若手議員の会)	역사교육의 이상적인 모습과 일본인으로서의 자긍심과 정체성과 관련된 역사교과서 기술 재검토 등을 목적으로 당시 4선 이하의 젊은 의원들이 결성.
8	1997.04.02	함께 야스쿠니신사에 참배하는 국회의원모임(みんなで靖国神社に参拝する国会議員の会)	자민당과 신진당의 '야스쿠니신사 참배 의원연맹'이 통합한 야스쿠니신사 참배 초당파 의원연맹.
9	1997.04.15	북한 납치 의혹 일본인 구출 의원연맹(北朝鮮拉致疑惑日本人救援議員連盟)	북한 공작원에 의한 일본인 납치 의혹을 밝히기 위한 초당파 의원연맹.
10	1997.05.22	헌법조사위원회 설치 추진 의원연맹(憲法制度調査委員会設置推進議員連盟)	국회에서 헌법 문제를 조사, 검토하는 상임위원회 설치를 목적으로 만든 초당파 의원연맹.

	설립시기	모임 명칭	설립목적 및 특징
11	2000.09.21	외국인참정권의 신중한 처리를 요구하는 국회의원 모임(外国人参政権の慎重な取り扱いを要求する国会議員の会)	영주외국인 지방선거권 부여 법안에 반대하는 자민당 의원 모임.
12	2001.06.27	역사교과서 문제를 생각하는 모임(歴史教科書問題を考える会)	역사교과서 문제를 생각하는 초당파 의원연맹. 교과서 검정과 채택의 건전화를 요구.
13	2002.04.25	북한에 납치된 일본인을 조기에 구출하기 위해 행동하는 의원연맹(北朝鮮に拉致された日本人を早期に救出するために行動する議員連盟)	납치문제 해결을 위해 새로이 결성된 초당파 의원연맹.
14	2002.10.03	다케시마 영토권 확립 현의회 의원연맹(竹島領土権確立県議会議員連盟)	독도 영유권 문제를 해결하기 위해 시마네현의회에 설립된 의원연맹. "도발적인 행동은 하지 않을 것이다. 친선을 심화시키는 가운데 이 문제를 해결해 갈 것"이라고 밝힘.
15	2004.02.25	교육기본법 개정 촉진 위원회(教育基本法改正促進委員会)	교육기본법 개정을 위한 초당파 의원연맹.
16	2004.04.07	일본의 영토를 지키기 위해 행동하는 의원연맹(日本の領土を守るため行動する議員連盟)	중국인 활동가에 의한 센카쿠열도 불법 상륙 사건을 계기로 결성된 초당파 의원연맹.
17	2005.06.25	평화를 바라며 진정한 국익을 생각해 야스쿠니 참배를 지지하는 젊은 국회의원 모임(平和を願い真の国益を考え靖国参拝を支持する若手国会議員の会)	자민당 내 야스쿠니 참배 자숙론 등에 반대, 고이즈미 총리의 야스쿠니 참배를 지지하는 젊은 의원 모임.
18	2006.04.19	바른 일본을 만드는 모임(正しい日本を創る会)	일본을 사랑하고 일본의 장래에 대해 책임을 가지며, 국가로서의 존엄을 지키는 진정한 보수정치를 확립시키기 위해 행동하는 국회의원 모임.
19	2007.03.10	위안부문제와 난징사건의 진실을 검증하는 모임(慰安婦問題と南京事件の真実を検証する会)	미 하원 위안부 결의안 문제를 계기로 위안부 문제를 검토하는 민주당 의원연맹.
20	2007.04.05	신헌법제정 의원동맹(新憲法制定議員同盟)	개헌을 목표로 한 의원연맹.

	설립시기	모임 명칭	설립목적 및 특징
21	2007.05.17	가치관외교를 추진하는 의원 모임(価値観外交を推進する議員の会)	아베 총리가 주장하는 '가치 외교'를 지지하기 위한 의원연맹.
22	2007.06.13	중국 항일기념관에서 부당한 사진 철거를 요구하는 국회의원 모임(中国の抗日記念館から不当な写真の撤去を求める国会議員の会)	중국의 애국운동 거점으로 불리는 항일기념관의 전시내용을 조사하고 사실오인으로 여겨지는 사진 등의 조속한 철거를 요구하는 의원연맹.
23	2007.07.13	위안부문제의 역사적 진실을 요구하는 모임(慰安婦問題の歴史的真実を求める会)	미 하원에서 위안부문제로 아베 총리에게 사죄를 요구하는 결의안 가결을 반대하는 국회의원 및 유식자 모임.
24	2008.05.22	대북 외교를 신중히 진행하는 모임(北朝鮮外交を慎重に進める会)	북일국교정상화 교섭을 추진하는 의원연맹에 반대해 결성된 초당파 의원연맹.
25	2008.10.16	천황폐하 즉위 20년 봉축 국회의원연맹	천황폐하 즉위 20년을 축하하기 위한 의원연맹.
26	2010.10.15	국가주권과 국익을 지키기 위해 행동하는 의원연맹(国家主権と国益を守るために行動する議員連盟)	센카쿠 열도에서 중국선박 충돌 사건을 계기로 설립된 의원연맹.
27	2011.06.07	헌법96조 개정을 추구하는 의원연맹(憲法96条改正を目指す議員連盟)	헌법개정 과정 가운데 96조 개정을 선결 과제로 삼는 초당파 의원연맹.

* 자료 출처:『朝日新聞』데이타 검색 서비스에서 1990년부터 2013년 10월까지 키워드 "의원연맹"으로 검색해서 나온 5,975건의 기사 가운데 보수의원연맹 추출. 이후 2차문헌 등으로 27개 의원연맹 추출.

* 야스쿠니신사참배 국회의원 연도별 일람

	자민당				민주당				기타	합계
	중의원		참의원		중의원		참의원			
	본인	대리	본인	대리	본인	대리	본인	대리		
98춘계예대제	181		88							269*
99춘계예대제	60	65	28	20	1	4	1	0	14	202
99.08.15	40	67	13	26	2	4	0	0	17	169
99추계예대제	31	76	19	20	0	3	0	1	19	169
00춘계예대제	58	61	39	16	2	6	2	1	19	204
00.08.15	53	79	22	28	1	6		0	14	204
00추계예대제	50	54	35	22	0	5	1	0	17	184
01춘계예대제	56		21		2				7	86*
01.08.15	55	76	25	18	3	4	0	0	13	194
01추계예대제	60	61	28	25	1	3	0	1	10	189
02춘계예대제	61	62	26	23	1	2	0	1	9	185
02.08.15	35	82	18	32	2	1	1	0	9	180
02추계예대제	60	60	29	14	2	3	0	0	11	179
03춘계예대제	45	70	25	25	1	2	1	0	14	183
03.08.15	36	84	19	31	3	0	1	0	10	184
03추계예대제	4	19	14	28	0	1	0	0	3	69
04춘계예대제	61	53	19	25	2	4	0	2	3	169
04.08.15	39	69	20	24	4	2	2	1	0	161
04추계예대제	47	52	29	24	3	4	0	4	0	163
05춘계예대제	47	59	31	21	2	2	0	3	0	165
05.08.15	26	50	23	30	0	2	3	2	0	136
05추계예대제	69	53	24	32	1	2	2	1	11	195
06춘계예대제	54	67	33	20	1	2	1	2	11	191
06.08.15	36	69	21	30	1	2	2	1	9	171
06추계예대제	47	64	28	24	0	0	1	2	12	178
07춘계예대제	26	83	10	33	0	0	3	0	4	159
07.08.15	34	75	8	23	0	1	5	1	2	149
07추계예대제	45	72	17	18	1	1	1	1	14	170
08춘계예대제	38	72	17	18	1	1	1	0	8	157
08.08.15	40	82	8	24	2	0	4	0	5	165
08추계예대제	24	69	17	18	0	3	1	1	8	141

* 자료 출처: 俵義文(子どもと教科書全国ネット21事務局長) 작성 자료.
** 98춘계예대제 269명은 자민당만 집계된 수. 본인과 대리인 구별 안함. 01춘계예
    대제의 86명은 본인참배만 계수.

참고문헌

飯尾潤,『日本の統治構造: 官僚内閣制から議院内閣制へ著』, 中公新書, 2007.

猪口孝・岩井奉信,『「族議員」の研究: 自民党政権を牛耳る主役たち』, 日本経済新聞社, 1987.

大嶽秀夫,『日本政治の対立軸』, 中公新書, 1999.

内山融,『小泉政権:「パトスの首相」は何を変えたのか』, 中央公論新社, 2007.

木寺元,『地方分権改革の政治学: 制度・アイディア・官僚制』, 有斐閣, 2012.

佐藤誠三郎・松崎哲久,『自民党政権』, 中央公論社, 1986.

中北浩爾,『自民党政治の変容』, NHK出版, 2014.

中野晃一,『右傾化する日本政治』, 岩波書店, 2015.

日本の前途と歴史教育を考える若手議員の会 編,『歴史教科書への疑問』, 展転社, 1997.

樋口直人,「日本政治の中の極右」,『世界』3月号, 2015.

平沼赳夫と正しい日本を創る,『日本の正道』, PHP研究所, 2007.

村松岐夫,『戦後日本の官僚制』, 東洋経済新報社, 1981.

村松岐夫,『政官スクラム型リーダーシップの崩壊』, 東洋経済新報社, 2010.

歴史検討委員会 編,『大東亜戦争の総括』, 展転社, 1995.

Curtis, Gerald L., *The logic of Japanese politics : leaders, institutions, and the limits of change*, Columbia University Press, 1999.

Ignazi, Piero, *Estreme Right Parties in Western Europe*, Oxford, 2003.

Johnson, Chalmers, *MITI and the Japanese miracle : the growth of industrial policy, 1925-1975.* Stanford University Press, 1982.

Johnson, Chalmers *Japan: Who Governs? : The Rise of the Developmental State*, New York: Norton, 1995.

Muramatsu, Michio and Ellis Krauss, "The Conservative Policy Line and the

Development of Patterned Pluralism", in Yamamura K, Yasuda Y, eds., *The political economy of Japan, volu-me 1: the domestic transformation*, Stanford University Press, 1987.

Park, Cheol Hee, "Factional Dynamics in Japan's LDP Since Political. Reform: Continuity and Change", *Asian Survey,* Vol. 41, No. 3, 2001.

Pempel, T. J. and Keiichi Tsunekawa, "Corporatism Without Labor? The Japanese Anomaly", in Philippe C. Schmitter and Gerhard Lehmbruch eds., *Trends toward corporatist intermedia- tion*, Sage Publications, 1979.

제5장

아베 유신과 한반도

─제2기 아베 정권의 대전략과 대(對)한반도 정책

임은정

_존스홉킨스 대학

1. 서론

2007년 9월, 집권 1년 만에 쓸쓸히 총리관저를 떠났던 아베 신조(安倍晋三)는 5년 2개월 남짓한 와신상담의 시간을 가진 뒤, 2012년 12월 자유민주당(이하 자민당)의 화려한 부활과 함께 당당하게 총리관저로 복귀했다.

이렇게 출범한 제2기 아베 정권은 출범 후 2년 만인 2014년 12월, 국내외적인 우려의 목소리에도 불구하고 중의원의 해산과 총선을 감행하였는데, 우려와 달리 결과는 자민당의 재압승과 연립정권의 파트너인 공명당의 약진이었다. 이로써 아베 정권은 장차 차기 중의원 선거가 치러지는 2018년까지 안정적으로 지속될 것이라는 기대를 받으며, 종전 70주년, 아울러 한일국교정상화 50주년이라는 의미 깊은 해인 2015년을 보냈다. 전후 일본의 역대 총리들 가운데 한 차례 총리직에서 물러났다가 다시 총리 자리에 돌아올 수 있었던 이는 전후 일본의 국부 격에 해당하는 요시다 시게루(吉田 茂)를 제외하곤 아베 총리가 유일하다. 더군다나 전후 일본 총리들의 평균 재임 기간이 2년 정도밖에 되지 않았던 것을 감안하면, 이번 제2기 아베 정권은 무난히 평균 이상의 재임기간을 누리고 있다는 점 역시 주목할 만하다.

아베는 자타가 공인할 만한 일본 정계 명문가의 후손이라는 것은 이미 잘 알려진 사실이다. 그의 외조부인 기시 노부스케(岸 信夫) 총리는 A급 전범 용의자로서 복역 중 석방되어 정계에 복귀한 후, 이른 바 보수 합동을 통해 자민당을 설립하는데 결정적인 역할을 하였을 뿐만 아니라, 총리 취임 후 안보 개정을 이뤄내 미·일관계를 보다 형평성 있는 관계로 개선하는 데 기여했다는 평가를 받고 있으며, 총리 퇴임 후에도 막후에서 일본정치에 막대한 영향력을 행사하기도 하였다. 조부인 아베 칸(安倍 寬) 의원은 출신지인 야마구치 현(山口県)의 중의원 2선 의원으로 활동한 바 있다. 그의 아버지이자 지한파 의원으로 한국에게도 친숙한 아베 신타로(安倍 晋太郎) 의원은 중의원 10선 의원으로서 역시 일본의 보수대표주자인 나카소네 야스히로(中曽根 康弘) 총리의 내각에서 외무대신을 역임하는 등, 내각 주요직을 섭렵한 화려한 이력의 소유자이다. 기시 총리의 친동생이자 아베의 종조부에 해당하는 사토 에이사쿠(佐藤栄作)는 7년 8개월이라는 전후 일본 사상 최장기간을 집권한 총리로서 잘 알려져 있다.

이렇듯 명망 있는 정치가 집안의 차남으로 태어난 아베 신조는 유복한 환경에서 자라나며 세이케이 대학(成蹊大学) 법학부 정치학과를 졸업한 후 도미하여 사우스 캘리포니아 대학(The University of Southern California)에서 정치학을 전공하다가 중퇴 후 귀국하여 고베 제강(神戶製鋼)의 직원으로 근무한 바 있었다. 그러던 중 1982년 당시 외무대신으로 활동하고 있던 아버지 아베 신타로의 비서로서 근무하게 되는 것을 계기로 정계에 입문하게 된다. 이후 1991년 지병으로 세상을 떠난 아버지 아베 신타로 의원의 지역구(야마구치 제1구)에서 1993년 출마하여 중의원 의원으로 당선됨으로써, 현재까지 같은 선거구에서 8선을 달성하고 있다.

아베 신조는 2002년 즈음, 북한의 납치문제와 관련하여 강경 발언[1]을 하는 등의 행보로 일반국민들에게도 지지를 받으며 자민당 내의 소위 소장파 스타로 부상하게 된다. 역대 가장 인기 있었던 총리 중 하나로 평가되는 고이즈미 준이치로(小泉 純一郎)의 총리 재임 시절이던 2003년에는 자민당의 간사장으로 취임하는데, 이때부터 이미 자민당 내에서는 '포스트 고이즈미' 시대를 이끌어갈 가장 유력한 후보로서 거론되다가, 2005년 10월 제3차 고이즈미 내각에서 관방장관으로 발탁되기도 하였다. 이렇듯 일찌감치 출세가도를 달리던 그는 고이즈미 총리의 임기만료와 함께 치러진 2006년 9월 20일의 자민당의 총재선거에서 헌법개정, 교육개혁, 재정건전화 등을 슬로건으로 아소 타로(麻生太郎), 다니가키 사다카즈(谷垣禎一) 등에 압승하며 자민당 총재로 선출됨에 따라 9월 26일 일본의 총리로 지명된다. 그의 총리 취임은 역대 명문 총리 가문의 계보를 이으면서도 전후 일본 역사에서 최연소 총리라는 것과 최초의 전후세대 총리라는 점에서 큰 주목을 받았다.

---

1) 당시 아베의 발언은 『朝日新聞』(2002年9月16日, 2002年11月21日); 154회 참의원 내각위원회 5호(2002年3月26日) 등을 참조.

2006년 총리 취임 당시 "아름다운 나라(美しい国)"[2]라는 국가상을 천명한 아베 총리는 내각 구성 이후 이른바 "아름다운 나라 만들기" 프로젝트(『美しい国づくり』プロジェクト)를 내세워 내각 관방 내에 '아름다운 나라 만들기' 추진실을 설치하고 '아름다운 나라 만들기' 기획회의를 구성하는 등, 정권 초반부터 현실적 난제들에 밀착한 정책 개발 보다는 이념적인 거대담론에 집착하는 모습을 보였다. 하지만 동북아 주변국인 한국과 중국에 대해서는, 선임자인 고이즈미 시절 총리의 야스쿠니(靖国) 신사 참배 문제로 관계가 손상된 것을 유념하여, 제1기 중에는 야스쿠니 참배를 하지 않았을 뿐만 아니라, 취임 직후인 2006년 10월에는 중국을 방문하여 후진타오(胡錦濤) 주석과 회담하였고, 바로 이튿날 방한하여 노무현 대통령과도 회담하는 등, 주변국과의 관계에 신경 쓰는 모습을 보이기도 했다.

그러나 그의 화려한 배경이나 승승장구하던 정계에서의 이력과는 대조적으로, 제1기 아베 정권은 1년 밖에 지속되지 못했다. 무엇보다 정권을 오래 지속시키지 못한 일차적인 이유는 이른바 '친구 내각(友達内閣)'이라는 야유를 받았던 정권 내부에 있었다고 할 수 있겠다. 혼마 마사아키(本間正明), 사다 겐이치로(佐田 玄一郎) 등 주요직 인사들의 스캔들과 사임이 이어지면서 끝내 2007년 5월에는 여러 의혹을 받고 있던 마츠오카 도시카즈(松岡利勝) 농림수산대신이 자살하는 사건마저 벌어지는 등 주요 인사들의 실족이 계속되자 내각 지지율은 급격하게 하락하고 만다.

---

2) "아름다운 나라(美しい国)"라는 국가상은 2006년 7월 자민당 총재선을 앞둔 아베 신조가 문예춘추(文藝春秋)를 통해 출판한 그의 저서 『美しい国へ(아름다운 나라로)』의 제목에서부터 나온 아베 총리의 국가상을 대변하는 단어이다. 이 책은 일본 국내에서 50만 부 이상 팔린 베스트셀러로 기록되기도 하였다. 총리 재임 성공 후인 2013년에는 역시 문예춘추로부터 『新しい国へ(새로운 나라로)』를 출판하였다.

하지만 보다 근본적으로는 제1기 아베 정권이 추구했던 정책 이상은 대다수의 국민들이 공감하기 힘든 것이었던 데다가, 아베는 당시 그의 이상을 국민들에게 납득시킬 만한 리더십을 결여하고 있었다는 점을[3] 지적하지 않을 수 없다. 아울러 2007년 들어서서 아베의 위안부 발언[4] 이 해외 여론의 무수한 질타를 받게 되다가 2007년 7월 30일, 미국 하원이 마침내 소위 '위안부 결의안'으로 일컬어지는 하원 결의안 121호(H.R.121) 를 통과시키면서 제1기 아베 정권은 걷잡을 수 없을 정도의 대내외적인 비난 속에 시달리게 되었다.

결국 2007년 7월 참의원 선거에서 자민당이 대패하고 자신의 지병마저 문제가 되자 9월 총리직 및 자민당 총재직으로부터 퇴진하여 쓸쓸히 관저를 떠난 뒤 요양생활을 하게 된다. 그러나 얼마 지나지 않아 같은 해 말에는 "'아름다운 나라' 만들기는 이제 겨우 시작일 뿐"이라고 밝히고 이듬해인 2008년부터 본인의 소속 파벌인 마치무라파(町村派)의 모임인 세이와 정책연구회(淸和政策研究会)에 출석하는 등의 활동으로 정계에 복귀한다. 그리고 4년 뒤인 2012년 9월 26일, 당시 다니가키 총재의 임기가 만료됨에 따라 치러진 자민당 총재선거에서 당내, 파벌 내 견제를 누르고 이시바 시게루(石破 茂)를 역전하는 극적 승리로 총재에 당선됨으로써, 화려한 부활을 예고했다. 마침내, 그 해 12월 16일 열린 제46회 중의원 총선거에서 자민당이 294석을 획득하는 쾌거를 이룸으로써 2009년 '55년 체제'의 실질적인 종언에 해당하는 정권 교체를 이뤄낸 민주당 정권은 집권 이후 만 3여년 만에 나가타초(永田町)에서 퇴장하고

---

3) Envall, H.D.P., "Abe's Fall: Leadership and Expectations in Japanese Politics", *Asian Journal of Political Science*, 19(2), 2011, pp.149~169.

4) 당시 아베의 발언은 『朝日新聞』(2007年8月1日); 166회 참의원 예산위원회 3호 (2007年3月5日), 7호(2007年3月9日) 등을 참조.

대신 아베 신조의 자민당이 다시금 일본의 집권세력으로 복귀하게 된 것이다.

본고는 이렇듯 극적으로 다시 돌아온 아베 정권이 아베 총리가 90대 내각총리대신을 지낸 제1기 시절과는 어떻게 달라졌는지, 다시 말해 2012년 재집권을 달성한 제2기 아베 정권의 국가적 대전략은 무엇이며, 그 틀 안에서 어떻게 대한반도 정책을 꾸려 나가려고 하는지에 대답하기 위하여 지금까지의 정책을 분석하고 앞으로의 방향을 전망하는 것을 그 목적으로 한다.

2. 위기 속에서 재집권한 자민당과 아베의 과제

제2기 아베 정권의 대한반도 정책을 분석하기에 앞서, 최근 수 년 동안 그리고 현재에 이르기까지 일본과 자민당 정권, 그리고 총리인 아베 신조 자신이 봉착하고 있는 대내외적인 정치경제 상황이 어떠한 것이었는지에 대한 고찰이 먼저 이루어져야 할 필요가 있다. 여기에서는 제2기 아베 정권의 출범 직전 일본이 마주하고 있던 국제적인 상황과, 국내적인 상황, 그리고 자민당이 마주했던 정권적인 상황으로 나누어 아베가 당면하고 있던 과제들을 개괄하고자 한다.

1) 국제적인 상황

아베가 관저를 떠난 2007년부터 다시 돌아온 2012년 사이 대략 5년 남짓이라는 시간 동안 일본은 어떠한 국제적인 상황을 마주하고 있었을까? 대략 다음 세 가지에 주목할 필요가 있다. 첫째로는 2008년 미국발

금융위기를 시작으로 유럽의 PIGS 국가들[5]의 재정위기로 이어진 글로
벌 금융위기를 꼽지 않을 수 없다. 1997년 아시아 외환위기와는 그 규모
가 다르게 말 그대로 전 세계를 휩쓸고 지나간 2008~2009년 글로벌 금융
위기는 가뜩이나 장기 데프레[6]로 고통 받고 있던 일본 경제에 있어서
엄청난 악재이지 않을 수 없었다. 이 금융위기로 일본의 주요 수출 시장
들의 경기는 급격히 둔화되었고 이로 인해 일본 수출품의 판매가 크게
줄었을 뿐만 아니라, 미국 달러와 유로화에 비해 일본 엔의 상대적 가치
가 급등하게 되는 현상마저 초래되면서 일본의 수출 경제력은 더욱 타
격을 입게 되었다.

둘째로는 절대 우방인 미국의 정치적 리더십의 쇠퇴와 중국의 급부상
을 꼽을 수 있겠다. 전후의 일본은 미국과의 공조를 통해 재건국된 것이
나 다름없다고 해도 과언이 아니라고 할 만큼, 패전 후 일본은 미군정의
개혁과 미국과의 긴밀한 전방위적 협력에 기반을 두어 그 정치경제적 체
제를 구축해 왔다. '요시다 독트린'으로 일컬어지는, 미국이 안보를 제공
하고 일본은 경제 재건에만 힘쓴다는 소위 비대칭적 동맹관계(Asymmetric
Alliance) 혹은 "예외적인 동맹(Outlier Alliance)"[7]에 기반을 둔 전후 일본
의 경제 개발 우선 정책 기조의 전제가 되는 조건은 지금까지도 타의 추
종을 불허하고 있는 미국의 강력한 군사력뿐만 아니라 단일 국가로서
최대의 구매력을 갖춘 거대 시장이라는 미국의 경제력 역시 작용하고

---

5) 부채위기를 겪고 있는 남부 유럽의 4개 국가, 포르투갈(Portugal), 그리스
(Greece), 이탈리아(Italy), 스페인(Spain)을 일컫는 용어. 최근에는 아일랜드
(Ireland)와 영국(Great Britain)까지 더해서 PIIGGS라고도 함.

6) 디플레이션(Deflation)의 일본어 약칭. 본래 물가상승인 인플레이션(Inflation)
에 반대되는 말로, 물가하락을 의미하나 일본에서는 장기 경기 침체를 일컫
는 의미로 사용.

7) Calder, Kent. "The Outlier Alliance: U.S.-Japan Security Ties in Comparative
Perspective." *Korean Journal of Defense Analysis* 15(2), 2003, pp.31~56.

있었던 것이었다. 때문에 전후 미군정 당시와는 비교할 수 없을 정도로 일본의 경제적인 능력이 성장함에 따라 무역 마찰과 같은 형태로 미·일 동맹에 균열이 발생하기도 하였으며, 양국 국내에서도 이러한 전후 냉전 질서에 입각한 비대칭적 동맹관계는 시대착오라는 비판이 끊이지 않았던 것 역시 사실이다.

더군다나 21세기의 시작과 동시에 9·11 동시다발 테러를 겪으며 대테러 전쟁을 선포한 미국에게 있어 중동 지역에서의 끊이지 않는 전쟁으로 입게 된 막대한 재정적인 출혈은 미국의 대동맹 전략을 심각하게 재고하게 하였는데, 이에 설상가상 격으로 작용하게 된 2008년 발발한 금융위기는 미국을 실물경기 침체의 늪에서 좀처럼 헤어 나오지 못하게 하였다. 여기에 2013년 10월, 오바마 케어를 둘러싼 갈등으로 연방 정부의 '셧 다운(Shutdown)'이라는 정치적인 교착 상태마저 겪게 되면서 미국의 국제적인 정치 리더십에도 큰 타격이 가해졌다.

한편 중국이 경제적으로 급부상하면서 그 에너지를 모아 군사 및 외교 분야에서도 막대한 역량을 발휘함에 따라, 점차적으로 동북아에서뿐만 아니라 남중국해 및 기타 지역에서도 미국의 정치, 군사적 위엄에 도전하는 형국이 조성되고 있다. 아울러 중국 주도 하에 창설된 아시아 인프라 투자은행(Asian Infrastructure Investment Bank, AIIB)이나 역내 포괄적 경제동반자협정(Regional Comprehensive Economic Partnership, RCEP)과 같이 동북아에서 미국을 배제하려는 동북아주의에 대한 우려의 목소리가 워싱턴 정가에서 고조됨에 따라 중국과 북한을 견제하려는 아베 정권의 정책 노선은 이미 제1기 때부터도 워싱턴 정가의 지지를 받은 바 있었다.[8]

---

8) Hughes, Christopher and Ellis Kraus, "Japan's New Security Agenda." *Survival: Global Politics and Strategy* 49(2), 2007, pp.157~176.

따라서 현재의 미국은 기존의 미·일동맹이 부담 배분의 차원 및 '아시아 재균형(rebalancing)'을 위한 전략적 차원에서라도 전면적으로 수정될 필요가 있다는 것을 절감하게 되었고, 아시아에서 보다 '강한 일본' 혹은 '보통국가화'된 일본과의 진화된 동맹관계를 통해 중국을 견제하는 것이 '전략적 자산'일 수밖에 없다고 판단하게 된 것이다.[9] 이는 오랫동안 전후 질서에 불만을 품어왔던 일본 보수세력의 국가 전략과도 합치되는 것이라고 할 수 있겠다.

셋째로는 세계화의 회오리 속에 급속하게 진전되고 있는 자유무역협정(FTA, Free Trade Agreement)의 진전과 지역경제 블록화의 현상이다. 그 중에서도 아시아 지역은 최근 10년 사이 자유무역협정이 가장 괄목할 만한 확대를 보이고 있는 지역이다. 한국 역시 2006년 6월 유럽자유무역연합과 자유무역협정을 체결하고 이듬해인 2007년 6월에는 미국과 한·미 자유무역협정에 조인하였으며, 이후 2010년 10월에는 유럽연합과도 자유무역협정을 체결하는 등 적극적인 시장 개방 정책을 펼쳐왔다. 또한 한국은 이미 2007년 중국과 자유무역협정 추진에 원칙적으로 동의하고, 2008년에는 양국 간 통화 스와프를 체결한 뒤, 마침내 2014년 11월 한·중 자유무역협정에 합의하기에 이른다.

이렇듯, 침체된 유럽이나 미국에 비해 활발한 지역블록화 현상을 보이고 있는 아시아의 상황은 일본에게는 기회이자 도전으로 다가오고 있었다고 평가할 수 있다. 일본은 원칙적으로 다자간주의를 표방해 왔으나, 주변국들의 발 빠른 양국 간 자유무역협정의 진전의 속도를 따라잡지 못하는 소극적인 모습을 보여 왔는데,[10] 이러한 지역 블록화의 흐름

9) 조양현, 2013, 「제2차 아베 내각 출범 이후 일본 정국 및 대외관계 전망」, 국립외교원 외교안보연구소; 진창수, 「아베 총리 정권의 외교 정책 특징과 한계」, 『수은북한경제』 10(2), 2013a, 49~68쪽.

속에서 중국이 지역 내 리더십 면에서 급성장하는 것을 바라보는 일본으로서는 상당한 압박 느끼지 않을 수 없었을 것이다. 심지어 이러한 중국 주도적인 변화의 소용돌이 속에 한국마저 적극 가담하고 있는 형국은 안 그래도 위축되어 있는 일본에게 고립감을 가중시키는 데 한 몫을 했으리라고 평가할 수 있다.

2) 국내적인 상황

그렇다면 아베가 총리 관저를 떠나 있던 5년 동안 일본 국내적으로는 어떠한 문제들이 발생하고 있었을까? 첫째로는 앞에서도 약술한 대로, 글로벌 금융위기의 부수적인 결과물로서 발생하게 된 엔고(円高) 현상이다. 가히 역대 최악이라 할 만한 이 시기의 엔고 현상은 장기 불황의 늪에서 헤매고 있던 일본 경제에 부담을 가중시켰다. 아베 총리가 물러난 2007년을 기점으로 달러 대 엔화의 환율은 지속적으로 하락하여 급기야는 1달러 당 80엔 대 수준으로까지 엔화의 가치는 상승하게 된다. 그러나 이러한 엔화 강세는 달러화와 유로화의 약세로 인한 상대적인 상승이었을 뿐, 엔화 자체의 절대적 가치나 일본 경제의 경쟁력이 갑자기 강력해진 것을 의미하는 것은 아니었다. 오히려 이렇게 강한 엔화는 일본 수출 기업들의 발목을 잡았으며, 일본의 수출 기업들은 원화 약세의 특수를 누렸던 당시 이명박 정권 하의 한국 기업들이 직면한 상황과는 사뭇 대조적인 국면에 빠져들며 수출 시장에서 한국 기업들에게 권좌의 자리를 내놓는 상황이 속출하였다.

한편, 엔화의 강세와 더불어 급부상한 한류 대중문화의 붐도 언급하

---

10) Kawai, Masahiro and Ganeshan Wignaraja, "Asian FTAs: Trends, Prospects, and Challenges," *ADB Economics Working Paper Series* No. 226, 2010, p.7.

지 않을 수 없다. 아베 아키에(安倍 昭惠) 총리 부인 역시 한류 팬으로 널리 알려져 있는데, 이렇듯 일본 중년 여성들을 중심으로 불었던 한류 열풍이 점차 세대를 막론하고 일본 사회 전체에 불게 되고, 때마침 엔고의 순풍마저 일면서, 일본인 한국 관광객 숫자는 2010년 정점에 달한다. 이와 관련지어 생각해 봐야 할 점이 바로 후지 테레비의 한국 프로그램 방송에 대한 반대 시위 등에서 엿볼 수 있는 대중 혐한주의의 확산이다. 이러한 현상은 상술한 바와 같은 글로벌 경제의 흐름 속에서 절대적인 우위를 상실하고 세계화의 변화에 보다 기민하게 대처하고 있지 못하고 있었던 일본 사회에 한국의 성장과 활력이 도전적이고 위협적으로 다가왔다는 것의 반증이었다고 할 수 있다.

이렇듯 자신감을 상실해 가고 있는 일본에게 결정적인 위기로 찾아온 것이 바로 2011년 3월 11일 발생한 동일본 대지진과 이와 맞물려 발생한 후쿠시마(福島) 원전 폭발 사고이다. 아직까지 진행 중이라고 할 만한 후쿠시마 원전 사고는 단순한 자연재해가 아니라, 사후 수습이 민첩하고 적극적이며 적절하지 못했다는 점에서 아직까지도 인재적인 측면이 있었다는 국내외적 비판을 받고 있다. '요시다 독트린'의 계승자인 사토 에이사쿠 총리가 천명한 '비핵 3원칙'[11]은 인류 역사상 유일한 피폭국인 일본이 원자력의 평화적 이용이라는 기조 하에 상업용 발전분야에서는 세계적인 원자력 대국으로 성장하게 하는 데에 사상적인 근거를 제공하였었다.

이러한 이념적 근거를 발판으로 일본은 후쿠시마 사고 이전까지 무려 54개의 원자력발전소를 운영하는 명실 공히 원자력 강국으로서 세계적

---

11) 일본은 "핵무기를 갖지도, 만들지도, 반입하지도 않는다(核兵器をもたず, つくらず, もちこませず)"는 원칙하에 상업용 원자력 에너지의 평화적 이용을 강조한 원칙.

으로 그 위세를 떨치고 있었던 것이다. 후쿠시마 원전의 사업자인 도쿄전력(東京電力)은 이러한 원자력발전 분야의 괄목할 만한 성장을 이뤄낸 핵심세력, 이른바 '겐시료쿠무라(原子力村)'[12]의 주요 행위자였으며, 후쿠시마 원전 역시 도쿄전력 최초의 상업용 원전이라는 영예를 갖고 있던 시설이었다. 이러한 소위 일본식 경제개발의 이념 및 방법론의 가치가 응집된 상징과도 같았던 후쿠시마 원전이 처참하게 파괴된 모습이 일본 국민들에게 미쳤을 정신적 충격은, 수습할 길이 요원하기만 한 후쿠시마 원전 사고로 인한 피해금액으로도 다 나타낼 수 없을 만큼 치명적인 것이었다고 할 수 있다. 결국 현 아베 정권에 있어서 최우선이자 가장 중요하게 다뤄지는 것은 경제 재건이며 이 흐름은 이미 '아베노믹스'라는 일련의 적극적 정부개입 정책들로 나타다고 있다.

3) 정권적인 상황

이렇듯 대내외적인 악재의 연속선상에서 허덕이고 있던 일본 국민들에게 있어 당시 집권당인 민주당의 연이은 실책들과 리더십이 부재된 당내 분열은 이루 말할 수 없는 실망과 자괴감을 안겨주었을 뿐만 아니라 기존 정당들에 대한 혐오감마저 느끼게 하였다. 이러한 민주당에 대한 국민적 낙담과 기존 정당들에 대한 거부 반응은 일본 우익의 대명사격에 해당하는 인사인 이시하라 신타로(石原 愼太郞) 도쿄 도지사와 하시모토 도루(橋下 徹)가 주축이 된, 소위 제3세력이라고 일컬어졌던 지역기반 정당인 일본유신회(日本維新の会)의 인기로 이어져, 급기야는 일

---

12) 겐시료쿠무라(原子力村), 즉 '원자력 마을'이란 일본 국내에서 원자력 진흥에 적극적인 집단들로 이루어진 세력을 일컫는 단어이다. 이러한 친원자력적인 집단에는 정치인, 관료, 원자력 공학자, 원자력 사업자 등이 포함된다.

본유신회를 향한 지지도가 민주당을 추월하기에 이르렀다.

결국 2012년 12월의 중의원 총선거에서 일본유신회는 민주당의 57석에 육박하는 54석을 획득함에 따라 자민당의 오랜 동맹인 공명당의 31석을 훨씬 웃돌며 새로운 정계개편의 축으로 떠오르게 되었다. 하지만, 2013년 들어 하시모토 대표의 과거사에 대한 망언이 이어짐에 따라 지지도가 급격하게 추락하게 되었고, 급기야는 자민당이 다시금 승리한 2013년 7월 참의원 선거에서는 고작 9석을 얻는 데 그침으로써, 총 20석을 얻은 공명당에 비해 자민당의 정치적 동맹으로서의 입지가 급격히 축소되는 결과를 자초하고 말았다.

현재 자민당은 중의원 475석 중에서 291석을 차지함으로써 단독 과반을 점하고 있으며, 연정 파트너인 공명당의 35석과 합하면 자민·공명 연립 여당이 326석을 점유, 헌법 개정에 필요한 3분의 2을 초과하여 차지하고 있다. 참의원 242석 중에서는 자민당이 115석을 차지하고 있으며, 공명당의 20석과 연합해서는 총 135석을 차지함으로써 과반을 달성하고 있긴 하지만 3분의 2는 점하지 못한 상황이다. 하지만 양원 모두에서 연립 여당이 과반 이상을 점하게 됨으로써 일본은 지금 이른바 '뒤틀린 국회(ねじれ国会)'로 묘사되는 양원에서의 다수당이 상이한 상태가 해소된 상황이다. 또한 2016년 여름 참의원 선거가 치러질 때까지 국정 선거가 없었다는 면에서 이른바 '황금시기(ゴールデン・タイム)'를 보내고 있다고 할 수 있겠다.

한편 내각의 구성에서도 아베 총리는 지난 1기 때 '친구 내각'이라는 조롱을 샀던 경험에 대한 통렬한 반성 때문인지 전혀 새로운 인사를 단행하였었다. 제2기 출범 당시 여전히 아소 타로와 같은 그의 최측근들을 내각 안에 두었지만, 다른 한편으로는 그와 자민당 총재 선거에서 맞붙었던 이시하라 노부테루(石原伸晃)나 하야시 요시마사(林 芳正)를 내각에 등용하는 등, 이른바 탕평책적인 면모 역시 보여주었었다. 2015년 10월 7일 단행된 개각에 의해 꾸려진 이른바 제3차 아베 내각은, 부총리 이자 재무대신인 아소 타로, 내각관방장관에 스가 요시히데(菅 義偉), 외무대신에 기시다 후미오(岸田文雄), 방위대신에 나가타니 겐(中谷 元) 등, 주요 2차 내각 구성원들이 그대로 유임하고 있는 상황이다.

3. "아베 유신": 제2기 아베 정권의 대전략

앞에서 분석한 일본의 국내외적 상황은 돌아온 아베 총리에게는 '위기 속에서의 기회'였다고 할 수 있다. 일본은 아베의 재집권 직전까지 수년 동안 가히 전후 최악의 국난이라고 할 만한 상황들을 여러 차례 겪고 있었는데, 이러한 불안한 상황 속에 일본 국민의 표심은 이른바 '철의 삼각동맹'[13]의 핵심축인 자민당으로 크게 기울면서 자민당 정권에 상당한 구심력을 가져다 주었다. 마침 선거의 타이밍마저 호재로 작용해, 당분간 국정 선거를 치르지 않아도 되는 자민당과 아베의 자신감은 매우 고무된 상태였다고 할 수 있다. 전후 일본 총리들의 평균 재임기간이 채 2년 정도에 불과한 데 비해 그의 종조부이자 최장 집권 총리로 알려진 사토나, 최고의 인기를 구가했던 그의 전임자인 고이즈미처럼 장기집권이 가능해진 상황인 것이다. 여기에서는 이렇듯 정권의 안정이 확보된 상황에서 아베 총리가 최우선적으로 삼고 있는 국정 과제는 무엇인지를 살펴보도록 하겠다.

---

13) 일본 정치경제의 핵심 결정권 세력을 일컫는 단어로, 찰머스 존슨(Chalmers Johnson)의 '발전국가론(Developmental State)'의 핵심세력인 엘리트 관료그룹, 산업계, 그리고 자민당 정치인들의 삼각동맹을 지칭함.

1) 경제재건 우선

재집권 이후 2013년 내놓은 '일본을 되돌린다(日本を取り戻す)'라는 제목의 자민당 정책집에 따르면 재집권 이후 자민당 정권의 최우선 과제로 삼고 있는 것은 당연히 대지진 이후 파괴된 지역의 복구와 부흥이었다. 이 정책집에서는 단지 재난 후 복구 문제만이 아니라, 정책 전반에 걸쳐서 "되돌린다"라는 표현을 계속해서 사용하고 있는데, 이러한 표현에서 엿볼 수 있듯이 제2기 아베 정권의 정책 기조는 일본의 강대국으로서의 면모를 복구하고자 하는 강한 열망을 실천하고자 한다는 면에서 "유신(Restoration)" 지향적이라고 묘사할 수 있겠다. 이렇듯 '강한 일본'을 되돌린다고 하는 이념 자체는 아베 자신에게는 오래된 신념이었지만, 제2기 아베 유신의 기본 전략은 1기 때와는 전혀 다른 양상을 보이고 있다.

재난 복구를 전면에 내세우긴 했지만, 제2기 아베 정권이 무엇보다 최우선 과제로 삼아 온 것은 바로 경제 성장 정책이다. 2013년 이후 아베 정권은 이른바 '세 개의 화살' 즉, 금융완화·재정확대·구조개혁으로 무장된 '아베노믹스'에 박차를 가해 왔다. 제2기 아베 정권은 제1기 집권 당시 "아름다운 나라 만들기"라는 슬로건을 내걸고 국가정체성 회복과 헌법개정, 자위대 승격 등을 지향하는 안보 우선 정책을 최우선적으로 삼고 있었던 모습[14]과는 사뭇 대조적으로, 흡사 경제 올인이라고 할 만큼 경제 정책에 중점을 실어 왔다. 이는 아베 정권 제1기 당시인 2006년~2007년에 비해 앞에서 분석한 바와 같은 이유로 일본 경제가 최악의 국면에 빠져있었기 때문인데, 과감하고 공격적인 양적완화정책은 한국

---

14) 진창수, 앞의 논문, 65쪽; Park, Gene and Steven Vogel, "Japan in 2006: A Political Transition," *Asian Survey* 47(1), 2007, pp. 22~31.

을 비롯한 주변 수출경쟁국뿐 아니라 독일로부터 까지 근린궁핍화정책이라는 비판을 받았다. 하지만 일본 국내에서는 주가 상승 및 수출 상승 효과 등 경기 회복의 징후가 나타남에 따라 정권의 지지도를 끌어올린 원동력이 되었던 것 역시 사실이다.

한편, 아베 정권은 2014년 4월 과감하게 일본 정치인들 사이에서는 터부시되어 왔던 소비세 인상을 추진함으로써 부족한 세수를 확보하려 하였다. 2014년 4월 1일, 일본 정부는 17년 만에 소비세율을 기존 5%에서 8%로 인상하였는데, 2016년 참의원 선거 이후에는 추가적으로 10%로 인상이 추진될 전망이다. 앞으로도 아베 총리는 물가 2% 상승을 목표로 한다는 당초의 양적완화정책을 계속해 가면서, 연구개발 분야 감세 및 법인세 인하 등으로 기업 우호적인 환경을 조성해 나가는 성장 전략을 지속적으로 구가해 갈 것으로 예상된다.

이와 더불어 아베 정권 들어 일본이 힘을 쏟기 시작한 정책 중에 한국과 관련하여 가장 주목하여할 것이 바로 환태평양 경제동반자 협정(Trans-Pacific Strategic Economic Partnership, TPP) 교섭이다. TPP는 다자간 협정이긴 하지만, 실질적으로는 미국과 일본 양국의 자유무역협정이라고 할 만큼 미·일 양국의 경제적 이권이 대결하면서도 양국 경제권이 서로의 약점을 보완하고 세계 최대의 단일 자유무역지대를 표방하고자 하는 자유무역협정이다. 상술한 바와 같이 일본은 상대적으로 주변국의 움직임에 비해 자유무역협정 체결에 소극적이었다는 대내외적인 비판이 있던 만큼, 이번 아베 정권은 자유무역에 보다 적극적으로 임할 것임을 초기부터 명백히 하였는데, 2013년 3월 들어 아베 총리가 TPP 교섭에 참가할 것을 천명한 뒤 7월 처음으로 관련 교섭에 참가함으로써 그 행보를 가속화하여, 마침내 2015년 10월에는 협상이 타결되기에 이른다.

2) 미·일동맹의 강화 및 중국 포위망 구축

아베 외교의 특징으로 주목을 받는 것은 이른바 '가치관 외교'이다. 아울러 제2기 아베 정권의 외교 분야에서의 대전략 역시 보다 분명해졌다. 요컨대 아베 정권의 외교정책의 핵심은 미·일동맹을 더욱 확고히 하면서 가치관을 공유하는 태평양 국가들과의 협력을 통한 중국 포위망의 구축이다.

아베 총리는 2013년 1월 18일 유도요노(Yudhoyono) 인도네시아 대통령과의 회담 후, 대통령궁에서의 공동 기자회담에서 "일본외교의 새로운 5원칙"을 발표한 바 있다. 그것은 (1) 언론의 자유 등 보편적 가치의 중시, (2) 해양의 있어서의 법의 지배, (3) 자유롭고 개방적인 경제, (4) 문화의 교류, (5) 미래를 책임질 세대의 교류 촉진이다. 한국 입장에서 무엇보다 중요시 여길 사항은 보편적 가치에 입각한 '가치관 외교' 원칙을 고수하겠다는 첫째 원칙과, 해양에서의 법의 지배를 강조한 둘째 원칙일 것이다. 특히 해양에서의 법의 지배란 '항행의 자유(Freedom of Navigation)' 원칙에 입각한 해양활동을 촉진하며 영토문제에 있어서는 국제법에 근거한 주장을 펼칠 것임을 함의하고 있다고 해석할 수 있다. 인도네시아와는 이미 '공공재로서의 자유롭고 개방된 해양질서'를 구축할 것을 합의하고 베트남, 필리핀 등과도 해양 질서 확립을 위한 협력을 추진하고 있다.15)

동남아 순방 이후 대략 한 달 후인 2월 22일 아베는 위안부 문제로 고배를 마셨던 워싱턴을 방문하여, 미국의 주요 씽크탱크인 국제전략연구소(Center for Strategic and International Studies, CSIS)에서 "일본이 돌아왔

---

15) 박영준, 「아베 정권의 '수정주의적 보통국가화'와 동북아 정세」, 『정세와 정책』 204, 2013a, 12~14쪽.

다(Japan Is Back)"라는 제목으로 강연을 하였는데, 여기에서도 아베는 일본의 국제사회에서의 역할과 미일동맹을 누차 강조하였고, 자신의 재선은 일본 국민 역시 이러한 본인의 의지를 실현하게 하도록 다시금 기회를 준 것이라고 피력하였다.[16]

결론적으로 말하면, 제2기 아베 정권의 외교 전략은 기존의 아베의 노선대로 보편적 가치관, 즉 자유민주주의나 인권, 시장경제 등의 가치관을 전면에 내세우고, 이와 더불어 법의 지배라는 국제사회로 부터 반대를 사기 어려운 정당한 명분을 앞세우고 있으나, 본질은 중국 봉쇄라는 대전략 하에 미국과의 동맹관계를 보다 강화시키면서 동남아 및 여타 태평양 국가들과의 협동 노선도 함께 구축하려는 전략이라고 분석할 수 있겠다. 이는 중국의 시진핑(習近平) 국가주석이 동남아와 인도양의 주요 항구를 꿰어 유럽과 아프리카까지 연결하고자 하는 이른바 '진주목걸이' 전략에 정면으로 도전하는 '안보 다이아몬드'[17] 전략으로 발현되고 있다.

사실 이러한 노선은 제1기 아베 정권 당시와도 크게 다를 바가 없다. 아베는 1기 때에도 이미 가치관을 공유하는 국가들, 특히 미국, 호주, 인도와의 협력을 강조하였었는데,[18] 이는 결국은 중국을 포위하는 것이 일본의 군사안보적 국익 뿐 아니라, 경제적인 실리에도 부합하고 있다는 대전략의 기조가 확고하다는 것을 함의한다고 하겠다.

---

16) 아베 총리의 연설문 전문과 동영상은 아래 링크 참조.
   http://csis.org/event/statesmens-forum-he-shinzo-abe-prime-minister-japan
17) 중국의 공세적인 해상 진출을 저지하기 위해 일본이 미국, 호주, 인도 3개국과의 협력을 강화하여 4자 안전보장 체계를 구축하고자 하는 전략.
18) Blumenthal, Dan, "America and Japan Approach a Rising China." *Asian Outlook* 4, 2006, pp.1~5.

3) 집단적 자위권 및 헌법 개정

제1기 아베 정권 때와는 달리 2기 출범 직후 아베 총리는 헌법 개정을 전면적으로 내세우지 않는 모습을 보였었다. 재집권 초기 자민당의 정책집에도 헌법 개정 문제는 말미에 단 1페이지만을 할애했을 뿐이었다. 이는 1기 정권의 실패가 다수의 국민들이 공감하기 어려운 관념론에 치우쳤기 때문이라는 반성이 있었기 때문이었다고 보인다. 하지만, 아베 정권은 경제 재건이라는 칼집 속에 숨겨둔 '보통국가화'라는 칼을 이내 꺼내들었다.

필자는 헌법 개정이야말로 제2기 아베 정권이 달성하고자 하는 궁극적인 목표이자, 자민당 정권이 향후 정치생명의 사활을 걸고 있는 정책 사안이라고 분석한다. 아베 정권은 이미 자위대가 국방군으로 승격되어야 한다는 것이나, 헌법 9조를 개정하여 평화헌법에 기초한 평화국가가 아니라 '보통국가'로 전환되어야 함을 명시적으로 주장해 왔다.[19] 그러나 상기한 바와 같은 논거에 의하여 제2기 아베 정권은 초반에는 경제 재건을 최우선시 하면서 2014년 상반기 정도까지는 경제 지표가 얼마나 호전될 것인가에 집중하는 행태를 보였다.

하지만, 아베의 근본적인 신념이 일본의 전후체제 탈피이니 만큼, 경제 우선 정책으로 대중지지도를 크게 떨어뜨리지 않으면서, 헌법 개정 역시 지속적으로 추진하였는데, 이러한 노력 끝에 '일본판 NSC'라고 할 국가안전보장회의의 창설 법안이 2013년 11월 7일 중의원에서 통과되어 이듬해인 2014년 1월 7일 출범하게 된 것에 이어, 마침내 2013년 10월 3일에는 미·일 외교·국방장관 정례 회담(통칭 2+2 회담)의 공동성명에

---

19) 송화섭·김두승·이강규·장혜진, 「아베 정권의 재등장과 일본의 우경화 가능성 전망」, 『(주간)국방논단』 1448, 2013, 1~8쪽.

미국이 일본의 집단적자위권의 행사 추진을 지지한다는 내용이 포함되었다. 이에 힘을 얻은 아베 내각은 일본 자위대의 창설 60주년이 되는 날인 2014년 7월 1일 총리관저에서 임시 각료회의를 열어 '일정 요건을 충족하면 집단 자위권을 행사할 수 있다'는 내용의 각의 결정문을 의결했다. 이것은 헌법 개정 없이 헌법 해석을 변경한 것으로, '일본도 주권국으로서 집단 자위권을 보유하고 있지만 (평화 헌법 9조에 의거하여) 이를 행사하는 것은 허용되지 않는다'라고 했던 기존의 헌법 해석을 공식적으로 뒤집은 것이었다.

하지만 이런 아베 정권의 행보에 제동을 걸고 있는 사건들도 일어나고 있다. 헌법 개정을 반대하는 잇따른 시위와 2014년 11월 미군기지 이전 문제가 쟁점인 오키나와 현(沖繩縣)의 새로운 지사로 미군기지 이전 반대파인 무소속의 신인 오나가 다케시(翁長雄志)가 선출된 것 등이다. 또한 2015년 1월과 2월에 걸친 이슬람 국가(통칭 IS)에 의한 일본인 인질 참수 사건은 일본 열도를 경악하게 만들었는데, 이는 아베 정권의 전술한 바와 같은 '적극적 평화' 노선에 대한 국민적인 공감에 일정 부분 타격을 입힐 만한 사건이라고 할 수 있겠다. 하지만 아베 총리는 "테러리스트들을 결코 용서할 수 없으며 그 죄를 갚도록 국제사회와 연대할 것"이라면서 "일본이 테러에 굴복하는 일은 결코 없을 것"을 재차 강조했을 뿐만 아니라,[20] 오히려 이를 계기로 자국민 보호를 위한 자위대의 활동 범위 확대에 힘을 실을 것으로 보인다.

---

20) 당시 아베의 발언은 『한국일보』 2015년 2월 1일 참조.

4. 대한반도 관련 정책 분석 및 정책제언

앞서 분석한 바를 요약하자면 다음과 같다. 현 아베 정권은 궁극적으로 헌법 개정을 통해 전후 냉전구도에 근거한 체제에서 벗어나 이른바 일본을 '보통국가화'할 것을 지향하고 있다. 이러한 목표의 저변에는 중국의 부상을 위협으로 간주하면서도 일본 스스로를 해양세력으로 인지하고 있는 자의식이 강하게 작동하고 있다. 따라서 이른바 '안보 다이아몬드'라고 일컬어지는 안보협력체제를 상정하고, 이를 위해 미국과의 동맹관계를 발전시키면서도 태평양 국가들과 전방위적으로 협력하는 것을 대전략으로 삼고 있는 것이다.

이러한 아베 정권의 대전략에 대한 이해를 바탕으로 여기에서는 대한반도 관련 주요 정책 분야인 독도 문제, 역사 문제, 대북한 문제에 있어서 이제껏 드러나 있는 아베의 정책 성향을 개괄함으로써, 결론적으로 향후 아베 정권의 대한반도 정책이 어떻게 진행될 것인지를 예측하고 이에 맞설 한국의 대응책을 모색하고자 한다.

1) 독도 · 영토문제

우선 아베의 과거 독도 및 영토문제 관련 발언을 되짚어 봄으로써 향후 독도 정책을 전망해 보겠다. 아베는 그 사상 노선에 기반을 두어 센카쿠(尖閣) 열도(중국명 디아오위다오(釣魚島))와 북방영토에 대해서는 사뭇 강경하고 단호한 입장을 보여 왔다. 이러한 정책기조는 해양 국가를 표방하고 중국 포위망 구축을 이미 대전략으로 삼은 제2기 아베 정권 하에서도 크게 바뀌지 않을 것이다. 한편 독도 관련한 아베 총리의 발언은 2005년 이후부터 발견되지만 그 입장은 다른 역사인식 관련 주제보다 상대적으로 강경하지 않은 경향을 보여 왔었다. 예를 들어 2006년 수상재임 당시 아베는 독도가 "일본의 영토"라는 인식을 보이면서도 이 문제는 한일관계의 전반적인 중요도를 조감하며 미래지향적으로 다뤄져야 한다고 강조했었다.[21]

하지만, 2012년 8월 15일 이명박 대통령 독도 방문을 기점으로 아베 총리 역시 독도 관련하여 다소 강경노선으로 선회하는 모습을 보이기도 했다. 2012년 총선거를 앞두고 가두연설에서 "다케시마(竹島, 일본이 주장하는 독도의 명칭)와 북방영토에 한국, 러시아 대통령이 방문하고 있으며, 이는 일본을 우습게 보는 처사다"라고 주장한 것[22] 등이 그 예이다. 또한 자민당 공약집에도 시마네 현(島根県)의 "다케시마 날" 행사를 정부주최 행사로 열겠다고 발표한 바도 있었다.[23]

하지만 제2차 아베 내각 발족 후에는 한·일관계의 현실적 중요성을 고려하여, 박근혜 당시 대통령 후보가 당선된 직후인 12월 21일에, "다케시마 날" 정부 주최 보류를 표명하였고,[24] 국제사법재판소의 단독재소 역시 보류한다는 입장을 밝힘으로써,[25] 이명박 정권 하에서의 불거진 문제들을 차기 정권에까지 가지고 가지 않으려는 노력도 보인 바 있다. 아울러 박근혜 대통령 취임 후에도 한·일 관계가 독도 문제나 역사 문제 등에 있어서 문제가 없는 것이 아니지만 가치관과 이익을 공유하는 중요한 이웃임을 강조하며, 1965년 기본조약 체결 당시에도 활발한 논의

---

21) 당시 아베의 발언은 165회 참의원 예산위원회 1호(2006年10月11日) 참조.

22) 당시 아베의 발언은 『朝日新聞』, 2012年12月9日, 2012年12月22日 등을 참조.

23) 당시 아베의 발언은 『朝日新聞』, 2012年11月23日 등을 참조.

24) 당시 아베의 발언은 『朝日新聞』, 2012年12月21日, 2012年12月22日 등을 참조.

25) 당시 아베의 발언은 『朝日新聞』, 2013年1月9日 참조.

를 거쳐서 합의를 도출한 경험이 있는 만큼, 서로의 다른 문화와 역사를
포용하며 관계를 개선해 나갈 노력을 필요하다고 밝히고 있다. 나아가
이러한 방향성이 바로 미국도 원하는 것이라고 지적하기도 하였다.[26)

하지만, 아베 수상 자신은 독도 역시 역사적으로나 국제법적으로 일
본의 고유의 영토라는 신념에 있어 일관된 자세를 보이고 있다. 아울러
일본 정부가 2005년 고이즈미 정권 이후 10년 동안 변함없이 방위백서
에 독도를 일본 영토로 표기하고 있는 것이나, 2015년 1월 들어 방위백
서의 한글 요약본을 배포한 것, 우리의 외교백서 격에 해당하는 '외교청
서'의 2015년판에 독도가 일본 고유영토라는 주장을 담은 것 등은 주목
할 만한 사실들이다. 게다가 2016년 1월 22일에는 기시다 외무대신이 국
회에서의 외교 연설에서 독도가 일본 땅이라는 주장을 2014년 이후 세
번째로 되풀이하였다. 아울러 기시다는 "일본의 고유 영토인 시마네 현
다케시마에 대해 일본의 주장을 확실하게 전하고 끈질기게 대응할 것"
이라고 주장하였다. 이러한 발언들로 미루어 보아도 일본이 스스로 독
도에 대한 영유권 주장을 철회하는 행동을 할 것이라는 기대는 비현실
적이라고 하겠다.

하지만 상술한 바 있는 제2기 아베 정권의 대전략을 근거로 내릴 수
있는 결론은 독도 문제를 당장에 어떤 식으로든 처리하려는 것이 현재
아베 정권에게 있어서 긴급한 정책 우선순위 사안일 수는 없다는 점이
다. 따라서 이명박 대통령 재임 말기 때와 같은 특별한 사건들이 발생하
지 않는 한, 일본에서도 독도 문제를 극적인 상황으로 몰고 갈 가능성은
상당히 희박해 보인다. 아울러 센카쿠 열도의 경우에는 아예 해결해야
할 영유권 문제 자체가 존재하지 않는다는 강경한 원칙론을 보이고 있

26) 당시 아베의 발언은 183회 참의원 예산위원회 15호(2013年5月8日) 참조.

는 반면, 독도의 경우에는 국제법에 근거하여 냉정하면서도 평화적으로 해결할 필요성이 있다는 것을 지적하고 있는 점 등으로 보아,27) 여전히 국제사법재판소로 회부하는 안을 염두하고 있다는 것도 잊어서는 안 될 것이다.

이렇듯 일본이 먼저 현상 변경을 꾀하는 행동은 취하지 않을 가능성이 높으므로, 한국 역시 일본의 급격한 대응 변화를 유발할 만한 행동은 최대한 자제하면서도, 국제사회에서도 독도가 분쟁 지역화 할 수 없다고 인정받을 수 있는 논거를 착실하고 일관되게 피력할 필요가 있다고 여겨진다. 미국도 독도 문제에 있어서는 한·일의 전면 대립을 매우 기피하는 경향을 줄곧 보여 왔다. 특히 대미 외교 시에 독도가 분쟁지역화 할 경우 동북아에서의 한·미·일 협력관계가 심각하게 손상될 수 있으며, 이는 미국과 일본의 아시아 지역에서의 대전략에 결코 도움이 되지 않는다는 미국의 국익에 입각한 논리로 워싱턴을 집요하게 설득시킬 필요가 있을 것이다. 또한 센카쿠에서의 영유권 분쟁 자체를 부정하고 있는 일본 및 아베의 논리와 영유권 자체에 대해서는 중립이면서도 센카쿠 역시 일본의 관할 하에 있기에 유사시 개입할 수 있다는 미국의 주장 모두 센카쿠에서의 일본의 실효지배라는 것에 그 근거를 두고 있는 만큼, 독도에서의 한국의 실효지배를 인정하지 않고 이를 분쟁지역화 하는 것은 이중 잣대라는 지적을 통해 미국이 이율배반적인 행동을 자제하도록 하는 데 외교력을 기울일 필요가 있다.

아울러 심각하게 고민해봐야 할 것은 센카쿠에서 중·일 대립이 본격화 할 경우의 우리의 대응책이다. 한국의 최대 무역국인 중국과 대북 안보 공조 차원에서 절대적으로 중요한 파트너 중 하나인 일본 사이에서

27) 당시 아베의 발언은 183회 참의원 본회의 10호(2013年3月6日) 참조.

본격적인 충돌이 벌어진다면 한국의 입장은 대단히 난처해지지 않을 수 없다. 한편, 현 아베 정권의 헌법 개정 및 자위대의 역할 강화, 해양 안보 강화 등의 전략들이 중국 포위론에 입각하고 있는 것이니 만큼 앞으로 센카쿠에서 중·일의 대립이 본격화 될 가능성은 과거 어느 정권 때보다도 높아졌다고 본다.

　이 문제에 있어서 한국은 막연한 중립노선을 취하기보다는 암묵적으로 미국의 정책방향과 그 궤를 같이 하는 것이 가장 현실적인 방안이라고 생각된다. 전술한 바대로 미국은 일관되게 영유권 문제 자체에 대해서는 중립노선을 취하면서도 미·일안보동맹에 의거하여 센카쿠 역시, 유사시 개입할 수 있는 지역임을 강조해 왔다.[28] 중·일 간의 전면 충돌에 가까운 대립양상은 미국에게도 부담임이 틀림없기에, 사태가 극적으로 치닫는 것을 미국이 방관만 하지는 않을 것이라는 예상은 자연스럽게 가능하다. 따라서 한국 역시 영토 문제에 지나치게 예민하게 반응하기 보다는, 논리적이고 실리에 입각한 주장으로 차분하게 미국과 공조하여 대응할 필요가 있다고 하겠다.

2) 과거사 문제

　아베의 역사 인식은 일본의 전형적인 '우파' 정치인의 면모를 보이는 면이 강하다. 재임에 성공한 이후 아베 총리는 과거 아시아 국가들에 대한 일본의 '침략'과 관련하여 "침략의 정의가 정해지지 않았다"는 인식을 보여서 국내외에 파란을 몰고 왔다.[29] 이러한 그의 사상과 더불어 그

---

28) *Reuters*, November 28, 1996; *Japan Times*, March 2, 2009; *Energy Daily*, September 24, 2010.

29) 당시 아베의 발언은 『朝日新聞』, 2013年4月23日 참조.

의 정치 행보 상 가장 주목받고 있는 것은 역시나 야스쿠니 신사 참배일 것이다. 야스쿠니 참배에 대한 그의 기본적인 인식은 "나라를 위해 목숨을 바치신 분들을 추도하는 곳"이기 때문에 "국가지도자가 추도하는 것은 당연"하다는 것이다.[30) 따라서 자민당과 내각에서 중책을 맡지 않았을 시절이나 야스쿠니 참배가 본격적으로 외교문제화 되었던 고이즈미 정권 시절 자민당 간사장과 내각 관방장관직에 재임하면서도 아베는 야스쿠니를 계속해서 참배해 왔다.

하지만 2006년 제1차 아베 정권 당시에는 주변국과의 관계를 고려하여 현실적인 노선으로 선회하면서 야스쿠니 참배를 보류하고, '무라야마(村山) 담화'와 '고노(河野) 담화'의 노선을 고스란히 계승하는 자세를 취했었다. 그러나 결국, 2012년 자민당 총재선거와 총선거 선거운동 기간에는 "총리 재임 시절 야스쿠니 참배 못 한 것을 후회한다"며 다시 총리가 되면 "야스쿠니 참배를 할 것"이라고 발언하였으며, "무라야마 담화와 고노 담화를 수정할 것" 등 과거사 문제에 있어 강경한 입장을 전면에 내세우기도 하였다.[31) 결국 아베는 제2기 출범 만 1년 만인 2013년 12월 26일, 중국과 한국은 물론 미국으로부터의 비난이 예상되는 가운데에도 전격적으로 야스쿠니를 참배한다.

한편, 일본군 위안부 피해자와 관련해서는 위안부의 고통을 이해하지만 일본군의 "강제연행 증거가 없다"는 인식을 처음부터 일관되게 보여 왔으며, 이를 인정한 고노 담화를 수정해야 한다고 주장해 왔다.[32) 따라

---

30) 아베의 이러한 인식은 164회 참의원 외교방위위원회 제1호(2006年8月11日), 165회 중의원 본회의 제4호(2006年10月2日2), 183회 중의원 예산위원회 4호(2013年2月12日2) 등 다수의 국회에서의 발언을 통해 확인될 뿐 아니라 신문기사 등에서도 여러 번 확인된다. 신문기사는『朝日新聞』2004年11月24日,『朝日新聞』2005年4月29日,『朝日新聞』2012年10月18日 등을 참조.
31) 당시 아베의 발언은『朝日新聞』, 2012年9月7日, 2012年10月18日 등을 참조.

서 이를 역사교과서에 기술하는 것은 "타당하지 않다"는 입장인 것이다.[33] 다만, 2006년 총리 취임 이후 고노 담화를 계승하겠다는 입장을 밝혔었다가,[34] 2007년 미국 하원에서 위안부결의안을 둘러싼 논의가 한참 진행 중일 때에, 고노 담화에 대한 인정과 부정을 번복하는 듯한 모습을 보여 미국 의원들의 반발을 사게 되었는데,[35] 이렇듯 일관성이 결여된 언행은 기본적으로 아베 자신에게 고노 담화에 대한 부정적 인식이 저변에 깔려 있었기 때문이라고 보인다. 결국 2012년 선거 기간 동안에는 고노 담화 수정을 재차 강조하다가, 다시 제2기 아베 정권 발족 후 국내외 거센 반발을 염려하여 "고노 담화는 관방장관 담화이기 때문에 총리가 답변하기에 적절치 않다"며 명확한 답변을 회피했다.[36] 아울러 하시모토 오사카 시장의 위안부 피해자 관련 발언에 대해서는 "자신과 자민당 입장과 다르다"며 선을 긋고 있는 모습을 보이기도 했다.[37]

　이러한 가운데 종전 70주년이자 한일국교정상화 50주년에 해당하는 2015년 종전기념일을 맞이하여 발표된 아베 담화는 한국 및 중국 등 주변국과의 관계를 염두하여 기존 정부의 과거사 관련 담화를 부인하지 않겠다고 하면서도 사죄와 반성을 간접적으로 언급하는 데 그친 것이었다. 한국에게는 실망스럽지 않을 수 없었던 아베 담화의 내용은 사실 이미 필연적으로 예상된 결과라고 하겠다. 상술한 바와 같이 이미 중국 봉

---

32) 당시 아베의 발언은 140회 중의원 결산위원회 제2분과회 2호(1997年5月27日1), 166회 참의원 예산위원회 3호(2007年3月5日), 183회 중의원 예산위원회 2호(2013年2月7日) 등, 『朝日新聞』 2012年9月13日 등을 참조.

33) 당시 아베의 발언은 140회 중의원 결산위원회 제2분과회 2호(1999年5月27日), 165회 중의원 예산위원회 3호(2006年10月6日) 등을 참조.

34) 당시 아베의 발언은 165회 중의원 본회의 5호(2006年10月3日) 참조.

35) 『朝日新聞』, 2007年8月1日.

36) 당시 아베의 발언은 183회 중의원 본회의 3호(2013年1月31日) 참조.

37) 당시 아베의 발언은 183회 참의원 결산위원회 1호(2013年5月20日) 참조.

쇄를 대전략으로 설정한 이상 자민당과 아베 자신의 국내 지지 세력을 배려하는 차원에서라도 적극적인 사과는 할 수 없었을 것이기 때문이다. 이미 2015년 1월 26일, 아베는 오는 8월 발표할 총리 담화에 일본의 식민지 지배와 침략 전쟁에 대한 반성 문구를 넣지 않겠다는 뜻을 밝힌 바 있었다.38)

또한 2015년 12월 28일 윤병세 외교부 장관과 기시다 외무대신이 합의한 바 있는 일본군 위안부 문제의 해결 방안이 국내외적으로 파랑을 몰고 온 가운데, 아베는 외무성 출신의 민주당 오가타 린타로(緒方 林太郎) 의원이 던진 피해자들에 대한 총리의 직접 사과 요구에 대해 "이미 나는 박근혜 대통령에게 말씀 드린 바 있다. 이후 몇 번이고 요구 받을 때마다 (사과) 말해야 한다면 (이 문제는) 최종적으로, 불가역적으로 끝난 것이 아니게 된다"39)는 답으로 직접사과 요청을 일축하였다.

3) 대북한 정책

북한 관련 정책 사안 중 납북자 문제의 해결은 일관되게 아베의 우선 과제 중 하나로 여겨져 왔다. 아베가 2002년 납북문제와 관련하여 이른바 대북한 강경책으로 국민적 지지를 얻은 바 있었다는 것은 전술한 바와 같다. 아베는 이미 1997년 중의원 외무위원회에서 북한에 의한 '일본인 납치 의혹'을 제기하였는데,40) 2002년 9월에는 고이즈미 당시 총리의 방북에 관방부장관 자격으로 동행한 바 있었다. 결국 북한은 당시 이루어진 고이즈미 총리와 김정일 국방위원장과의 회담에서 일본인 납치를

---

38) 『문화일보』, 2015년 1월 26일.
39) 당시 아베의 발언은 중의원 예산위원회(2016年1月12日) 참조.
40) 당시 아베의 발언은 140회 중의원 외무위원회 14호(1997年5月16日) 참조.

처음으로 인정하였는데, 고이즈미와 동행 방북했던 아베는 "납치문제 해결 없이는 북일국교 정상화 없음"을 강조하였고, 이후에도 수차례에 걸쳐 이러한 발언을 계속하였다.[41]

아베의 재집권 이후 2013년 초 북핵 위기가 다시 고조되어 대북관계가 전반적으로 위기 상황에 있는 가운데에서도, 납북자 문제 해결에 관한 아베의 적극적인 태도는 계속되었다. 납북자 문제의 해결을 위한 전문가들과의 간담회에서도 아베는 "(납치 문제는) 나의 사명으로서 반드시 해결할 결의이다. 전문적인 관점에서 해결을 위해 적극적으로 제언해 주었으면 한다"고 요청하였고, 당시 이 자리의 참석자였던 이즈미 겐(伊豆見 元) 교수는 정상회담을 고집하기 보다는 특사라도 가능하다는 발언을 했다.[42]

끝내 아베 정권은 2013년 5월, 북한의 추가 핵실험으로 국제적인 긴장국면이 감도는 가운데에서도 이지마 이사오(飯島 勲) 특사를 총리 관저 주도 하에 평양에 비밀리에 파견하여 양국 간의 대화 수단마저 적극적으로 모색하는 노력을 보일 만큼, 납북자 문제를 비중 있게 다루고 있는 모습을 보여 왔다. 따라서 향후에도 이 문제만큼은 미국과의 불협화음을 감수하고서라도 아베 총리가 일본 나름대로의 독자적인 선택지를 버리지 않고 해결하려는 모습을 지속적으로 보일 가능성도 있다고 하겠다.

한편, 북한의 핵 및 미사일 문제에 관해서 아베는 재집권 초기에도 관계국들과의 협의를 통해 해결해 나가야 한다는 입장을 명백히 하면서 제재 조치를 옹호할 뿐만 아니라, 더 나아가 일본의 독자적인 제재까지도 필요하다는 주장을 한 바 있다. 이러한 입장이었기에 2013년 2월 북

41) 당시 아베의 발언은 닛폰텔레비전 뉴스 「아베수상, "수소폭탄 실험으로는 보기 힘들어」 (2016年1月8日, http://www.news24.jp/articles/2016/01/08/04319273. html), 165회 중의원 본회의 4호(2006年10月2日) 등을 참조.

42) 『每日新聞』, 2013年4月3日.

한이 3차 핵실험을 감행하자 이명박 대통령의 독도 상륙 이후 처음으로 이루어진 전화 통화를 통해 한·일 양국 협력에 대한 인식을 공유하기도 하였다. 당시에도 아베는 북핵 및 미사일 문제가 "일본에게 있어서 직접적인 위협요인"이니만큼, 이를 통해 "북한이 얻을 수 있는 것은 아무 것도 없다"[43] 라는 입장을 뚜렷하게 갖고 관철하려는 것으로 보였다.

한편 2016년 신년 벽두에 북한에 의해 발표된 첫 수소탄 핵실험 성공에 대해서는 미국의 전문가들이 기술적 한계를 지적하며 회의적 반응을 보이고 있는데 반해, 아베 총리 자신이 오히려 성공 가능성에 무게를 싣는 듯한 발언을 해 주목을 받았다. 2016년 1월 8일부터 시작된 중의원 예산위원회에서 북한 핵실험에 대해 "지진의 규모로 보면, 일반적인 수소실험을 했다고는 생각하기 힘들다. (하지만) 북한이 이번 핵실험에 있어서, 시험을 위해 통상적인 수소폭탄 보다 폭발의 규모를 작게 억제했을 가능성을 부정할 수 없다는 점에서, 더욱 분석을 진행해 볼 필요가 있다"고 발언한 것이다.[44] 이러한 발언에 앞서 아베는 미국과의 공조 하에 국제적인 대북 제재에 동참할 뿐만 아니라, 일본인의 방북, 북한 국적자의 입국을 금지하고 재일조선인총연합회(조선총련) 간부의 재입국, 북한 선박의 입항을 전면 금지시키는 등의 독자적인 추가 제재 방안 역시 추진하려는 태도를 보였다. 이러한 강경 대응 노선은 역시 전술한 바 있는 아베 정권의 중국 봉쇄 및 태평양 세력의 규합이라는 대전략과 그 궤를 같이 하는 것이라 하겠다.

북핵 및 미사일 위협은 한국에게 있어서도 최우선적인 안보 문제이므로, 이 문제에 있어서만큼은 한·미·일 공조라는 입장을 더욱 공고히 할 뿐 아니라, 당국 차원에서의 실질적인 협력 역시 서둘러야 할 것으로

---

43) 당시 아베의 발언은 183회 중의원 예산위원회 5호(2013年2月13日) 참조.
44) 당시 아베의 발언은 중의원 예산위원회(2016年1月12日) 참조.

보인다. 예를 들어 이명박 정권 당시 서명에 실패했던 군사정보포괄보호협정(General Security of Military Information Agreement, GSOMIA) 논의를 되살리는 등의 매우 실질적인 협력 방안에 대한 논의가 이루어져야 할 것이다.

5. 결론

본고에서 다룬 제2기 아베 정권의 정책기조와 전략은 결국 다음과 같이 요약할 수 있다. 현 아베 정권은 '강한 일본'을 만들겠다는 이념에 기초하고 있으며, 이는 아베 총리 자신의 오랜 신념에 그 뿌리를 두고 있다. 제1기 때와는 달리 현실적인 상황 논리에 의해 경제 재건을 최우선으로 삼는 모습을 보여 왔지만, 이것은 아베 정권 자체가 실리에 치우쳐 그 사상적 가치를 포기하거나 덜 중요시 여기게 된 것을 의미하는 것은 전혀 아니다. 오히려 제2기 아베 정권은 경제 지표의 개선을 정치적 무기로 삼아, 오랜 신념인 '보통국가론'에 입각하여 평화헌법을 개정하는 것을 궁극적인 목표로 삼고 있다고 할 수 있을 것이다. 이를 위한 대전략으로는 중국 위협론에 근거한 중국 봉쇄 전략을 설정하고 있으며, 이러한 맥락 속에 미 · 일동맹의 강화, '가치관 외교'에 기초한 태평양 국가 및 동남아 국가들과의 전방위적인 협력을 그 전술로 삼고 있는 것이다. 물론 일본이 중국에 대해서 타협하려는 의지와 그러한 여지가 없는 것이 아니지만,[45] 헌법 개정을 목표로 중국 견제 노선을 취하고 있는 현 아베 정권이 중국과 적극적인 관계개선을 달성할 가능성은 희박해 보인다.

---

45) 진창수, 앞의 논문, 62쪽.

이러한 시각에서 보면 지금 당장은 한반도 전체가 일본의 이른바 중국 포위망에 완전히 들어와 있지도 또 그 바깥에 위치하고 있지도 않은 애매한 상황이라고 보는 것이 타당할 것이다. 일본 정부는 2015년 외교청서 한국 부분에서 한국이 "가장 중요한 이웃국가"라는 표현은 유지하면서도, 전년도 청서에는 포함됐던 "자유 민주주의, 기본적 인권 등 기본적인 가치와 이익을 공유한다"는 표현을 삭제했다. 따라서 향후 1-2년 간의 한국의 대일외교의 여하에 따라 일본의 대한반도 정책의 큰 흐름이 전혀 달라질 수도 있다고 보인다. 물론 '수정주의적 보통국가론'[46]에 입각한 현 아베 정권의 정책 기조가 한국의 국익 및 국민감정과 상충하는 부분이 있는 것은 명백한 사실이다. 하지만 이 시점에서 한국이 간과해서는 안 될 것은 아베 정권이 한국을 "전략적 이익을 공유하는 가장 중요한 이웃 국가"로 보고 있다는 점이다.[47] 따라서 현 아베 정권이 대중국 및 대북한 정책 설정에 있어서 한국을 미국과의 삼각 동맹의 한 축으로서, 반드시 동행해야 할 상대라는 신념을 확고히 유지하게 하는 것이 한국의 국익에 부합하는 것이라고 판단된다.

이렇게 협력 노선을 구축해 간다면, 현 아베 정권이 독도 문제 등 한국과 직접적 관련이 된 민감한 사안에 대해서는 최대한 현상(status quo)을 급작스럽게 바꾸지 않으려는 태도를 취할 것으로 기대할 수 있다. 하지만, 한·중 간의 친선과 교류가 한·일의 그것을 압도하고 있는 듯한 인식이나 한국이 일본과 대립하려 한다는 인식이 더욱 팽배해진다면, 아베 정권 및 일본 대중들도 한국을 대륙 세력의 일원으로서 간주, 독도 문제 같은 한국 입장에서 최우선시 되는 사안에까지도 강경 노선을 취할 가능성을 배제할 수 없는 중차대한 국면을 맞이하고 있다고 하겠다.

---

46) 박영준, 앞의 논문, 1쪽.
47) 『産経新聞』 2016年 1月 22日.

따라서 아무리 강조해도 지나칠 수 없는 것이 앞으로의 대일 외교인 것이다.

한국은 독도나 역사 관련 민감한 사안에 대해서 급작스러운 진전을 기대하거나 아베 정권의 근본적인 변화를 바라기보다는 양국의 배타적 내셔널리즘으로 인해 극적 양상으로 치닫는 국면을 피할 수 있도록 노력해야 할 것이다. 아울러 직접적인 공격 보다는 우회적인, 혹은 구미 국가들과의 다자간의 공동연구 등의 노력을 통해 일본을 압박할 수 있는 전술을 취할 수 있겠다.[48] 결국 아베 정권의 '가치관 외교'라는 것이 역사 부분에서 퇴행하는 양상을 보이는 정책과는 논리적으로도 실질적으로도 양립할 수 없는 것이라는 점에 공감하는 여러 국가들과 함께 행동하는 것이 현명할 것이다.

아울러 한국 입장에서 가장 우려해야 할 시나리오 중 하나는, 센카쿠에서의 예기치 못한 중·일 무력 충돌과 같은 한국을 이해 당사자로 두지 않는 사안에 있어서의 현상 변경이다. 한국의 대일외교가 현재와 같은 상황에서 이러한 변수가 발생한다면, 사태는 걷잡을 수 없는 국면으로 치달을 우려를 하지 않을 수 없다. 따라서 한국은 중국을 자극하지 않으면서도 미·일과 긴밀하게 협력할 수 있도록 예민한 외교술을 펼쳐야 한다. 마지막으로 한국은 일본의 대한반도 정책이 그 사안 별로 강경 노선에서 현상유지노선, 심지어 협력 노선까지 다양하게 동시에 존재하고 있음을 파악하고, 한국 역시 각개 다른 사안들을 서로 연결 지어 유사시의 사건들이 다른 사안들에 미칠 수 있는 부정적인 효과를 미연에 차단해야 할 것임을 누차 강조하고 싶다.

---

48) 박영준, 앞의 논문, 3쪽.

참고문헌 ⋯⋯⋯⋯⋯⋯⋯⋯⋯⋯⋯⋯⋯⋯⋯⋯⋯⋯⋯⋯⋯⋯⋯⋯⋯⋯⋯⋯⋯⋯⋯⋯⋯

김은지·서영경, 「일본 참의원 선거의 평가와 아베 정권의 경제정책 전망」, 『KIEP 지역경제 포커스』7(45), 2013.

명진호·박소현, 『아베노믹스, 6개월의 변화: 일본의 최근 경제 동향을 중심으로』, 한국무역협회 국제무역연구원, 2013.

문은석, 「아베 정권의 우경화와 동북아 안보 향배: 집단적 자위권 추진과 대응방향을 중심으로」, 『일본문화연구』 50, 2014.

박영준, 「아베 정권의 '수정주의적 보통국가화'와 동북아 정세」, 『정세와 정책』 204, 2013a.

박영준, 「'수정주의적 보통국가론'의 대두와 일본 외교: 자민당 아베 정권의 재출범과 한반도정책 전망」, 『한국과 국제정치』 29(1), 2013b.

박영준, 「일본 아베 정부의 안보정책 변화와 한국의 대응방안: 수정주의적 내셔널리즘과 보통군사국가화」, 『국방정책연구』 30(1), 2014.

박철희, 「아베 내각의 출범과 동북아 정세」, 『외교』 104, 2013.

박훈, 『일본우익의 어제와 오늘』, 동북아역사재단, 2008.

배정호, 『아베 정권의 국내정치와 대외전략 및 대북전략』, 통일연구원, 2007.

손열 편, 『일본 부활의 리더십: 전후 일본의 위기와 재건축』, 동아시아연구원, 2013.

송화섭·김두승·이강규·장혜진, 「아베 정권의 재등장과 일본의 우경화 가능성 전망」, 『(주간)국방논단』 1448, 2013.

조양현, 「제2차 아베 내각 출범 이후 일본 정국 및 대외관계 전망」, 국립외교원 외교안보연구소, 2013.

조양현, 「아베정부의 대미(對米)관계 : 동아시아 파워·시프트와 미일관계의 이중성」, 동북아역사재단, 2013.

조양현, 「아베 총리 야스쿠니 참배 이후 한·일관계」, 국립외교원 외교안보연구소, 2014.

장인성 편,『전후 일본의 보수와 표상』, 서울: 서울대학교 출판문화원, 2010.

진창수,「아베 총리 정권의 외교 정책 특징과 한계」,『수은북한경제』10(2), 2013a.

진창수,「아베 정권의 등장과 박근혜 정부의 대일 정책 방향」, 세종연구소, 2013b.

한의석,「탈 자민당 정치: 고이즈미의 리더십」,『EAI 일본연구패널 보고서』No.5, 2012.

安倍晋三,『安倍晋三対論集 日本を語る』PHP研究所, 2006.

安倍晋三,『美しい国へ』文藝春秋, 2006.

安倍晋三,『新しい國へ: 美しい國へ 完全版』文藝春秋, 2013.

安倍晋三, 岡崎久彦,『この国を守る決意』扶桑社, 2004.

外務省,『平成27年版外交青書』, 2015.

栗本慎一郎・安倍晋三・衛藤晟一,『「保守革命」宣言 ： アンチ.リベラルへの選択』現代書林, 1996.

自民党,『 J-ファイル2013 総合政策集』, 2013.

山本一太,『なぜいま安倍なのか』, リヨン社, 2007.

国会議事録.

Blumenthal, Dan, "America and Japan Approach a Rising China", *Asian Outlook* 4, 2006.

Calder, Kent, "The Outlier Alliance: U.S.-Japan Security Ties in Comparative Perspective", *Korean Journal of Defense Analysis* 15(2), 2003.

Envall, H.D.P., "Abe's Fall: Leadership and Expectations in Japanese Politics", *Asian Journal of Political Science*, 19(2), 2011.

Hughes, Christopher and Ellis Kraus, "Japan's New Security Agenda", *Survival: Global Politics and Strategy* 49(2), 2007.

Kawai, Masahiro and Ganeshan Wignaraja, "Asian FTAs: Trends, Prospects, and Challenges", *ADB Economics Working Paper Series* No. 226, 2010.

Kumi, Yokoe "Shinzo Abe: Voice of a New Generation", 2013. http://www.heritage.org/research/commentary/2013/2/shinzo-abe-voice-of-a-new-generation

Park, Gene and Steven Vogel, "Japan in 2006: A Political Transition", *Asian Survey* 47(1), 2007.

제6장

이시바 시게루(石破茂)의 대한국인식

─보수우파적 안보관과 보수리버럴적 역사관의 혼재

이기태

_통일연구원

1. 서론

2012년 12월 26일, 3년여 만에 민주당으로부터 정권을 되찾은 일본의
아베 신조(安倍晋三) 정부는 자민당 간사장에 이시바 시게루(石破茂) 중
의원 의원을 임명했다. 이시바는 2012년 9월에 열린 자민당 총재 선거에
서 최종적으로 아베에 이어 2위를 차지했지만, 당원과 대의원이 포함된
1차 투표에서 아베를 압도함으로써 막강한 국민적 지지를 확인할 수 있
었다. 따라서 아베 총리 이후 가장 유력한 차기총리후보 1순위의 일본

정치인이라고 말할 수 있다. 이시바는 한국 내에서 인지도가 높다고는 말할 수 없지만 일본 정치인 가운데 자타가 공인하는 최고의 안보 전문가이며, 평화헌법 개정에 찬성하는 입장을 나타내는 등 이른바 일본 정치 보수우경화 경향의 중심인물이라고 말할 수 있다.

본 글에서는 '이시바 시게루'라는 인물을 그의 안보관과 역사관을 중심으로 살펴보고, 이러한 가치관이 현재까지 그의 대한국인식에 어떠한 영향을 끼치고 있고, 향후 한일 관계에 미치는 영향에 대해 전망해보려고 한다. 먼저 제2장에서는 이시바의 안보관과 역사관을 살펴본다. 구체적으로는 정치인 이시바의 삶을 살펴보고, 일본 정치의 보수우경화 경향 속에서 '신국방족'으로 대표되는 이시바의 위치를 알아본다. 그리고 평화헌법 개정과 집단적 자위권 문제, 핵무기 보유에 대한 입장을 통해 이시바의 안보관을 살펴보고, 과거사에 대한 전향적 인식 및 모순된 민족주의를 통해 이시바의 역사관을 살펴본다. 제3장에서는 한일 안보협력, 독도 문제, 일본군 위안부 문제를 중심으로 한일 간 현안에 대한 이시바의 대한국인식을 알아본다. 결론 부분에서는 향후 일본 정치 리더로 기대를 모으고 있는 이시바의 정치리더십을 분석하고, 그의 정치리더십이 향후 한일 관계에 미치는 영향에 대해 전망해 본다.

본 글에서는 이시바의 특징을 보수우파적 안보관과 보수리버럴적[1] 역사관의 '혼재'로 파악하고, 이 두 가지 안보관과 역사관의 혼재라는 대한국인식을 가진 이시바가 향후 한일 관계에서 합리적 리더십을 발휘할

---

1) 박철희는 자민당 보수 세력을 보수우파, 중도보수, 보수리버럴로 구분한다. 보수우파는 아시아보다는 미국과의 관계에 중점을 두면서 국가 정체성과 민족적 차별성을 강조하는 보수세력을 칭한다. 보수리버럴은 아시아 외교에 대한 강조와 함께 전쟁과 식민지 지배에 대해 반성적인 태도를 취한 정치세력을 의미한다(박철희, 「일본 보수정치세력의 동아시아를 둘러싼 갈등: 1960년대와 1990년대의 비교」, 『일본연구논총』 33, 2011, 165~166쪽).

수 있을 것으로 예상한다. 그리고 본 글은 연구방법으로써 활발한 저술 활동 및 매스컴과 접촉이 많은 이시바의 특성을 감안해서 이시바의 저서 및 논문, 그리고 한국 내 언론매체와의 인터뷰 내용을 중심으로 분석한다.

2. 이시바 시게루의 안보관과 역사관

1) 정치인 이시바 시게루

이시바 시게루(石破茂)는 1957년 2월 4일 돗토리현(鳥取県)에서 태어났다. 그의 부친은 건설사무차관, 돗토리현 지사, 자치대신을 역임한 이시바 지로(石破二朗)이다. 이시바는 1979년에 게이오(慶應義塾)대 법학부를 졸업한 후 미쓰이(三井) 은행에 입사했다. 그러다가 1981년 부친인 지로가 사망하면서 부친의 친구였던 다나카 가쿠에이(田中角榮) 전(前) 총리로부터 "네가 (아버지의 뒤를 이어) 나서라"고 정계입문을 권유 받았다. 이에 이시바는 미쓰이 은행을 퇴직한 후 다나카파의 파벌비서를 맡았고, 1986년 중의원 선거를 통해 첫 당선을 이루었다. 그리고 2016년 1월 현재 이시바는 10선 국회의원(중의원 10회)이다.

이시바의 정치인생은 1990년대 일본 정치를 뒤흔든 '55년 체제'[2]의 종말 시기에 한 차례 위기가 다가왔다. 이시바는 1993년 야당의 미야자와 기이치(宮澤喜一) 내각 불신임안에 찬성하는 반란표를 던진 뒤 자민당을 탈당하였고, 그 후 여러 정당을 거쳐 신진당에 합류했다. 하지만 신

---

2) '55년 체제'는 일본에서 1955년부터 1993년까지 여당인 자유민주당(자민당)과 야당인 일본사회당(사회당)의 양대 정당 구조가 형성된 체제를 말한다.

진당의 실력자 오자와 이치로(小沢一郎)의 안보 정책에 실망하면서 신
진당을 탈당한 후 1997년 자민당에 복당하였다. 이시바가 90년대 자민
당을 탈당한 일은 지금도 자민당 내에서 이시바가 총리 후보로 나설 때
다른 파벌 수장들로부터 비판을 받는다는 점에서 그의 정치 인생에서
하나의 약점으로 작용하고 있다.

자민당 복당 이후에 이시바는 자민당 내 최고 안보전문가로 자리잡았
고, 이시바는 2002년 9월부터 2년간 고이즈미 준이치로(小泉純一郎) 정
부에서 방위청장관을 역임하였다. 이는 전후(戰後) 방위청장관 재임기
간 중에서 사카타 미치타(坂田道太)에 이은 역대 두 번째로 긴 기간이었
다. 2007년에는 자민당 총재 선거에서 후쿠다 야스오(福田康夫)를 지지
하였고, 이후 발족한 후쿠다 내각에서도 방위대신, 2008년 아소 다로(麻
生太郎) 내각에서는 농림수산대신을 역임하였다.

하지만 이시바가 항상 성공적인 인생가도를 달린 것은 아니다. 2004
년 4월에 고이즈미 정부 각료들의 국민연금 미납 사실이 불거졌을 때,
당시 방위청장관이었던 이시바 역시 미납 사실이 밝혀지면서 야당으로
부터 퇴진 압력에 직면했지만 이시바는 이에 대해 바로 사과함으로써
위기를 넘겼다. 또한 2006년 고이즈미 정부가 퇴진한 이후에 이시바는
후쿠다, 아소 내각에서 각료로 입각하지만, 후쿠다, 아소 정부가 단기
정권으로 끝나면서 자민당은 국민적인 지지를 잃어가고 있었다.

결국 2009년 9월 실시된 중의원 총선거에서 자민당이 대패하면서 자
민당은 야당으로 전락했다. 곧이어 열린 자민당 총재 선거에서 이시바
는 다니가키 사다카즈(谷垣禎一)를 지지하였고, 다니가키 총재 밑에서
자민당 정무조사회장에 취임했다. 그리고 2011년 9월에는 정무조사회장
에서 물러나고, 자민당 안전보장조사회 회장에 취임했다.

한편, 민주당 정부는 2009년 발족 이후 3년 동안 선거 기간 중 약속했

던 매니페스토 공약의 불이행 및 2010년 센카쿠 열도(尖閣列島)에서 발생한 중국 어선의 불법침범에 대한 미숙한 대응 등으로 인해 국민들의 지지를 잃어가고 있었다. 이러한 가운데 2012년 9월 26일 자민당 총재 선거전이 있었다. 이시바는 1차 투표에서 지역 당원의 표를 가장 많이 획득하고도 국회의원 표를 겨루는 결선투표에서 아베에게 역전패했다.[3] 그렇지만 아베는 자민당 총재 선거에서 경쟁자이면서 지방 당원들의 민심을 가장 많이 확보한 이시바를 향후 국정 운영의 협력 파트너로 선택했다. 아베 입장에서는 자민당 내 파벌정치 타파를 주장한 이시바가 1차 투표에서 지방 당원들의 민심을 대거 확보한 사실을 가볍게 볼 수 없었다. 무엇보다도 2012년 12월 중의원 총선거를 앞두고 아베-이시바 투톱 체제를 통해 정권 탈환을 위한 강력한 태세를 구축해야 했다.[4]

2012년 9월에 아베 자민당 총재는 간사장에 이시바를 임명하였고, 따라서 2012년 12월 중의원 선거에서 이시바의 역할이 크게 부각되었다. 그리고 2012년 12월 중의원 선거에서 압승을 거두면서 아베 내각이 출범하였고, 아베는 계속해서 이시바를 자민당 간사장으로 기용했다. 이것은 자민당 운영을 이시바에게 맡기고 내각은 측근으로 채우면서 내각 주도로 정국을 이끌어가겠다는 아베 총리의 국정 운영 방안이었다. 이처럼 이시바는 자민당 내 인기를 배경으로 2012년부터 간사장을 맡아 2012년 12월 중의원 선거, 그리고 2013년 7월 참의원 선거에서 잇달아 승리를 이끌어냈다.[5] 이로써 아베-이시바가 내각과 당을 안정적으로 운

---

3) 이시바는 국회의원·지방당원·서포터로 구성된 1차 투표에서 199표를 얻었다(아베 141표). 하지만 국회의원만으로 치러진 결선투표에서 아베에게 89대 108로 패했다.

4) 이시바는 정치적 라이벌이라고 할 수 있는 아베와 함께 정권 탈환을 위해서, 그리고 정권 탈환 후에는 아베 내각을 위해 힘을 다해 도울 것이라고 여러 차례 강조하고 있다(石破茂, 「安倍さんと日本を建て直す」, 『文藝春秋』 90-14, 2012f).

영하는 '투톱 체제'가 유지되어 왔다.

하지만 아베는 2014년 9월 3일 부분적인 내각 개편을 통해 핵심 조력자이면서 잠재적 경쟁자인 이시바 간사장을 지역창생담당대신으로 임명하면서 내각의 일원으로 끌어들였고, 자민당 내 권력 장악을 통해 이시바를 견제하면서 내각 중심으로 정국을 주도해가고 있다. 그리고 아베 정부는 2014년 12월 중의원 선거에서 또다시 대승을 거두면서 향후 더욱 안정적으로 국정 운영을 해나갈 것으로 예상된다.

2) 일본의 보수우경화와 이시바의 위치

2016년 현재 일본은 보수우경화를 향해 치닫고 있다. 10여 년 전부터 일본 정치인 중에서 보수우경화를 이끄는 대표적인 정치인들을 '신국방족(新国防族)'이라고 칭했다. 이들은 외교안보분야에 해박한 지식과 경험을 갖고 있으며 이 분야에 특별한 영향력을 갖고 있다고 평가되었다. 이들은 과거와는 다른 새로운 안보관을 가진 당시 40대 전후의 젊은 세대들이었으며 여야를 망라하고 있었다. 대표적인 신국방족으로는 민주당의 마에하라 세이지(前原誠司) 민주당 전 대표, 자민당의 아베 신조, 이시바 시게루, 야마모토 이치타(山本一太) 참의원 의원 등이 있다. 이들은 평화헌법 개정을 주도해 왔으며, 미일동맹의 유지 혹은 강화를 주장하며 방위산업 분야에도 밝은 편이었다. 또한 이들은 해외 유학 등을 통해 국제적 감각을 갖추고 있으며, 애국심과 전문지식을 바탕으로 정책

---

5) 이시바는 2009년 정권을 빼앗긴 것에 대한 자민당 내부의 진정한 반성과 함께 일본 정치 개혁을 위한 여러 주장을 기고문을 통해 나타내고 있다(石破茂, 「自民党が唱える日本のグランドデザイン」, 『月刊自由民主』 685, 2010b; 「現下の政局について」, 『アジア時報』 456, 2010e; 「政治家の国民不信が諸悪の根源」, 『文藝春秋』 90-10, 2012e; 「新しい自民党をつくる」, 『文藝春秋』 91-2, 2013c).

논리를 중시했다.

사실 젊은 보수우익 강경 세력의 성장은 자민당 비둘기파의 퇴조에 기인한다. 7선으로 2003년 정계에서 은퇴한 노나카 히로무(野中廣務)는 2003년 9월 정계 은퇴 기자회견에서 "일본인들은 바람이 불면 한쪽으로 휩쓸리는 경향이 있다. (헌법 개정을 향한) 지금의 기세는 멈추지 않을 것이다. 어느 한 개인이 버틴다고 해서 막을 수 있는 것이 아니다"고 우려했다.[6]

일본의 보수우경화 바람은 쉽게 바뀌지 않을 것이고, 당분간 이러한 기조는 계속될 것으로 예상된다. 한국 내에서는 '신국방족'이라 불리는, 현재는 일본 정계에서 주도적인 역할을 하는 정치인들에 대해 '극우파 정치인'과 같은 극단적인 표현으로 경계감을 표출하고 있다. 여기에는 미일동맹 강화와 함께 일본의 독자적인 역할을 강조하는 안보정책과 전통주의적 역사 인식에 대한 우려가 한국 사회에 함께 공존하고 있기 때문이다. 대표적인 인물이 아베 신조와 야마모토 이치타 같은 경우이다. 하지만 이시바는 이러한 인물들과는 다소 차이를 보인다는 점에서 주목할 필요가 있다. 아베 등이 '전후 체제의 탈피'를 내세우면서 전후 체제를 부정하는 듯한 역사 인식을 나타내는 것과 달리 이시바는 일단 전후 체제를 인정한 가운데 안보정책을 추진한다는 점이다. 다음 절에서는 이시바의 안보관과 역사관을 통해 전통주의적 우파 정치인들과 다른 이시바의 모습을 그의 행적을 통해 분석한다.

---

6)『세계일보』2005년 3월 26일.

3) 이시바의 안보관

(1) 평화헌법 개정과 집단적 자위권 확보

이시바는 평화헌법 개정 및 집단적 자위권 확보를 평생의 정치 소신으로 삼고 있다.[7] 이시바는 2012년 9월 23일, NHK 토론회에서 "미국 해군이 공격을 받고 있는데 옆에 있는 자위대 함선이 이를 보고만 있다면 미일 동맹은 끝장이다"라고 말하면서 집단적 자위권 확보를 주장했다. 이시바는 고이즈미 정부의 방위청장관 시절에 자위대의 이라크 파병을 주도했고, 2004년 말 발표된 '신방위계획대강'의 기초를 만들었다. 그는 2012년 자민당 총재 선거에서도 자위대의 국방군 개편 및 일본판 국가안전보장회의(NSC) 설치, 해병대 신설 등을 주장했다.

이시바는 2010년 저서를 통해 향후 10년이 일본에게 '국난의 10년'이 될 것으로 예상했다. 하지만 "위기는 곧 기회"라는 말과 같이 이시바는 '국난의 10년'이 오히려 '일본 부활의 기초가 되는 10년'이 되어야 할 것이라고 생각했다.[8] 그리고 일본 부활의 기초가 되는 것이 바로 평화헌법 개정이라는 것이다.

이시바는 평화헌법 개정을 최고 목표로 삼고 있지만 결코 서두르지 않는다. 이시바는 현실적인 인물이기 때문에 가장 실현가능한 부분부터 해결하려고 한다. 따라서 이시바는 현행 헌법의 엄격한 개정발의 요건을 완화할 것과 국민들의 헌법 개정에 대한 이해를 먼저 얻어야 한다고 주장한다.

---

7) 이시바의 집단적 자위권 확보를 위한 노력은 각종 저작물에 나타나고 있다 (石破茂, 『国防』, 東京: 新潮社, 2005; 「小沢論文, 私はこう読んだ」, 『世界』 772, 2007; 「集団的自衛権行使で日本を強くする」, 『Voice』 386, 2010c; 『日本を取り戻す, 憲法を取り戻す.』, 東京: PHP研究所, 2013b).

8) 石破茂, 「米軍基地が消えてなくなる日」, 『文藝春秋』 88-3, 2010a.

이시바는 2013년 7월 참의원 선거를 앞두고 아베 정부에서 추진했던 평화헌법 제96조 개헌문제, 즉 헌법개정절차 완화 조항 개헌에 대해 "96조 개헌은 참의원 선거공약의 핵심이 될 것"이라고 공언했다. 7월 21일에 열린 참의원 선거에서 자민당이 대승을 거둔 후, 이시바는 전국적인 개헌 집회를 열어 여론몰이에 나설 뜻을 나타냈다. 즉 "개헌은 국민들의 일상 생활과는 직접적으로 상관이 없다"고 선을 그으면서도 "집회를 통한 대화 등 (자민당이 의도하는 개헌에 대해) 국민에게 이해를 구하는 수단은 생각해볼 수 있다"고 말했다. 또한 이시바는 자민당의 헌법 개정안 초안에 대해 "국민이 제대로 이해하고 있는가 하면 그렇지 않다. (국민과의) 대화를 위한 집회를 해나갈 것"이라고 말했다. 이를 통해 천황을 국가 원수로 규정하고 일본을 전쟁할 수 있는 국가로 만든 헌법을 국민에게 설득해 나가겠다는 의미이다. 또한 국방군에 대해 국민이 거부감을 갖고 있다는 점에 대해서도 "방위군으로 해도 좋다. 국가의 독립을 지키는 조직을 제대로 만들고 싶다는 생각에 변화가 없다"라고 말했다.[9]

이시바는 스스로 '국방 오타쿠'라고 부를 정도로 안보 문제에 상당한 관심을 나타내고 있다. 흔히 이시바는 '극우적인 전쟁 매니아'로 오해받기 쉽지만, 반대로 국방 능력 강화와 함께 일본이 전후 지켜온 문민통제 시스템을 계속해서 지켜나가야 한다고 주장한다. 이시바는 평화헌법 개정에서 '국방군' 보유를 주장하고, 이른바 '긴급사태조항' 설치도 주장하고 있지만, '긴급사태조항' 설치에서 현실적인 '가능'과 '허용'의 범위를 명확히 규정할 것을 주장한다. 즉 '긴급사태조항' 설치에 관해 이시바는 "일본은 긴급사태 시에 어떻게 대처해야 하는가, 자위대에는 무엇이 가능하고 어디까지 허용할 것인가, 헌법과 법률, 장비 및 실력을 바탕으로

9) 배극인, 「압승한 아베, 폭주기관차 되나」, 『주간동아』 898, 2013.

현실적인 검토를 거쳐 자위대에 무기사용과 무력사용을 명한다"는 것이라고 설명한다. 이시바는 이것이 진정한 '문민통제'라고 하면서 지금이야말로 진정한 '시빌리언 컨트롤(civilian control)'이 요구된다고 주장한다.[10]

이시바는 평화헌법의 전면 개정, 평화헌법 제96조의 개정절차완화를 추진하면서도 가장 현실적이고 시급하게 추진해야 할 사항으로 '집단적 자위권' 허용을 들었다. 이시바는 집단적 자위권 허용을 통한 자위대의 국제평화 기여의 길을 모색해야 한다고 주장한다. 2014년 7월 1일 아베 정부는 집단적 자위권을 용인한 각의 결정을 승인했다.[11] 이시바는 아시아 국가들과 좋은 관계를 위해서도 집단적 자위권이 필요하고, 집단적 자위권 행사가 실현되면 주일미군기지 감소로 이어질 것이라고 주장했다.[12]

제2기 아베 정부에서 국민 여론이 평화헌법 개정에 대해 압도적인 찬성을 나타내지 않고 있지만, 센카쿠 열도 분쟁과 같은 중국의 부상에 따른 안보 위협이 일본에 직접적인 안보 위협으로 작용하고 있다.[13] 이에

---

10) 이시바는 자위대가 문민통제 원칙 하에서 법률의 조문 없이는 활동이 불가능함을 지적하고, 주변사태 시 관계부처의 참가를 유도하는 정치주도 시스템을 주장한다(石破茂, 「田母神を殉教者にするな」, 『文藝春秋』87-1, 2009b, 183~185쪽; 「菅総理, 「文民統制」の意味をおわかりか?」, 『Voice』392, 2010d, 142~143쪽; 『国難: 政治に幻想はいらない』, 東京: 新潮社, 2012a, 50~59쪽; 「北朝鮮に立ち向かう「石破3提案」」, 『諸君』90-3, 2012d, 97쪽).

11) 집단적 자위권 행사를 가능하게 하는 것을 정치가 일생의 사업(lifework)으로 생각하는 이시바는 각의 결정에 대해 "커다란 일보 전진이며, 매우 역사적인 의미를 갖는다"고 평가한다(「「集団的自衛権」─私の立場: 「時代が必要とした時の準備はする」」, 『外交』27, 2014, 94쪽).

12) 『뉴시스』 2014년 2월 14일.

13) 이시바는 중국과의 센카쿠 열도 분쟁에 대해 미일동맹 강화를 통한 억지력 확보와 함께 중국과의 대화 노력도 중시하고 있다(「「集団的自衛権」─私の立場: 「時代が必要とした時の準備はする」」, 『外交』27, 2014; 「尖閣問題「隙を見せたからつけ込まれた」: 石破流・中国と付き合う法」, 『外交』16, 2012c).

따라 이시바는 집단적 자위권 행사 허용을 통한 미일동맹 강화와 일본의 자주적 방위력 강화로 국제공헌을 할 수 있는 보통국가[14] 일본을 지향하고 있다.

이처럼 이시바는 전후 일본이 걸어왔던 요시다(吉田) 노선에서 벗어나 신국방족의 일원으로 평화헌법 제9조 개정을 위해 단계적이고 합리적인 개헌을 모색하고 있다. 이를 위해 먼저 평화헌법 개정을 위한 우호적인 국민 여론을 형성하기 위해 힘쓰고 있으며, 평화헌법 개정을 통해 전전(戰前)의 군국주의화로 회귀할 가능성에 대한 우려를 차단하기 위해 '문민통제' 강화를 내세우고 있다.[15]

(2) 핵무기 보유에 대한 입장

일본의 핵무기 보유에 대한 논란을 촉발시킨 것은 1990년대 이후 북한 핵위기 및 2000년대 들어서 북한 핵보유 및 핵실험일 것이다. 북한 핵위협은 일본 사회에 핵무장론에 대한 찬반양론을 불러일으켰는데 이시바는 일본의 핵무장에 대해 원론적으로 반대하면서 미일동맹 강화, 즉 미국의 핵우산이라는 억지력을 통해 주변국가로부터 핵위협에 대처

---

14) 본 연구에서는 이명찬이 주장하는 일본의 외교·안보정책에 나타나는 '네 가지 노선', 즉 평화국가, 통상국가, 보통국가, 권력국가 노선을 참조하고 있으며, 현재 일본이 전후 통상국가에서 보통국가로 진행되고 있다고 이해한다 (이명찬, 「일본의 외교·안보정책에 나타난 '네 가지 노선': 일본의 외교·안보정책의 이해를 위한 분석틀」, 『국제지역연구』 16-1, 2007). 보통국가 일본에 대한 논의는 다음 연구를 참조(Yoshihide Soeya, Masayuki Tadokoro, and David A. Welch, *Japan as a 'Normal Country'?: A Nation in Search of Its Place in the World*, Toronto: University of Toronto Press, 2011).

15) 야마구치 노보루(山口昇)는 일본의 문민통제를 강조하면서 일본의 문민통제가 관료에 의한 '제복팀 통제'라는 오해를 받아왔지만, 현재는 방위성 내의 관료들이 정치가들에 의한 통제를 지원하는 역할을 맡고 있다고 말한다(문정인·서승원, 『일본은 지금 무엇을 생각하는가?』, 서울: 삼성경제연구소, 2013, 112~113쪽).

해갈 수 있다고 생각한다. 하지만 이시바는 현실적으로 일본이 갖고 있는 원전 능력을 평가하면서, 안보적 관점의 핵억지력 측면에서 원전을 계속해서 유지할 것도 주장하고 있다.

2003년 2월 중국 베이징에서 열린 북-미-중 3자회담을 계기로 북한이 핵보유 사실을 밝혔을 때 이시바(당시 방위청장관)는 다른 각료들이 신중한 입장 표명에 그쳤을 때, "앞으로 미사일방위(MD)와 관련한 안전보장회의 의제로 다뤄져야 할 문제"라고 말하면서 북한 핵보유와 MD 구축 문제를 연계시켰다. 사실 막대한 개발 비용과 효율성 문제 때문에 주저해온 미사일 방어에 대한 일본의 적극 참가를 이시바가 강조한 것은 MD 구축이라는 미일안보협력을 통한 대응을 의미하는 것이다.

이시바는 2월 18일 국회 답변에서 북한이 핵무기를 보유한다고 하더라도 일본은 핵무기를 보유하지 않을 것이라고 말했다. 또한 일본은 비핵3원칙을 준수할 것이며, 미일안보조약에 따른 미국의 핵무기가 북한 핵공격에 대항할 수 있는 억지력이 될 수 있다고 지적하고, 일본은 핵확산금지조약(NPT) 체제를 지킬 것이며, 핵을 보유하는 선택은 없을 것이라고 말했다.[16] 그렇지만 이시바는 북한의 미사일 발사 준비가 명확해졌을 경우, 일본이 북한을 선제공격할 수도 있다고 시사했다. 하지만 선제공격에 필요한 공격 능력을 미국에 위임하고 있는 정책에는 아무런 변화가 없다고 말하면서도 그 같은 정책이 올바른 지에 대해서는 항상 점검해야 할 것이라고 강조했다. 이와 같이 이시바는 대북 강경파의 대표적 인물로서 북한이 핵으로 위협하는 상황에서 탄도미사일 도입, 전수방위 수정뿐만 아니라 북한 선제공격론까지 주장하지만, 여전히 미일동맹의 틀 안에서 모든 정책이 점검되어야 한다는 입장을 가지고 있다.

---

16)『연합뉴스』2003년 2월 18일.

2011년 3월 11일에 발생한 동일본대지진과 후쿠시마 원전 사고 이후 일본 사회에서는 ‘원전 제로’에 대한 국민적 열망이 높아졌다. 정치권에서도 원전 정책에 대한 유지와 원전 제로를 둘러싼 논쟁이 발생했다. 안보전문가인 이시바는 일본의 핵무장과 원전 정책을 안보적 관점에서 분석하고 있다. 이시바는 일본의 핵무장에 원론적으로는 반대하면서도 "(핵무기를) 만들려고 생각하면 1년 내에 만들 수 있는 억지력을 포기해서는 안 된다"라며 원전 제로에는 반대했다.[17] 이시바는 "원전이 핵무기를 만들 잠재력이기 때문에 포기할 수 없다"라고 발언함으로써 안보적 관점의 핵억지력 측면에서 원전 정책의 유지가 필요함을 역설했다.

이시바는 2013년 7월 참의원 선거 공약에서는 원전 재가동을 결의했다. 아베 총리가 원전 재가동에 의욕적인 가운데 정계를 은퇴한 고이즈미 전 총리는 2013년 11월 12일 일본기자클럽 회견에서 아베 총리의 원전 재가동에 반대 입장을 표명했다. 이에 대해 이시바는 "고이즈미 발언으로 당 정책이 바뀔 것은 없다"라며 고이즈미의 의견에 반대 입장을 표명했다.[18]

최근 일본 사회에서는 보수우경화 경향과 함께 일본의 핵무장에 대한 논의가 자주 표출되고 있다. 미일동맹 강화론자인 이시바 입장에서 즉각적인 핵무장은 미국의 핵우산 하에서 불필요한 것이며, 주변국에 우려를 줄 수 있다는 점에서 일본의 핵무장에 반대하고 있다. 하지만 철저한 안보적 관점에서 이시바는 원전 제로에 반대하면서 핵억지력 차원에서 잠재적인 핵무기 개발 가능성의 여지를 남겨놓고 있다. 이처럼 이시바는 안보적 관점에서 철저히 실리를 추구하는 현실주의자의 모습을 나

---

17)『동아일보』 2012년 9월 25일.
18) 이시바는 일반시민들에게 원전 제로에 대한 반대논리로 ‘일본 경제력의 유지’를 내세우고 있다(石破茂,『真・政治力』, 東京: ワニブックス, 2013a, 58쪽).

타내고 있다고 평가할 수 있다.

4) 이시바의 역사관

(1) 과거사에 대한 전향적 인식

제2기 아베 정부의 아베 총리, 이시바 간사장 투톱 체제에서 가장 차이를 보이는 점이 역사 인식이다. 특히 이시바는 아베 총리의 야스쿠니 신사 참배에 부정적인 입장을 갖고 있다. 다만, A급 전범 분사를 통해 천황이 참배할 수 있는 여건을 마련하자고 주장한다.

이시바는 고이즈미 정부 시절에도 고이즈미 수상의 야스쿠니 신사 참배를 강력하게 비판하면서 그 대안으로 A급 전범 분사를 주장했다. 2006년 한 월간지와의 인터뷰에서 이시바는 먼저 일본 사회에서 극우파들의 발언권이 증가하고 있는 것에 대해 우려를 나타낸다.[19] 특히 중국의 부상에 대한 극우파들의 인식을 비판하면서 중국의 군비 증강에 우려를 표명하며 중국과의 일전도 불사할 수 있다는 일본 극우파들의 주장에 대해 "얼핏 용감하게 보이지만 스스로를 보지 못한 행동"이라며 "마치 제2차 세계대전 때 일본은 신의 나라이며 일본 정신만 가지고 있으면 미국, 영국은 두렵지 않다며 전쟁에 돌입한 것과 같으며 결과적으로 국가를 멸망하게 하는 길"이라고 말하면서 극우파의 세력 확대에 경계감을 나타내고 있다.

이시바는 이 인터뷰에서 일본 내에 도쿄재판을 부정하는 논리가 확산되고 있는 것과 관련해서도 "태평양전쟁 당시 군부는 '싸워도 망국(亡國), 싸우지 않고 망해도 망국, 그러나 싸우지 않고 망하는 것은 일본인

---

19) 石破茂, 「インタビュー 石破茂 前防衛庁長官 生粋の愛読者が抱く「正論」「諸君!」への違和感」, 『論座』 135, 2006.

의 혼까지 망하는 진짜 망국'이라고 주장하며 전쟁을 결단했지만 결과적으로 수많은 사람들을 죽게 했다"라고 말한 뒤, "패전 뒤 일본 지도부는 '1억명 총참회'를 외쳤지만 이는 잘못된 것으로 지도부는 책임을 져야 한다"라고 강조했다. 바로 이 때문에 이시바는 A급 전범이 합사되어 있는 야스쿠니 신사를 총리가 참배해서는 안 된다고 설명한다. 그는 특히 "전쟁박물관인 류슈칸(遊就館)은 태평양전쟁의 정당성을 강조하고 있는 곳"이라며 "그런 역사인식을 강조하고 있는 시설을 가진 야스쿠니 신사를 일국을 대표하는 총리가 참배하는 것은 문제"라고 지적했다.[20]

이와 같이 이시바는 과거 일본이 아시아를 독립시킨다는 명분하에 제2차 세계대전을 시작했다고 본다. 비록 일본의 조선 합병은 국제 조약상 형식은 적법했다고 주장하면서도, 조선에 대한 식민지 지배, 침략행위에 대해서는 인정하고 있다. 또한 중일 전쟁도 마찬가지였다고 본다. 특히 질 것이 뻔했던 제2차 세계대전을 일으킨 책임은 반드시 정리하고 넘어가야 한다는 입장이다.

이시바는 민족주의적 사고방식에도 반대한다. 이시바는 아베에 대해 좋은 의미에서든 나쁜 의미에서든 민족주의적 요소가 강하다고 비판하며, 전쟁을 전혀 모르는 젊은 세대의 민족주의적 사고방식은 위험하다고 경고한다.[21] 애국심을 강조하는 교육기본법에 대해서도 "애국심은 국가가 정책적으로 강제할 것이 아니다"라며 반대했다. 즉, 이시바는 자신의 의사에 반해서 국가에 의한 강제적 애국심 고취 강조에 대해서는 반대 입장을 나타내고 있다.[22]

---

20) 石破, 2006, 51~56쪽.

21) 『동아일보』 2007년 11월 16일.

22) 이시바는 애국심은 마음속에 있는 것이며, 편협한 내셔널리즘은 위험하므로 현실주의에 입각한 정치를 주장한다(石破茂, 「偏狭なナショナリズムでは自民党は立ち直れない」, 『中央公論』 124-11, 2009a, 98쪽).

이와 같이 이시바는 과거 일본이 민족주의라는 이름 하에 아시아 주변 국가에 침략행위를 한 것을 인정하고, 반드시 이 문제에 대해 일본 사회 내에서 책임 문제를 정리하고 넘어가야 한다고 생각한다. 이러한 생각의 연장선상에서 A급 전범이 합사되어 있는 야스쿠니 신사에 총리와 각료들이 참배하는 것에 대해 명확한 반대 입장을 갖고 있다. 물론 단순한 야스쿠니 신사 참배에 대한 부정이 아닌 A급 전범 합사문제로 인한 국내외적 갈등을 우려하고, 이에 대한 현실적 대안으로 A급 전범 분사를 주장하고 있는 것이다.

(2) 모순된 민족주의

일본의 과거 침략에 대한 반성 등 이시바는 역사 인식 측면에서 전향적인 인식을 나타내고 있지만, 기본적으로 일본의 '정체성' 및 '국가이익'을 추구한다는 점에서는 다른 보수 정치인들과 다를 바 없다.

먼저, 이시바는 재일동포에 대한 참정권 부여에 반대하는 입장이다. 2009년 9월 자민당의 장기집권을 종식시키고 탄생한 민주당 정권은 선거 공약에서 외국인 영주자에 대한 지방참정권 부여를 약속했다.[23] 하지만 민주당 정권 출범 이후 민주당 내에서 다양한 의견 표출 및 대립과 함께 지방조직과 보수단체를 동원한 자민당의 외국인 참정권 부여에 대한 반대가 갈수록 강해졌다.[24] 당시 이시바 자민당 정무조사회장은 2010년 1월

---

23) 민주당은 2009년 8월에 실시된 중의원 선거를 앞두고 7월 23일에『민주당 정책집 INDEX 2009』를, 그리고 7월 27일에는『민주당정권 정책 Manifesto』를 발표했다. 民主党アーカイブ, 2009,『民主党政策集 INDEX 2009』(http://archive. dpj.or.jp/policy/manifesto/seisaku2009 검색일: 2016년 1월 31일); 民主党アーカイブ, 2009,『民主党の政権政策 Manifesto 2009』(http://archive.dpj.or.jp/special/manifesto2009/index.html 검색일: 2016년 1월 31일).

24) 민주당 정권 발족 이전부터 오자와 이치로(小沢一郎), 하토야마 유키오(鳩山由紀夫), 오카다 가쓰야(岡田克也), 간 나오토(菅直人) 등 지도부의 찬성에도

24일 자민당 대회 정책보고를 통해 헌법상 논란이 많은데다 국민적 논의
도 성숙되지 않았다며 외국인 참정권 부여에 관한 법안 성립에 결단코
반대한다고 말했다. 당의 정책 실무책임자였던 이시바의 발언은 자민당
이 외국인 참정권 부여를 반대하기로 사실상 당론을 확정한 것이었다.

　이시바는 간 나오토(菅直人) 총리의 한일 강제병합 100년을 앞두고 발
표한 사과담화에 대해서도 부정적인 입장을 나타냈다. 간 총리는 총리
담화로 조선왕실의궤 등 한국문화재 반환을 약속했는데 자민당의 반대
입장이 있었다. 이시바는 간 총리의 문화재 인도 방침에 대해 "할 수 있
을지 없을지는 국회의 승인에 달려 있다"면서 국회 차원의 정치쟁점화
를 시도했다.[25]

　이시바는 현재 여러 국회의원모임에 가입하고 있다. 그 모임들의 일
면을 들여다보면 이시바의 또 다른 민족주의 성향을 볼 수 있다. 특히
이시바는 '일본회의'에 소속되어 있다. 아베 총리, 아소 다로(麻生太郞)
부총리 등과 함께 이시바도 참여하고 있는 일본회의는 일본 사회의 우
경화 경향에 많은 영향력을 미치고 있다. 일본회의는 일본 재무장을 위
한 헌법 개정과 제국주의 역사 미화 움직임을 주도하는 핵심 조직으로
평가받고 있다.

　앞서 언급했듯이 이시바는 A급 전범이 합사되어 있는 야스쿠니 신사
참배에 반대하고 있다. 하지만 1981년에 발족한 초당파 의원모임인 '다
함께 야스쿠니 신사에 참배하는 국회의원 모임'에 소속되어 있다. 비록

　　불구하고, 재일외국인에 대한 지방선거 참정권 문제와 관련해서 민주당 내
　　찬반 의견은 첨예하게 대립되어 있었다(産経新聞政治部,『民主党解剖』, 東京:
　　産経新聞出版, 2009, 151-153쪽). 자민당 지방조직의 반대 논리는 다음을 참조.
　　김태기, 「일본민주당과 재일영주외국인의 지방참정권: 하토야마 유키오의 의
　　욕과 좌절」,『한일민족문제연구』19, 2010, 264~268쪽.
25)『세계일보』2010년 8월 11일.

이시바가 A급 전범이 합사되어 있는 야스쿠니 신사 참배에 반대하는 입장이지만, 향후 A급 전범의 분사가 실현된다면 보다 적극적인 야스쿠니 신사 참배 및 천황의 야스쿠니 참배를 추진할 가능성이 남아있다.

이처럼 이시바는 '과거사 인식'과 '대외관계에 대한 배려'라는 측면에서 다른 보수 정치인들과 다른 입장을 갖고 있지만, 일본의 정체성을 중요하게 생각하면서 외국인 참정권 부여 반대, 간 담화에 대한 부정적 입장, 그리고 다양한 우익 성향 단체에 가입되어 있는 사실에 비추어보면 민족주의에 대한 혼재된 인식을 나타내고 있다.

3. 이시바 시게루의 대한국인식

1) 한일 안보협력

이시바는 동아시아 안전보장 환경의 변화에 따른 '새로운' 미일동맹을 만들어야 한다고 주장한다.[26] 1990년대 냉전 종식 이후 소련이 붕괴했고, 중국은 급속히 성장하면서 군비를 확장하고 있다. 최근에는 국제 테러 위협이 증가함에 따라 이에 대처해야 하는 등 이시바는 싸우는 방식이 달라졌음을 인식하고 있다. 예를 들면 미사일방어(MD)라는 새로운 사고 방식도 생겨났고, 일본 국내에서는 주변사태법, 유사법제가 만들어졌다. 따라서 이시바는 미일동맹이 이와 같은 여건에 맞아떨어지는지 검증해 봐야 하며, 필요하다면 자위대 역할을 확대해야 한다고 생각한다.[27]

---

26) 石破, 2010c, 55~56쪽.
27) 『동아일보』 2007년 11월 16일.

이시바는 오키나와 기지에 배치되어 있는 다목적 수직이착륙기 오스프리(V-22 Osprey)에 대한 관심을 이전부터 가지고 있었다. 오스프리는 센카쿠 열도 및 대만해협, 남중국해를 행동반경으로 하는 억지력을 행사할 수 있고, 한반도 역시 그 행동범위에 포함하고 있다. 또한 이시바는 해상자위대의 헬기탑재형 호위함 '휴우가(ひゅうが)' 등에 오스프리를 일시적으로 운용하는 것이 가능하다고 생각한다. 이시바는 해병대 없는 섬나라 일본을 이상한 국가로 상정하고 있다. 미국뿐만 아니라 중국, 한국 등 바다에 접한 다수의 국가들이 해병대를 갖고 있음을 지적한다. 그리고 만약 일본이 해병대를 창설하는 것에 대해 중국이나 한국이 '군국주의'라고 비판한다면, "그러면 귀국은 어떤가"라고 묻고 싶다고 말한다.[28]

사실 일본은 '전수방위' 및 '비핵3원칙'을 내세우면서 타격력(공격력)과 핵억지력을 미국에 의존해 왔다. 2014년 7월, 아베 정부는 집단적 자위권의 해석 변경을 통해 집단적 자위권의 허용을 추진했다. 그 과정에서 이시바는 '자민당 집단적 자위권 연구 특명위원회'의 위원장을 맡을 정도로 적극적인 활동을 했다. 이시바는 집단적 자위권이란 유엔 헌장 51조에도 나오는 모든 국가에 부여된 권리이고, 또한 집단적 자위권에는 '제약'이 따른다고 주장한다. 즉 집단적 자위권을 행사하는 경우, 즉각 유엔에 보고해야 하고 유엔안전보장이사회가 제대로 된 조치를 취할 때까지 한시적으로만 사용할 수 있다고 본다.

특히 이시바는 일본이 집단적 자위권 행사를 추진할 때 또 하나의 '제동장치'로서 '피침략국으로부터의 요청'을 넣는 것도 한 가지 방법이라고 봤다. 이시바는 예전부터 일본이 제2차 세계대전의 의미와 책임을 제대로 정리하지 않은 채 집단적 자위권을 행사하게 되면 안 된다고 주

---

28) 石破茂, 「「国家安全保障基本法」の制定を急げ」, 『Voice』 420, 2012b, 103~105쪽.

장해 왔다. 따라서 최근 한반도 유사시에 일본의 집단적 자위권 행사로 인해 자위대가 한반도에 관여할 것에 대해 우려가 커지고 있는 상황을 고려해보면, 이시바는 피침략국이라고 할 수 있는 한국의 입장을 충분히 고려하고 있다고 판단된다.

이시바는 한일 안보관계에 대해서 한국과 일본은 미일동맹과 한미동맹을 통해 간접적으로 연결되어 있으며, 가장 가까운 나라이자 민주주의, 시장경제 등 기본적 가치관을 함께 하는 나라로서 좀 더 신뢰관계를 만들어야 한다고 주장한다. 다만 이 때 중요한 것은 솔직하게 깊이 대화할 수 있어야 한다는 점이며, "다테마에(建前·표면상의 방침) 대화는 그만하고 혼네(本音·속내)를 말할 수 있었으면 한다"라고 말한다.[29]

물론 이시바는 한국 내에서 일본의 집단적 자위권 행사 문제나 방위력 정비 등과 관련해서 일본을 신뢰하지 않는다는 것을 잘 알고 있다. 그래서 이시바는 지속적으로 이에 대해 제대로 설명하고 싶다는 뜻을 나타내고 있다. 그러면서 일본이 해결해야 할 숙제도 제시하고 있다. 즉 일본이 침략 전쟁을 일으켰던 과거와는 다른 나라라는 것을 한국인들이 어떻게 하면 믿게 할 수 있을지에 대한 명확한 고민이 일본에게 필요하다는 것이다.[30]

이와 같이 이시바는 동아시아 안보협력을 위해 미일동맹과 함께 한일 안보협력의 필요성을 인식하고 있다. 물론 현실적인 차원에서 과거사 문제로 인해 한일 안보협력이 어렵다는 것을 잘 알고 있고, 따라서 과거사에 대한 일본의 책임을 자각하고 있다. 그러면서 일본이 보통국가로 나아가기 위한 집단적 자위권 행사에 대해 한국의 이해를 구하려는 생각을 갖고 있다.

---

29)『동아일보』 2007년 11월 16일.
30) 위와 같음.

2) 독도 문제

독도 문제는 센카쿠 열도와 북방 4개 섬 문제 등과 밀접한 관계가 있다. 일본은 현재 센카쿠 열도를 놓고 중국과, 북방 4개 섬을 놓고 러시아와 영토 분쟁을 벌이고 있다. 이러한 상황에서 독도 문제에서 강경한 입장을 보임으로써 중국, 러시아와의 영토 문제에 대한 확고한 입장을 대내외에 과시할 수 있는 것이다. 국내정치적으로 볼 때 영토 분쟁에 대해 보다 분명한 목소리를 내면 외교적으로 부담이 되더라도 확실한 국민적 지지를 받을 수 있다는 점을 고려한 것이다.

이시바는 사방이 바다로 둘러싸인 섬나라 일본의 입장에서 해양 영토의 중요성을 누구보다 깨닫고 있다. 따라서 해양 영토를 둘러싼 문제에 대해서는 철저한 국가이익의 관점에서 접근하고 있으며, 적극적으로 관심을 표명하고 있다. 2007년 7월 제1기 아베 내각은 '해양기본법' 시행(4월 제정)에 들어갔다. 10월 1일 헌정기념관에서 열린 '해양기본법 제정 기념대회'에 참석한 이시바(당시 방위상)는 "일본은 해양국가로 나아가야 한다"고 연설했다.[31] 일본이 해양에 눈을 돌린 데는 중국 및 한국과의 EEZ 및 영유권 문제를 둘러싼 갈등이 계기가 됐다. 특히 일본은 한국과 독도 문제로, 중국과는 센카쿠 열도와 동중국해 가스전 개발 문제로 갈등을 빚고 있었다.

이렇게 해양국가 일본이라는 관점에서 독도 문제의 중요성을 인식하고 있던 자민당은 2011년 1월 23일에 열린 당대회부터 독도가 일본땅이라는 주장을 당의 기치로 전면에 내걸기 시작했다. 자민당은 2009년 9월 총선거 패배 후에 당 내외로부터 개혁 요구에 직면했지만, 2010년 9월

---

31) 『동아일보』 2007년 10월 11일.

센카쿠 열도를 둘러싼 중일 갈등 이후에 민주당 정권의 내각 지지율이 급락하고, 자민당 지지율이 올라가면서 자신감을 되찾았다. 특히 자민당이 독자적으로 벌인 여론조사에서 '영토문제'가 정책 중요도의 상위에 포함된 점과 관련이 있었다.[32]

당시 이시바는 자민당 내 '영토에 관한 특명위원회'(이하 '영토특위') 위원장을 맡고 있었다. 영토특위는 2011년 4월 12일, 한국이 독도의 실효지배를 강화하고 있는 것과 관련하여 일본정부에 국가 차원의 '다케시마의 날' 제정을 요구했다. 영토특위 위원장인 이시바는 한국이 추진하고 있는 종합해양과학기지에 대해 강력하게 항의하고, 독도 문제를 전문적으로 취급하는 별도의 기관 설치도 정부에 요구했다. 무엇보다 영토특위가 한국이 실효지배하고 있는 독도와 관련해서 이처럼 강한 대응을 요구하고 나선 것은 처음이었다. 이시바는 4월 14일, 주일한국대사관을 찾아 권철현 주일한국대사에게 독도에 대한 한국 정부의 실효적 지배를 위한 조치를 중단할 것을 요구하는 항의문을 전달했다. 이시바는 "일본이 대지진으로 어려움을 겪고 있는 상황에서 한국이 독도에 해양과학기지를 건설하는 것은 한일 관계를 악화시킬 수 있다"며 자제를 요구했다.

2011년 7월에 영토특위는 자민당 의원 대표단의 울릉도 방문을 추진했다. 이시바는 "울릉도에서 일장기를 들고 '다케시마는 우리 영토'라고 주장할 의도는 조금도 없다. 시찰의 목적은 이 문제가 한국에서 어떻게 이해되고 있는지 알기 위한 것"이라고 강조했다. 그러면서 이시바는 한국 정부의 입국 자제 요청을 비난하며 일정을 바꿀 계획은 없다고 말했다. 여기에는 일본 국회의원이 인접국에 가지 못 할 이유가 없다는 전후세대의 초강경 입장인 '소수파의 명분론'이 있었다. '신국방족'으로 대표

32)『연합뉴스』 2011년 1월 24일.

되는 초강경 소수파의 명분론은 자민당이 '야당다운 공격성'을 표시하기 위한 전략으로도 해석되었다. 결국 초강경 소수파의 리더 격인 이시바가 '개인적 방문' 형태를 제안했고, 자민당 지도부가 이를 묵인했다.[33] 결국 8월에 신도 요시타카(新藤義孝) 등 자민당 의원 3명이 울릉도 방문을 시도하였지만, 이명박 정부의 입국 불허로 성사되지 않았다. 2012년 8월 10일, 이명박 대통령은 독도를 전격적으로 방문하였고, 일본 정부는 이에 대해 비난의 목소리를 높였다. 이시바 역시 "일한의 신뢰관계를 근저로부터 뒤엎는 것이 될 수 있다"라고 말하며 강도 높게 비난했다.

자민당은 2012년 9월에 새로운 총재를 선출했다. 유력한 후보자였던 아베와 이시바는 9월 6일, 지지자들을 모아 영토문제에 관한 공동연구회를 열었다. 두 사람이 독도와 센카쿠 열도, 북방영토 등의 영토 문제를 매개로 제휴를 모색하는 것이 아니냐는 관측도 있었다.[34] 이와 같이 영토 갈등이 고조되는 상황에서 이시바를 비롯한 자민당 후보들은 독도를 되찾고, 센카쿠를 지키자며 보수 세력의 단합을 도모하면서 독도 문제의 정치 쟁점화를 시도했다.

자민당 총재로 선출된 아베는 이시바를 간사장으로 임명하였고, 12월에 중의원 선거에서 승리하면서 아베 내각을 출범시켰다. 자민당은 중의원 공약에서 매년 2월 22일 실시해왔던 '다케시마의 날'의 정부 주최를 내세웠지만, 결국 '다케시마의 날' 행사를 중앙 정부 행사로 승격시키는 방안을 폐기하고 정무관(차관급) 파견으로 선회했다. 이러한 총선 공약 유보는 한일 양국관계를 의식한 정치적 결단이었다. 특히 이시바는 "동북아의 안전보장 환경에 바람직한가"라며 이의를 제기했고, "한국을 최대한 배려한 결과"라고 설명했다. 하지만 2010년 10월 1일 자민당 본

---

33) 『연합뉴스』 2011년 7월 29일.
34) 『경향신문』 2012년 9월 2일.

부에서 열린 영토특위 모임에서 이시바는 "영토는 곧 주권이다. 이것을
양보하는 것은 국가 그 자체를 부정하는 것이다"라고 천명했다.[35]

이와 같이 이시바는 독도 문제에 대해서는 확고하고 강경한 입장을
갖고 있다. 물론 한일 관계를 의식해서 '다케시마의 날'의 정부 주최를
유보시킨 상황도 있었지만, 영토 문제에 관해서는 철저히 일본 국익의
관점에서 판단하고 있다.

3) 일본군 위안부 문제

이시바는 2008년 중국 언론과의 인터뷰에서 일본군 위안부에 대해
"여러 견해가 있지만 일본군이 관여했던 것은 틀림없다"라고 말했다.[36]
또한 일본의 대동아공영권에 대해 "침략전쟁에 대한 일종의 궤변이다"
라고 못 박았다.[37] 2013년 5월 12일 다카이치 사나에(高市早苗) 자민당
정무조사회장은 "(일본 식민지 지배와 침략을 인정한 지난 1995년) 무라
야마 담화[38] 중 '침략'이라는 표현은 적절하지 않다"고 발언했다. 이시바는
다카이치의 발언과 관련해서 "당의 핵심 간부 입장에서 자신이 생각하
는 것을 그대로 말하면 통제가 되지 않는다"고 비판했다. 이러한 비판은
자민당 간사장이라는 입장에서 당의 통제를 확립하기 위한 것도 있겠지
만, '침략'이라는 일본의 과거 잘못에 대한 명백한 반성 의식이 이시바에

---

35) 『한겨레신문』 2011년 8월 11일.
36) 일본군 위안부 동원에 일본군이 관여했다는 이시바의 중국 언론 인터뷰 내용
에 대해 일본 극우세력은 비난을 퍼부었다. 대표적으로 와타나베 쇼이치(渡
部昇一)의 반박문을 참조. 渡部昇一, 「それでも石破茂代議士の「国防」観に異議
あり」, 『正論』 440, 2008.
37) 『동아일보』 2012년 9월 25일.
38) 일본 무라야마 도미이치(村山富市) 총리가 태평양 전쟁 당시 일본의 식민지배
에 대해 공식적으로 사죄하는 뜻을 표명한 담화를 일컫는다.

게 있었기 때문에 나온 발언으로 해석된다. 결국 다카이치는 무라야마 담화를 계승하는 정부 방침에 이해를 표명하고, 그 방침에 따르겠다고 한 발 물러섰다.

2013년 5월 하시모토 도루(橋下徹)[39] 오사카 시장의 "위안부가 당시에 필요했다", "주일미군이 풍속업(매춘업)을 더 활용하면 좋겠다"와 같은 일본군 위안부 망언과 고노 담화 수정에 관한 언급에 대해 이시바는 하시모토의 발언을 '논리 비약'이라고 평가한 뒤 "확실히 병사들에게 신경을 쓸 필요는 있었지만 (위안부) 시설이 필요했던 것은 아니다"며 "정당의 대표로서 발언에 배려를 하지 않으면 국익을 해친다"라고 비판했다. 또한 이시바는 "고노 담화는 수정 작업을 하지 않고 있다는 게 정부의 자세다"라고 하시모토를 비판하면서, 하시모토가 이끄는 일본유신회 역시 "급조된 선거용 정당"이라고 평가하고 "정당으로서 성숙도가 부족하다"고 비판하면서 일본유신회와의 정책 연대를 거부했다. 이처럼 이시바는 일본군 위안부 동원의 강제성을 인정한 고노 담화의 수정에 신중한 입장을 갖고 있었다.

하지만 이시바는 한국 정부의 일본군 위안부 문제에 대한 논의 제의에 대해서는 강경한 입장을 취했다. 2011년 12월 한일 정상회담을 앞두고 한국이 일본군 위안부 피해자 문제를 거론하기로 방침을 정한 것에 대해 이시바는 후지무라 오사무(藤村修) 관방장관을 만나 "노다 요시히코(野田佳彦) 총리가 조만간 방일하는 이명박 대통령에게 위안부 문제를 연상시키는 소녀상 설치에 항의해야 한다"라고 요구했다. 또한 2012년 5월에 이시바는 후지무라에게 미국 뉴저지(New Jersey)주 팰리세이즈

---

39) 하시모토 도루에 관한 최근 연구는 다음을 참조. 박명희, 「21세기의 사카모토 료마?: 하시모토 토루의 정치기업가적 리더십 연구」, 『담론 201』 15-4, 2012, 205~234쪽.

파크(팰파크, Palisades Park)에 설치된 위안부 기림비의 철거를 시 당국에 요구하라고 촉구했다. 이시바는 위안부 기림비에 "일본 제국 정부의 군대에 납치된 위안부로 알려진 여성과 소녀를 위해서…"라고 적힌 점을 문제 삼아 팰파크시에 역사적 근거를 요구하라고 노다 정부를 압박했다. 그러나 일본 측 요청은 팰파크시로부터 즉각 거부당했다.[40]

이와 같이 이시바는 일본군 위안부 문제 및 과거 일본의 침략에 대해서는 반성의 인식을 갖고 있지만, 일본군 위안부 문제를 둘러싼 한국 정부의 입장에 대해서는 강경한 입장을 나타내고 있다. 이것은 2가지 차원에서 해석할 수 있다. 첫째는 기존 일본 정부 입장인 1965년 한일기본조약에 따라 법적인 차원에서 일본군 위안부 문제가 해결되었다는 입장이다. 둘째는 일본의 정체성 및 자존심의 확립이다. 위안부 기림비에 대한 반발에서도 알 수 있듯이 이시바는 일본군 위안부 문제가 일본의 자존심에까지 상처를 입히는 것에 대해서는 반발심을 갖고 있으며, 한국과의 외교에서도 이 문제에 대해 밀리려고 하지 않는다.[41]

4. 결론

지금까지 평화헌법 개정과 집단적 자위권 행사 문제 및 핵무기 보유

---

40) 『경향신문』 2012년 5월 18일.
41) 이시바는 일본군에 의한 위안부 강제성을 인정한 '고노(河野) 담화' 수정 자체에 대해서는 신중론을 나타내지만, 2014년 6월 아베 정부의 고노 담화에 대한 재검증 발표 과정에서는 고노 담화의 재검증이 필요하다며 일제 위안부 강제동원 사실에 의문을 제기했다. 또한 아사히 신문의 과거 일본군 위안부 문제 보도 오류에 따른 기사철회에 대해서도 국회에서 검증할 것을 주장했다(『한겨레신문』 2014년 8월 6일).

에 대한 이시바의 인식을 통해 안보관을, 과거사에 대한 전향적 인식과 모순적 민족주의라는 이시바의 역사관을 알아본 후, 한일 안보협력 문제, 독도 문제, 일본군 위안부 문제와 같은 이시바의 대한국인식을 살펴보았다.

이시바는 집단적 자위권 행사나 국방군을 보유하기 위한 평화헌법 개정을 주장하고 독도 문제에서 강경한 자세를 보이는 보수 정치가이지만, 일본의 과거 침략에 대한 반성, 야스쿠니 신사 참배에 반대하는 등 역사 문제에서는 아베와 노선을 달리하고 있다. 달리 말하면 전후 체제를 부정하며 보수우파적 안보 정책을 추진하는 아베와는 달리 이시바는 전후 체제 틀 속에서 보수우파적 안보 정책을 추진하고 있다.

이시바는 파벌 영수급의 다른 일본 정치인들과 달리 파벌과 관계가 없고, 90년대에는 자민당의 구태정치에 반발해 탈당한 적도 있는, 어떻게 보면 일본 정치에서 '이단아'라고 말할 수 있다.42) 이러한 일본 정치의 '이단아'가 아베 정부에서 자민당의 최고 실력자라고 말할 수 있는 간사장에 임명되고, 차기 총리후보로 거론되는 것은 이시바가 다음과 같은 정치리더십을 가지고 있기 때문이다.

첫째, 이시바는 '합리적' 리더십을 갖고 있다. 막스 베버(Max Weber)가 정의하는 리더십의 3가지 유형은 '전통적', '카리스마적', '합리적' 리더십으로 정의할 수 있다.43) 이시바는 현재까지의 정치 과정을 봤을 때 파벌에 의존한 전통적 리더십과 고이즈미44)와 같은 카리스마형의 인물이

---

42) 하지만 2015년 9월 28일, 이시바는 자신이 파벌회장을 맡는 '스이게쓰카이(水月會)'라는 자신의 파벌을 만들었다. 이시바의 파벌 결성은 아베 이후 차기 총리를 차지하기 위한 전략적 선택이지만, 한때 파벌 정치의 문제점을 제기하며 파벌 제도 개혁을 주장했던 이시바의 독자 파벌 형성은 '언행불일치'라는 비판의 목소리도 있다.

43) Max Weber; translated by A. M. Henderson and Talcott Parsons, *The theory of social and economic organization*, New York: Oxford University Press, 1947.

라고도 말하기 힘들다.[45] 이시바는 합리적이고 이성적인 판단을 갖고, 라이벌과의 대화와 협상을 통해 자신의 주장을 관철해 나간다. 또한 독도 문제와 같은 역사적으로 해결이 쉽지 않은 문제 해결을 위해 근시안적 이해관계가 아닌 보다 넓은 관점에서 한국 측을 배려하면서 문제 해결을 도모하는 합리성을 갖고 있다.

둘째, 국민들과의 '소통을 중시'하는 리더십이다. 이시바는 일반 대중들이 원하는 방향으로 눈높이를 맞춘다. 이시바는 일본의 안보문제 및 일본 정치의 문제점에 관한 수많은 저서를 남기고 있는데 대다수가 일반 국민들이 읽고 쉽게 이해할 수 있다는 장점을 가지고 있다. 또한 토론과 같은 방송에 나와서도 일반 국민들에게 설명하듯이 차분한 자세를 유지한다. 예를 들어, 이시바는 '국방 오타쿠'라는 별명뿐만 아니라 '철도 오타쿠'로도 유명한데 그는 자신의 '철도 오타쿠'의 특징을 살려서 다른 정치인들이 장거리 이동시에 비행기를 이용하는 것과 달리 철도를 주로 이용하며, 철도로 이동하는 것이 시민들과 장시간 동안 대화를 나누는 좋은 기회로 생각한다.

그렇다면 합리적이고 소통 중시의 리더십을 갖고 있는 이시바가 향후 한일 관계에 어떠한 영향을 끼칠 것인가가 중요한 관심사항이다. 우선 이시바는 전후 요시다 노선으로 대표되는 통상국가를 벗어나 국제적 공헌을 통해 보통국가로 나아가는데 있어 일본의 군사력 강화를 추진하면서도 아시아 외교와 과거사 문제에 전향적인 자세를 가지고 있다. 또한 이시바는 보수우파적 안보관과 보수리버럴적 역사관의 혼재된 특징을

---

44) 고이즈미의 정치리더십에 관해서는 다음 연구를 참조. 한의석, 「탈자민당 정치와 변화의 리더십: 고이즈미 리더십 연구」, 손열 편, 『일본 부활의 리더십: 전후 일본의 위기와 재건축』, 서울: 동아시아연구원, 2013, 193~226쪽.

45) '카리스마'란 단순히 센 힘이 아니라, "저 사람이 중심에 서면 조직이 안정될 수 있을 것이다"라는 느낌을 말한다.

가지고 있는데 이시바가 향후 일본의 수상이 되었을 때, 현재의 아베 수상과 같이 극단적인 안보관과 역사관에 따라 한일 관계를 대하는 것과는 다른 양상이 나타날 것으로 기대된다. 즉 전후 체제를 부정하며 우익적인 정책을 내세우는 아베와 전후 체제의 틀 속에서 보수우파적 정책을 추진하는 이시바는 '전후 체제의 탈피와 유지'라는 측면에서 아베와 다르다. 마지막으로 안보적 측면에서 미일동맹 강화와 함께 동아시아 안보환경의 안정이라는 측면에서 과거사 문제에 대한 미국의 관심이 증가하고 있는 가운데 미일동맹과 아시아 외교를 중시하는 이시바의 현실주의 감각과 합리적 리더십이 한일 관계를 둘러싼 미일 간 협조를 이끌어낼 수 있을 것으로 전망된다.

참고문헌

김태기, 「일본민주당과 재일영주외국인의 지방참정권: 하토야마 유키오의
　　의욕과 좌절」, 『한일민족문제연구』 19, 2010.
문정인·서승원, 『일본은 지금 무엇을 생각하는가?』, 서울: 삼성경제연구
　　소, 2013.
박명희, 「21세기의 사카모토 료마?: 하시모토 토루의 정치기업가적 리더십
　　연구」, 『담론 201』 15-4, 2012.
박철희, 「일본 보수정치세력의 동아시아를 둘러싼 갈등: 1960년대와 1990
　　년대의 비교」, 『일본연구논총』 33, 2011.
손열 편, 『일본 부활의 리더십: 전후 일본의 위기와 재건축』, 서울: 동아시
　　아연구원, 2013.
배극인, 「압승한 아베, 폭주기관차 되나」, 『주간동아』 898, 2013.
이명찬, 「일본의 외교·안보정책에 나타난 '네 가지 노선': 일본의 외교·안
　　보정책의 이해를 위한 분석틀」, 『국제지역연구』 16-1, 2007.
한의석, 「탈자민당 정치와 변화의 리더십: 고이즈미 리더십 연구」, 손열 편,
　　『일본 부활의 리더십: 전후 일본의 위기와 재건축』, 서울: 동아시아
　　연구원, 2013.

Max Weber; translated by A. M. Henderson and Talcott Parsons, *The theory
　　of social and economic organization*, New York: Oxford University
　　Press, 1947.
Yoshihide Soeya, Masayuki Tadokoro, and David A. Welch, *Japan as a
　　'Normal Country'?: A Nation in Search of Its Place in the World*,
　　Toronto: University of Toronto Press, 2011.

石破茂,『国防』, 東京: 新潮社, 2005.

石破茂,「インタビュー 石破茂 前防衛庁長官 生粋の愛読者が抱く「正論」「諸君!」への違和感」,『論座』135, 2006.

石破茂,「小沢論文, 私はこう読んだ」,『世界』772, 2007.

石破茂,「偏狭なナショナリズムでは自民党は立ち直れない」,『中央公論』124-11, 2009a.

石破茂,「田母神を殉教者にするな」,『文藝春秋』87-1, 2009b.

石破茂,「米軍基地が消えてなくなる日」,『文藝春秋』88-3, 2010a.

石破茂,「自民党が唱える日本のグランドデザイン」,『月刊自由民主』685, 2010b.

石破茂,「集団的自衛権行使で日本を強くする」,『Voice』386, 2010c.

石破茂,「菅総理,「文民統制」の意味をおわかりか?」,『Voice』392, 2010d.

石破茂,「現下の政局について」,『アジア時報』456, 2010e.

石破茂,「北朝鮮, 中国, ロシアにあざ笑われる日本」,『中央公論』126-1, 2011.

石破茂,『国難: 政治に幻想はいらない』, 東京: 新潮社, 2012a.

石破茂,「「国家安全保障基本法」の制定を急げ」,『Voice』420, 2012b.

石破茂,「尖閣問題「隙を見せたからつけ込まれた」: 石破流・中国と付き合う法」,『外交』16, 2012c.

石破茂,「北朝鮮に立ち向かう「石破3提案」」,『諸君』90-3, 2012d.

石破茂,「政治家の国民不信が諸悪の根源」,『文藝春秋』90-10, 2012e.

石破茂,「安倍さんと日本を建て直す」,『文藝春秋』90-14, 2012f.

石破茂,『真・政治力』, 東京: ワニブックス, 2013a.

石破茂,『日本を取り戻す, 憲法を取り戻す。』, 東京: PHP研究所, 2013b.

石破茂,「新しい自民党をつくる」,『文藝春秋』91-2, 2013c.

石破茂,「「集団的自衛権」—私の立場:「時代が必要とした時の準備はする」」,『外交』27, 2014.

産経新聞政治部,『民主党解剖』, 東京: 産経新聞出版, 2009.

渡部昇一,「それでも石破茂代議士の「国防」観に異議あり」,『正論』440, 2008.

民主党アーカイブ,『民主党政策集 INDEX 2009』, 2009.

http://archive.dpj.or.jp/policy/manifesto/seisaku2009(검색일: 2016년 1월 31일).

民主党アーカイブ, 『民主党の政権政策 Manifesto 2009』, 2009.
　　　http://archive.dpj.or.jp/special/manifesto2009/index.html(검색일: 2016년 1월 31일).

고승일, 「日방위청장관 '일본 핵보유 안해'」, 『연합뉴스』 2003년 2월 18일.

김동진, 「간 총리 담화에 日수구세력 광분」, 『세계일보』 2010년 8월 11일.

배극인, 「日 차기총리 유력한 이시바 시게루 자민당 前정조회장」, 『동아일보』 2012년 9월 25일.

서영아, 「바다로… 우주로… 日 21세기 新대국 야심」, 『동아일보』 2007년 10월 11일.

서영아, 「[초대석] 한국언론과 처음 만난 이시바 시게루 日방위상」, 『동아일보』 2007년 11월 16일.

서의동, 「일본 정치권, 당대표 경선·총선 앞두고 '영토 분쟁' 쟁점화」, 『경향신문』 2012년 9월 2일.

유세진, 「이시바 자민당 간사장, 집단적 자위권 행사 용인론 해설서 발간」, 『뉴시스』 2014년 2월 14일.

이충원, 「日 자민당, 독도 등 영토문제 전면에」, 『연합뉴스』 2011년 1월 24일.

이충원, 「日 목소리 커진 '전후 보수 세대'의 독도 도발」, 『연합뉴스』 2011년 7월 29일.

전병역, 「일본, 한국 위안부박물관 건립 지원에 트집」, 『경향신문』 2012년 5월 18일.

정남구, 「[특파원 칼럼] 자민당은 왜 독도에 열 올릴까」, 『한겨레신문』 2011년 8월 11일.

정승욱, 「40代전후 '신국방족' 우경화 주도」, 『세계일보』 2005년 3월 26일.

조기원, 「일 자민당, '위안부 반성' 아사히 보도도 검증 시사」, 『한겨레신문』 2014년 8월 6일.

제7장

지역정치가의 대중적 지지 확보를 위한 외교적 실험

—하시모토 도루(橋下徹)의 외교이념과 대한정책을 중심으로

박명희

_국립외교원 외교안보연구소 일본연구센터

1. 서론: 하시모토 도루를 어떻게 보아야 할 것인가

한국에서는 일본사회가 일방적 보수우경화로 진행하고 있다고 보는 경향이 강하다. 2012년 아베 신조(安部晋三)의 재집권 이후 야스쿠니 신사 전격참배, 무라야마 담화, 고노담화의 수정 움직임, 헌법해석변경에 의한 집단적 자위권의 추진 등은 우경화하는 일본의 변화를 진단하는 근거가 되었다. 여기에 한국 언론에서 '극우정치인', '망언제조기' 등으로

* 이 연구는 2015년 『일본연구논총』 제41권 에 게재된 논문임.

다루어졌던 하시모토 도루가 2012년 산케이신문(産経新聞)이 실시한 여론조사에서 현재 일본의 리더로서 적합한 정치인 1위(21.4%)를 차지하고, 2013년 아사히신문(朝日新聞)의 조사에서 인터넷상 아베(29%)에 이어 가장 영향력 있는 정치인 2위(26%)로 꼽히고 있다는 사실은 일본의 우경화에 대한 우리의 인식을 더욱 공고하게 하였다.[1]

그렇다면 최근 일어나고 있는 또 다른 일본의 변화는 어떻게 해석되어야 할까? 2015년 5월 17일 하시모토의 간판정책이었던 오사카도 구상이 주민투표에서 찬성 49.62%, 반대 50.38%로 폐안이 되면서, 하시모토는 주민들의 의견을 받아들이고, 이후 정계를 은퇴할 것을 선언했다. 또한, 하시모토와 결별 후 극우정당이라 할 수 있는 차세대당을 결성했던 이시하라 신타로(石原愼太郎)가 2014년 중의원 선거에서 낙선했고, 19석에서 2석으로 의석이 급감한 차세대당은 궤멸상태에 놓이게 되었다. 반대로 공산당은 9석에서 21석으로 의석을 큰 폭으로 늘렸다. 도쿄도지사선에 출마했던 다모가미 도시오(田母神俊雄)는 과거 침략과 식민지 지배를 미화하는 논문을 작성해 자위대 항공막료장에서 해임된 바 있는데 이후에도 우익적인 언론활동을 지속해 왔다. 이시하라의 강력한 지지에도 불구하고, 그는 도쿄도지사선에서 별다른 바람을 일으키지 못하고 패했다.

적어도 이러한 현상은 일본의 보수우경화가 일본 정치권과 사회 전체의 우경화를 의미하는 것은 아니라는 것을 보여준다. 높은 지지율을 확보하고 있는 아베 정권이 역사인식, 영토분쟁, 헌법개정, 집단적 자위권에서 강경보수의 자세를 가지고 있다고 해서, 아베노선에 대한 국민들의 지지가 수정주의적 역사인식, 강경보수 외교노선에 대한 지지는 아

---

1) 『朝日新聞』 2013年 7月 9日.

닐 수 있다는 사실을 의미한다. 많은 일본 연구자들은 일본의 보수우경
화 현상의 원인을 구조적인 측면에서 진단한다. 1990년대 이후 지속되
어 온 일본경제의 침체와 신자유주의적 개혁으로 인한 사회 내 격차의
확대, 2011년 발생한 동일본대지진으로 인한 사회의 불안감과 자신감
상실이 아베 신조, 하시모토 도루와 같은 국수주의적 포퓰리스트 지도
자를 등장하게 하는 배경이 되고 있다는 것이다. 더욱이 55년 체제의 붕
괴와 54년 만에 정권교체를 이룬 민주당이 약속한 정책성과를 이루지
못하게 되면서 정당과 유권자간 후견주의적 연계 및 정책적 연계의 가
능성이 낮아졌고, 카리스마적 지도자와 유권자의 연계가 강화되고 있다
고 분석한다.[2]

　본 연구에서는 하시모토 도루를 사례로 하여 한국사회에서 우익정치
가로 알려진 그가 일본에서는 어떠한 평가를 받고 있는지 하시모토에
대한 선행연구 및 매체에서의 분석경향을 파악하고, 아사히, 요미우리
신문에 나타난 하시모토에 관한 기사를 바탕으로 하시모토의 외교이념
및 대한정책의 성향이 어떻게 변화하고 있는지 시계열적으로 분석하고
자 한다. 나아가 하시모토의 지지층을 분석함으로써 왜 그가 역사 수정
주의적 강경보수 외교노선을 취하게 되었는지, 그럼에도 불구하고 왜
실패하였는지에 대해서 고찰해 보고자 한다.

　2015년 이미 정계은퇴를 결정한 하시모토의 외교적 이념의 변화를 추
적하는 것이 어떤 의미를 가지는가? 한국에서 그를 따르는 수식어는 '극
우 정치인', '망언 제조기'였지만, 일본적 맥락에서 하시모토는 극우정치

---

　2) 송주명, 『탈냉전기 일본의 국가전략: 안보내셔널리즘과 새로운 아시아주의』,
　　파주: 창비, 2009; 飯尾潤, 『政権交代と政党政治: 歴史の中の日本政治』, 東京: 中
　　央公論新書, 2013, 70쪽; 이정환, 「장기불황, 구조개혁, 생활보수주의」, 『일본
　　비평』 10호, 2014, 99~123쪽; 한의석, 「일본정치의 변화와 정당-유권자 연계:
　　2000년대 정당정치를 중심으로」, 『한국정치학회보』 48(4), 2014, 75~95쪽.

인 이전에 두 가지 의미를 가진다. 한 가지는 최근 5~6년간 두드러지고 있는 지역정당의 바람을 주도했다는 점이고, 다른 한 가지는 기존의 정치리더십에 불만을 가진 사람들이 강한 리더로서 하시모토에 환호했다는 점이다. 첫째, 2010년 4월 하시모토를 중심으로 오사카 유신회, 나고야 감세일본, 교토당, 지역정당 이와테 등 전국 각지에서 지역정당이 설립되고 있고, 최근 이들 정당은 단체장이 지역정당 대표를 맡고 있다는 점이 특징이다. 단체장이 주도하는 지역정당은 소속의원이 의회에서 다수파를 구성하는 경우에 정책을 의회에서 어려움 없이 통과시키는 것이 가능하고, 나아가 국가에 대한 발언력을 높일 수 있다. 단체장은 지역의 대통령이라고 불리는 존재이기도 하며, 지역의 정치적 리더로서 절대적인 권한을 행사하고 스스로 이름을 알리려고 한다. 그런데, 과거 생활클럽중심의 지역정당과는 다르게 오사카 유신회, 감세일본 등의 지역정당은 보수적 성격을 가지며, 이러한 성격의 지역정당이 늘어나고 있다는 것이 과거와는 다른 최근의 경향이다.[3] 둘째, 2014년 중의원 선거의 투표율은 52%이고, 투표에 참가한 사람 중 26%는 자신을 무당파라고 밝히고 있다. 40~50%의 선거 미참여 층과 선거에 참여한 무당파층은 특정정당에 대한 고정된 지지를 나타내기보다는 사안에 따라 입장을 달리 표명할 가능성이 높다. 이들이 우유부단하고 나약한 리더 대신 강한 리더에 환호한다면 제2의 하시모토, 제3의 하시모토 역시 재등장할 가능성이 매우 높다고 보이기 때문이다.

---

3) 出井康博, 『首長たちの革命－河村たかし, 竹原信一, 橋下徹の仕掛けた"戦争"の実像』, 東京: 飛鳥新社, 2011, 4쪽.

2. 일본 매체에 나타난 하시모토의 정책성향

하시모토는 TV 법률상담 프로그램에 출연하던 중 고가 마코토(古賀誠) 자민당 선거대책위원장에 의해 발탁되어 2008년 1월 자민당, 공명당의 추천, 지지를 받아 오사카부 지사선거에 출마하여 최연소 지사로서 당선되었다. 2010년 4월 하시모토를 지지하는 탈당한 자민당 출신 의원그룹을 중심으로 지역정당 오사카유신회가 결성되었으며, 하시모토가 대표가 되었다. 이후 하시모토는 2011년 11월 오사카 시장에 도전하여 집권에 성공하였고, 2012년에는 오사카 유신회를 모체로 하는 전국정당 일본유신회(日本維新の会)를 정식 발족하였고, 중의원 54석, 참의원 9석을 차지한 국정정당의 대표로서 자리 잡게 되었다.4)

하시모토는 일본의 주목받는 정치 리더였지만, 일본 정보과학연구소가 제공하는 CINII 데이터베이스의 검색 결과를 보면, 일본 내에서도 그를 다룬 선행연구는 거의 없다. 하시모토를 다루는 저작의 대부분은 하시모토에 대한 연구서라기보다는 저널리즘의 측면에서 하시모토의 정치적 입문과정, 정치적 구상, 하시모토의 발언내용 등을 다루고 있으며, 월간 세계, 문예춘추 등의 잡지의 논평이 하시모토에 대한 저작물의 주를 이루고 있다.5) 이들 하시모토에 대한 논평은 일반적으로 하시모토의

---

4) 『朝日新聞』 2012年 9月 29日.

5) 産経新聞大阪社会部 編, 『橋下徹研究』, 東京: 産経新聞社, 2009; 『橋下語録』, 東京: 産経新聞社, 2012; 吉冨有治, 『橋本徹は改革者か壊し屋か大阪都構想のゆくえ』, 東京: 中央公論新社, 2011; 内田樹外, 『橋下主義を許すなー独裁者の野望と矛盾を衝く』, 東京: ビジネス社, 2011; 読売新聞大阪本社社会部 編, 『橋下主義: 自治体の道』, 東京: 梧桐書院, 2009.
하시모토에 대한 연구논문으로는 마츠다 겐지로와 박명희, 아리마 신사쿠의 연구를 들 수 있다(松田健次郎, 「橋下徹府知事記者会見記録探索的分析」, *Theoretical and Applied Linguistics at Kobe Shoin* 13, 2010; 박명희, 「21세기의 사카모토 료마? 하시모토 토루의 정치기업가적 리더십」, 『담론201』 제15집 4호, 2012; 有

화려한 언동과 인기몰이 등의 포퓰리스트로서의 전략에 주목하고 있으며, 대부분 비판적이다. 대표적인 긍정적인 저작은 하시모토와 사카이야 타이치의 『체제유신 오사카도』[6]를 들 수 있고, 비판적인 저서는 우치다 편저의 『하시즘을 용서하지마』[7] 등을 들 수 있다. 하시모토와 사카이야의 책은 하시모토의 오사카도 구상과 3년 9개월간의 오사카부 집권의 성과와 오사카 시개혁의 필요성을 제시하고 있다. 『하시즘을 용서하지마』에서는 하시모토의 정책 및 정치사상을 신자유주의, 신보수주의로 구분하고 있는데, 대표적으로 하시모토 재임시기인 2011년 9월 제출되어 2012년 3월 성립된 오사카부 교육기본조례가 그 판단의 근거가 되고 있다. 교육기본조례의 전문에서 하시모토는 '오사카부의 교육은 세계의 동향을 주목하면서 경쟁력이 높은 인재의 육성을 우선시한다'고 밝히고 있다. 구체적으로 하시모토는 고교의 학구제를 폐지하고, 소중학교의 학교선택제가 가능하도록 하였으며, 3년 연속 지원자가 미달인 부립 학교는 정리대상으로 간주하였다. 또한, 학생이 학교를 선택하는 기본정보로서 전국학력테스트 결과를 시정촌별로 공포할 것을 선언했다. 자민당 정권시기부터 문부성은 학력테스트 결과의 공표는 학교 현장에 과도한 경쟁을 준다는 이유로 공표를 금지해 왔었다. 또한, 교육기본조례는 교장 공모제, 보호자의 학교운영참가, 교원의 상대 평가 등의 내용을 포함한다. 하시모토는 교육서비스의 사용자인 학생과 보호자가

馬晋作,「橋本劇場にかんする批判的評論の分析」,『鹿児島県立大学商経論叢』no.63, 2013). 마츠다는 하시모토의 기자회견 기록을 통해 하시모토의 정치가, 정당과의 관계 등을 분석하고 있다. 박명희는 하시모토의 리더십을 정치기업가의 개념을 사용하여 분석하고 있는데 반해 아리마(有馬)는 포퓰리스트로서의 하시모토에 대한 비평을 총망라적으로 분석하고 있다.

6) 橋下徹・堺屋太一,『体制維新大阪都』, 東京: 文春新書, 2011.
7) 内田樹 外,『橋下主義を許すな一独裁者の野望と矛盾を衝く』, ビジネス社, 2011.

학교를 선택하게 됨으로써 학교 간 경쟁이 심화되고, 이로써 교육의 질
이 향상될 것임을 기대하고 있다.

야마구치 지로(山口次郞)는 하시모토를 군대적 관료주의와 경쟁원리
주의의 합체라고 비판하고 있다. 그는 하시모토 현상은 1990년대 이후
의 성과주의, 실력주의, 업적주의일 뿐이라고 보고 있다. 그의 비판은
두 가지로 요약되는데 한 가지는 공공영역은 시장과는 달리 약자를 버
릴 수 없음에도 불구하고 단순한 경쟁주의로 개인 간의 경쟁을 부추기
고 있다는 점이며, 다른 한 가지는 독선적 정치스타일이다. 즉, 하시모
토는 조직의 목적에 대한 어떠한 의문도 불허하고 있으며, 민의를 내세
워 자신에게 백지위임을 강요하고 있다는 것이다. 야마구치는 이러한
정치스타일은 일본의 민주주의를 훼손하는 것이며, 동일본 대지진을 경
험한 상태에서 일본에게 필요한 것은 약자를 처벌하고 만족을 얻는 것
이 아니라 논의를 거듭하는 새로운 민주정치가 필요하다고 강조한다.

한편, 하시모토는 무사상(無思想)성의 정치가로 분류되기도 한다.[8]
하시모토의 정책적 비전이 종래의 좌우의 이념적 성격으로는 분류되기
어렵다는 것이다. 국기, 국가관련법안, 헌법개정 논의, 신자유주의적 정
책방향 등은 자민당 등 보수정당이 주장해 온 것과 일치하지만, 원자력
발전 반대, 저소득층 자녀의 사립학교 수업료 지원, 15세 이하 어린이의
통원의료비 무료화 등의 정책은 과거 혁신계 정당의 주장과 겹쳐진다.
하시모토의 무사상적 정치적 입장은 국면에 따라 기성정당과 유기적 관
계를 형성하는데 용이하였다. 하시모토는 자민당의 정치가 발굴과정과
자민당의 지지를 배경으로 정치계에 입문하였으나, 2009년 중의원 선거
에서는 지역분권을 기치로 민주당을 지지한 바 있다. 하지만, 원자력 발
전 재개문제, 증세 등의 현안에 대해서는 민주당 정권에 반발하였으며,

8) 有馬, 2013; 박명희, 2012.

2012 중의원 선거를 앞두고서는 원자력발전 반대라고 하는 자신의 정치적 입장과는 반대되는 이시하라 신타로(石原真太郎)의 태양당과 합당을 추진하였다. 하시모토의 무사상성은 새로운 포퓰리즘의 양상으로도 해석되고 있다.

하시모토의 무사상성의 원인은 지지자들이 하시모토를 지지하는 이유에서 확인할 수 있다. 하시모토 지지자들은 하시모토의 정책이나 이념보다 정치수법 및 이미지에 대해서 지지하는 것으로 나타나고 있다. 마츠타니(松谷滿)가 2011년 1월 오사카부내 20세 이상 70세 이하 유권자를 대상으로 실시한 조사(복수회답)에 따르면, 하시모토 지지의 이유가 리더십(66%), 기대감(55%), 발언력(22%), 대결태세(18%), 정책(15%), 정치이념(12%) 순인 것으로 나타나고 있다.[9] 아사히신문의 여론조사 결과에서도 하시모토의 정책에 대한 평가보다 하시모토의 정치적 수법에 대한 대중적 평가가 더 높게 나타나고 있다.[10]

3. 하시모토의 외교이념의 변화

한국에서 하시모토는 극우정치가로서 널리 알려졌다. 그의 강한 리더십 추구 경향과 돌발적 발언, 미디어를 통한 전파력 등이 한국 국민의 입장에서 그를 더욱 위협적인 정치가로서 받아들이게 하였다. 그렇다면 한국에서 말하는 우익 정치가는 어떠한 기준으로 구분되는가. 김호섭

---

9) 松谷滿, 「誰か橋下を支持いているか」, 『世界』 no.832, 2012, 104~105쪽.

10) 2011년 11월 오사카 시장선거에 앞선 여론조사 결과에 따르면 하시모토의 대표적인 정책인 오사카도 구상에 대한 찬성의견이 37%, 반대가 27%였으나, 하시모토의 정치수법에 대해서는 54%가 지지하고, 24%가 반대하는 것으로 나타난 바 있다(『朝日新聞』 2011年 11月 22日).

등의 일본 우익연구에서는 크게 네 가지 변수를 들고 있다. 첫째, 물질주의적 사고를 비판하면서 정신주의 내지는 전통을 강조하는 가치관, 둘째, 자주국방을 선호하는 안보관, 셋째, 평화헌법 개정찬성, 넷째, 전전의 역사에 대한 긍정적인 태도이다.[11) 한편 박철희는 전전을 긍정하는 일본의 우익과 일본의 자존심을 추구하는 일본의 보수는 구분되어야 한다고 본다. 보수세력 내 우익은 폐쇄적 국수주의, 우월적 민족주의로서 배타적이며 자국중심적인 노선을 지향한다. 하지만, 같은 보수세력 내에서도 평화국가론적 이상을 가진 세력, 통상국가론적 지향성을 가진 세력도 존재한다. 보통국가론을 주장하는 상당수의 정치가는 미국과의 협력, 국제사회에 대한 공헌도 중시한다.[12)

보수와 우익의 구분과 함께 정치가의 어느 시기를 분석하는가도 중요한 변수가 된다. 블론델(Jean Blondel)의 비유에서처럼 리더는 '환경의 죄수'이다. 정치가가 어떠한 환경에 놓여 있는가에 따라 특정 정치이념은 더욱 부각될 수 있다. 특히 하시모토의 분석에서는 그러한 접근이 필요하다. 대표적으로 하시모토가 오사카 유신회를 중심으로 지역의 주도권을 확보하려고 하는 시기(2010년 4월~2012년 9월)와 일본유신회를 발족, 전국정당으로서 활동하던 시기(2012년 9월 이후)의 하시모토의 외교에 대한 발언, 한국에 대한 발언이 다르다.

대표적으로 가와무라 나고야 시장이 남경사건을 부정하는 발언을 했을 때, 하시모토는 공선된 단체장은 역사가가 아니기 때문에 역사적인 문제에 대해 발언하기 위해서는 다양한 역사연구자의 발언을 기초로 하여 발언을 하여야 한다는 다소 조심스러운 입장을 밝힌바 있다.[13) 하지

---

11) 김호섭, 『일본우익연구』, 서울: 중심, 2000, 129~130쪽.

12) 박철희, 「일본보수화의 삼중구조」, 『일본비평』 10호, 2014, 74~75쪽.

13) 『朝日新聞』 2012年 2月 27日.

만, 오사카 유신회가 전국정당으로 확대되면서 하시모토의 대외정책에 관한 발언의 횟수가 증가하고 있으며, 우익성향이 강하게 피력되고 있다. 그 배경에는 지역정당 출신의 전국 정당의 대표로서 외교와 방위가 약점이라는 인식을 가지고 있기 때문이다.[14]

여기서는 2012년 2월 발표된 오사카유신회의 유신팔책, 2013년 3월에 발표된 일본유신회의 강령, 아사히, 요미우리 신문에 나타난 하시모토에 관한 기사를 바탕으로 하시모토의 외교이념 및 대한정책 성향이 어떻게 변화하고 있는지 시계열적으로 분석해보기로 한다.

1) 정치주도의 개혁과 가변적 외교이념

2009년 중앙정치에서 자민당이 민주당에게 정권을 넘겨주고, 하시모토가 압도적인 지지율을 배경으로 차기 리더로서 거론되면서, 하시모토는 2010년 4월 지역정당 오사카 유신회를 설립하고, 이를 통해서 오사카도 구상을 비롯한 그의 정치적 비전을 추진하고자 하였다. 오사카 유신회는 차기 중의원 선거에서 300명의 후보자를 내세우고, 이 가운데 200명을 당선시킨다는 목표 하에 2012년 2월 정치인 양성소인 오사카 유신숙을 개설하고, 정책집 '유신팔책'을 발표하였다. 이후 유신팔책의 주장은 2012년 9월 창당된 전국정당 일본유신회의 강령, 2012년 11월 중의원 선거를 위한 공약 유신팔책 각론 버전 1에 이르기까지 지속된다. 유신팔책은 8가지 범주의 주장을 포함하는데 통치기구 재편, 행재정개혁, 교육개혁, 공무원제도개혁, 사회보장제도 개혁, 경제 및 세제 개혁, 미일위주의 외교방위 정책, 헌법 개정 등이다.

---

14) 요미우리 신문(読売新聞)에 따르면 하시모토는 외교, 방위문제에 대해 본인이 아는 척해도 잘 되지 않는다고 시인한 바 있다(『読売新聞』 2012年 10月 5日).

　유신팔책에 나타난 외교의 방향은 '세계의 평화와 번영에 공헌하고, 자력으로 일본의 주권과 영토를 지키며, 미일동맹을 기축으로 자유민주주의를 수호하는 나라와 연계하고, 일본의 생존에 필요한 자원을 국제협조 하에서 확보한다'는 것이다.

　하시모토의 외교이념은 유신팔책에 나타난 대외관계, 안보력, 국제공헌, 헌법개정의 발언을 통해 유추해 볼 수 있다. 〈표 1〉에서와 같이 대외관계에서 일본유신회는 미일동맹을 기축으로 한다는 것과 자유와 민주주의를 지키는 국가들과 연대를 강화한다고 밝히고 있으며, 그러한 차원에서 호주와 한국과의 관계강화를 사례로 들고 있다. 또한 중국 및 러시아와의 전략적 호혜관계강화를 제안한다. TPP참가 및 FTA의 확대 등 자유무역권의 확대를 주장한다. 유신팔책에서 과거사와 영토문제에 관련해서 언급한 것은 북방영토에 대한 교섭추진 내용 부분뿐이다. 국제공헌에서는 ODA의 지속적인 축소를 저지하고 적극적인 대외지원으로 전환하고자 하며, 방위력에서 PKO활동에 대한 참가를 강화하고, 외교안보의 장기 전략을 연구하고 입안하기 위한 외교안보회의의 창설을 제안하고 있다.

〈표 1〉 2012년 총선에서 나타난 일본유신회의 외교정치이념

대외관계론	방위력관련	국제공헌론	헌법개정
- 미일동맹 기축 - 한국, 호주 등 　자유민주주의 　국가와의 연대, 　중국, 러시아와 　전략적 호혜관계 - TPP, FTA확대 - 북방영토 교섭추진	- 자력으로 일본의 　주권과 영토를 　지킴 - 국가안전보장회의 　의 창설	- 유엔 PKO활동 　적극참가 - ODA감액 저지	- 헌법개정 　발의조건 현행 　의원 2/3 → 1/2 - 수상공선제, 　참의원제도폐지 　목적 - 헌법 9조의 　폐지여부에 대한 　국민투표실시

출처: 日本維新会 貝太 2013~2016.

2012년 2월 발표된 오사카유신회의 유신팔책에서 헌법 개정의 문제는 이념의 문제보다는 정치주도의 개혁선상에서 다루어지고 있다. 하시모토는 기본적으로 헌법 개정에 동의한다. 그 이유는 정치가 결정 가능한 민주주의를 추진하기 위해 수상공선제, 참의원 폐지가 이루어져야 한다고 보기 때문이다. 이에 대한 절차로서 하시모토는 헌법 개정을 위한 국민투표 회부요건인 중참양원 총의원 3분의 2이상의 찬성요건을 2분의 1로 낮추는 법안 개정을 촉구하고 있다.

2010년 처음 제안되고, 2012년 총선거까지 이어진 유신팔책에 나타난 하시모토의 외교이념은 여러 연구자들이 구분해 왔던 우익과는 다소 차이가 있다. 기존의 우익이 미국의 안보우산에서 벗어나고자 하고, 점령기 만들어진 평화헌법을 부정하는데 반해 하시모토는 미일관계를 중시하고, 헌법을 부인하지 않는다. 헌법을 개정하고자 하나, 헌법 개정의 목적은 정치개혁을 위한 절차법 개정이다. 전술한 2010년 6월 오사카 부의회에서 성립된 국기, 국가조례안의 성립과 이를 어긴 교원의 처벌 역시 일본 군국주의적 역사에 대한 긍정이라기보다는 유권자의 선택을 받은 최고의 의결기관에 대한 규율의 준수로 다루고 있다. 야스쿠니 참배 문제에 대해서도 하시모토는 일본의 역사를 만든 사람에 대해서 예를 다하는 것은 당연하지만, 정치의 방법으로 이 문제를 해결할 수 없는 것이 정치의 수치라 말하면서, 헌법 9조의 관점에서 근린제국도 납득할 수 있는 참배의 방법을 규칙화해야 한다고 밝힌 바 있다.[15] 즉, 단편적인 하시모토의 주장은 일본의 우익과 겹쳐지는 부분이 많이 있지만 맥락적인 측면을 고려할 때, 지역정당 출신의 하시모토는 우익의 이념을 실현하고자 하는 정치가라기보다는 본인의 강한 정치적 리더십을 확보하기

---

15) 『朝日新聞』 2012年 9月 14日.

위해 우익의 주장을 수단으로 활용하고 있는 일반적 보수범주의 정치가로 볼 수 있다.

하지만, 정치주도의 개혁을 추진하기 위해 이념을 활용하는 하시모토이기 때문에 하시모토의 외교이념은 가변적이었다고 볼 수 있다. 이러한 상황에서 하시모토와 함께 제3극을 형성하고자 하는 세력은 일본의 대표적 우익성향인 태양당의 이시하라 신타로(石原愼太郞)였다.

이시하라는 히도츠바시대학 재학 중에 발표한 '태양의 계절'에서 아쿠타가와상을 수상하고, 청년작가로서 세간에 알려졌으며, 1968년 무소속으로 참의원 전국구에 입후보하여 1위로 당선되었다. 이후 자민당에 입당하여 중의원에서 8회 당선되었고, 1975년 도쿄도지사선에서 미노베 지사에게 패한 바 있으나, 이후 국정에 복귀하여 76년 환경청장관, 87년 운수대신을 역임하였다. 95년 의원을 사직하고 정계를 은퇴하였지만, 99년 도쿄도지사에 무소속으로 입후보하여 당선된 후 2012년까지 도쿄도지사를 지냈다. 이시하라는 전후체제의 근간인 평화헌법을 인정하지 않으며, 자주헌법개정을 주장한다. 핵무장의 필요성을 언급하고, 미국에 대해 비판적이고, 미국으로부터의 독립을 강조한다. 역사문제에 대해서도 이시하라는 자국중심적 민족주의의 성격을 강하게 숨김없이 드러내고 있다. 일본이 식민지시대에 저지른 일은 제국주의의 시대의 시대정신으로 보면 정당화될 수 있는 부분이며, 일본이 없었더라면 아시아는 서구제국주의의 희생양이 되었을 것이라는 인식을 가지고 있기 때문에 일본이 아시아 국가들에 대해 굳이 사과하고 반성할 이유는 없다고 본다. 역사인식의 문제는 기본적으로 일본이 결정할 문제로서 타국에 의해 좌우될 성격은 아니라고 본다. 과거사 문제에 대해 일본이 지속적으로 반성외교 내지는 굴욕외교를 탈피하여 당당하게 자신의 주장을 펴야 한다고 보는 것이다.[16]

하시모토의 오사카 유신회와 이시하라의 태양당은 합당을 통해 자민당, 민주당에 이은 제3극을 추진하려고 하였지만, 이들의 정책은 상이하였다. 대표적으로 평화헌법과 원자력발전문제에 있어서 하시모토와 이시하라는 다른 의견을 견지하였다. 첫째, 헌법문제에 있어서 이시하라는 현행 헌법을 역사적으로 무효로 보고, 자주헌법을 만들어야 한다고 주장하는데 비해 하시모토는 헌법의 유효성은 인정하는 가운데 수상공선제, 참의원 폐지를 위한 발본 개정을 주장하였다. 둘째, 이시하라는 원자력발전을 일본에게 중요한 의미를 가지는 것으로 보고 탈원자력 발전의 움직임에 반대하였다. 하시모토는 탈원자력 발전을 주장하되, 기간한정 가동을 인정하고 있다. 이시하라와 하시모토는 탁월한 언변을 중심으로 지역으로부터 지지를 확보해온 정치가라는 공통점을 가지지만, 하시모토가 철저히 실용주의자인 반면, 이시하라는 센카쿠 열도 구입계획 및 핵병기 보유발언도 서슴지 않은 정치적인 현실과는 거리가 있는 레토릭을 구사하는 정치가로서 이들의 결합으로 인해 이시하라의 레토릭이 하시모토의 현실정치의 레토릭이 될 가능성이 존재하고 있었고, 이는 2013년 3월 발표된 일본유신회의 강령을 통해 확인되고 있다.

일본유신회는 강령에서 국가재생을 위해 일본이 안고 있는 근원적인 문제 해결에 임하고, 결정가능한 책임민주주의와 통치기구를 구축하기 위한 체제유신을 실행할 것임을 밝히고 있다. 이러한 체제유신 실행의 기본적인 생각으로서 '일본을 고립과 경멸의 대상으로 폄하, 절대평화라는 비현실적인 공동환상을 강요한 원흉인 점령헌법을 대폭 개정하고, 국가, 민족의 진정한 자립을 지도하고 국가를 소생 시킨다'는 문구가 삽

---

16) 이정환, 「남성주의적 자기표현의 매력과 한계: 이시하라 신타로의 이단아적 정치리더십 연구」, 『EAI 일본연구패널 보고서』 No. 2, 2012; 박철희, 『일본 보수세력의 보통국가론과 한국의 대응방안』, 외교안보연구원, 2005, 22~23쪽.

입되었다. '원흉인 점령헌법', '국가와 민족의 자립', '국가의 소생' 등 이시하라의 우익적 주장의 문구가 하시모토가 대표로 있는 일본유신회의 강령으로 자리 잡게 됨으로써, 하시모토에게 있어 우익은 수단적 의미에서 나아가 목적이 되었다.

태양당과의 합당 이후 일본 유신회의 우익성향은 한층 강화되어 미야케 히로시(三宅博) 등 구 태양당 의원을 중심으로 헌법무효론을 주장하고 있으며, 마이니치 신문(毎日新聞)이 중의원 선거 후보자를 대상으로 실시한 설문조사에서 일본 유신회 공인 후보자의 77%가 일본의 핵무장에 대해 '국제정세 따라 검토해야한다' 등의 긍정적인 답변을 하고 있다.[17]

2) 대한정책 성향

아사히신문 및 요미우리 신문검색 결과 하시모토가 정치에 입문한 2008년 이후 오사카유신회가 전국정당으로 확대되기 시작한 2012년 9월 이전까지 한국관련 정책성향을 뚜렷하게 나타낸 발언은 거의 없다. 하시모토 어록에서 발견한 것은 북한관련 문제로서 2011년 납치문제를 생각하는 국민대집회에서 하시모토는 '북한이 정상적인 나라가 되기까지 교류를 하지 않겠다'라는 발언을 한 바 있는데, 이 역시 중앙정부에 대한 비판으로 활용하면서 당시 정부가 북한에 대한 메시지가 약하기 때문에 오사카에서 발언을 시작한다고 밝히고 있다.[18]

2012년 가을 오사카 유신회가 전국정당으로 확대되면서 하시모토의 대 한국관련 정책에 대한 발언횟수가 늘고 있으며, 발언의 강도도 한층 강해지고 있는데 여기에는 두 가지 배경이 존재한다. 첫째는 2012년 7월

---

17)『毎日新聞』2012年 12月 8日.

18) 産経新聞大阪社会部, 2012.

러시아 총리 메드베데프가 2011년에 이어 두 번째로 일본과 영토분쟁지역인 쿠나시르를 전격방문한데 이어 2012년 8월 이명박 대통령이 독도를 방문하는 등 일본 내부에 영토를 둘러싼 국제문제가 심각화 되었다. 둘째, 2012년 중의원 총선을 앞두고 지역단체장 출신으로서 외교와 방위가 약하다는 평가를 불식시킬 필요가 있었기 때문이다.

독도, 위안부, 한일관계에 관한 발언을 통해서 파악한 하시모토의 대한정책의 특징은 다음과 같다.

첫째, 하시모토는 한일관계에 있어서 법리를 중시하고 있다. 한일 간 첨예한 입장차이를 보이는 독도문제에 대해서 하시모토는 독도의 공동관리를 목표로 설정하고, 한일 양국이 독도의 영유권 문제해결을 국제사법재판소에 위임해야 한다고 주장하고 있다.[19] 하시모토의 독도관련 발언은 트위터상의 논쟁으로 이어졌는데, 하시모토의 이 같은 발언을 매국노선이라고 비판하는 강경 우파에 대해 하시모토는 한국이 실효지배를 하고 있는 사실을 무력으로 번복할 수 없으며, 독도가 일본 고유의 땅이라는 논리만으로는 어떠한 문제도 해결할 수 없다는 점을 반론으로 제시하고 있다. 즉, 한국의 실효적 지배를 해결하기 곤란한 가운데 외교 교섭을 지속하여 최소한 공동관리 형태로 가지고 가자는 것이 현실적인 대안이라는 것이다. 하시모토는 과거사에 대한 해석 및 한일양국 간의 관계역시 법리의 문제로 다루고 있다. 하시모토는 한국과 일본은 자유, 민주주의, 인권, 법의 지배 등 가치관을 공유하는 이웃국가로서 중요한 관계에 있지만 위안부문제, 독도문제 등으로 양국관계가 냉각되었다고 본다. 일본이 과거에 대해서 잘못된 것을 직시하고, 반성은 해야 하지만, 이미 1965년 한일기본조약에 의해 일본과 한국의 법적인 청구권문

---

19)『朝日新聞』2012年 9月 26日.

제는 완전히, 최종적으로 타결되었으며, 위안부문제에 대한 청구권은 미해결이라는 한국 측의 주장에 대해서는 영토문제와 같이 국제사법재판소를 통해서 해결되어야 한다고 주장하고 있다.

둘째, 일본 국민의 내셔널리즘에 호소하기 위하여 위안부 문제를 활용하고 있다. 2013년 5월 하시모토는 군에서 위안부제도를 활용한 군대는 일본 뿐 아니라 미국 등 여러 국가에서 이루어진 것임에도 불구하고, 부당하게 일본의 위안부 문제만이 세계적으로 부각되어, 강제적으로 위안부를 납치하고 활용한 강간국가라는 비난을 받는 것에 대하여 문제제기를 하였다. 하시모토는 위안부 모집 및 이송에서의 군의 관여 및 강제성을 인정하는 고노담화에 대해 2007년 아베 내각의 각의결정 즉, 일본군의 강제성을 나타내는 증거는 찾을 수 없다는 입장을 지지하면서 이 맥락에서 한국 측에 증거를 요구하였다.[20] 나아가 하시모토는 전시 중 위안부 문제의 필요성을 언급하면서 오키나와의 주일 미군 문제의 해결을 위해 풍속업을 활용할 것을 제안하였다. 위안부 문제의 본질은 인권이 유린되었다는 점이며, 각국의 일본군 위안부 문제에 대한 접근도 인권의 입장에서 이루어지고 있음에도 불구하고, 하시모토는 인권이라는 보편적 가치보다는 일본이라는 국가의 이익과 국가이미지 즉 내셔널리즘에 입각하여 일본 대중적 지지를 확보하고자 하였다. 하지만 그 결과는 하시모토의 의도와는 다르게 나타났다. 아사히신문(朝日新聞)의 여론조사결과에 의하면 하시모토의 이 같은 발언에 대해 응답자의 75%가 문제가 있다고 답하였으며, 2013년 1월 16%에 이르던 정당지지율이 7%로 급락하는 계기가 되었다.[21]

유신팔책을 통해서 하시모토는 자유로운 경제네트워크의 구축을 중

---

20) 『朝日新聞』 2012年 8月 24日.
21) 『朝日新聞』 2013年 5月 20日.

시하며, 한국, 호주 등과의 관계 강화를 약속한 바 있다. 한편, 과거사 문제 등 한일 간 민감한 사안에 대해 강경 발언을 지속하면서 대중적 지지를 확보하고자 하고 있다. 하시모토는 경제와 정치분야에서 각기 다른 트랙을 통해 한일관계를 구축하고자 하고 있는 것으로 보이나, 결과적으로 이러한 경향은 모두 '국가', '국익'의 이름으로 수렴될 수 있다. 즉, 국정정당으로 진출한 하시모토는 지역이 아닌 일본의 국가지도층으로서 강력한 리더로서의 이미지를 구축하고자 하고, 그 수단으로 한일관계의 현안도 활용되고 있는 것으로 보인다.

4. 누가 하시모토를 지지하였는가

하시모토는 2008년 오사카부 지사, 2011년 오사카 시장을 역임하면서 오사카부민, 시민의 70%이상의 지지율을 확보하였다. 〈표 2〉는 2012년 중의원 선거의 각 정당별 총 득표수 및 득표율을 나타낸 표이다. 하시모토가 대표로 있는 일본유신회는 소선거구에서 11.6%의 득표율을 얻었으며, 비례구에서는 20.3%를 획득하여 의회 제2당인 민주당(15.9%)보다도 많은 지지를 획득하였다. 특히, 이 선거의 특징은 유권자들의 유동성이 현저히 증가한 것인데, 2009년 민주당 투표자 중에서 2012년 민주당에 투표한 사람은 24.7%에 지나지 않았고, 이들 중 28.4%는 자민당으로, 16.6%는 일본유신회로 지지정당을 바꾸었다는 점이다. 즉, 유권자의 정당에 대한 지지가 쟁점에 따라 바뀌고 있다고 해석할 수 있다.[22]

---

22) 고선규, 「2014 일본총선거와 자민당 정치의 한계」, 한국일본학회 90회 학술대회 발표문, 2015, 264~267쪽.

〈표 2〉 2012년 중의원 총선거 정당별 총득표수 및 득표율

	자민당	공명당	민주당	일본 유신회
소선거구	25,643,309 43%	885,881 1.4%	13,598,773 22.8%	6,942,353 11.6%
비례대표	16,624,457 27.6%	7,116,474 11.8%	9,628,653 15.9%	12,262,228 20.3%

출처: 總務省 http://www.soumu.go.jp/senkyo/senkyo_s/data(검색일: 2015년 1월 10일)

　그렇다면 누가 하시모토를 지지하고 있는가? 마츠타니가 2012년 1월 20세에서 79세 사이의 오사카부민 유권자를 대상으로 실시한 여론조사(유효 회수 772개)에 따르면, 사회에서의 귀속적 지위가 상 혹은 중상이라고 말한 사람들일수록 하시모토를 지지하는 것으로 나타났다. 계층의식이 하인 168명에게서는 하시모토에 대한 강한지지가 43%였는데 비해, 상, 중상이라고 답한 182명의 하시모토에 대한 강한 지지는 57%였다. 직업별 분류에서도 사회경제적으로 안정적인 사람들일수록 하시모토를 지지하고 있다. 비정규직에서 42%가 하시모토를 적극 지지하는데 비해 관리직종, 정규고용직에서는 각각 60%, 67%가 하시모토를 적극 지지하고 있다.

　같은 조사에서 내셔널리즘적 경향 및 신자유주의적 성격에 관련된 문항으로 세 가지를 꼽을 수 있는데, 첫 번째 애국심 및 국민의 책무를 가르치도록 교육을 수정해야 한다는 문항에 대해 463명이 찬성, 203명이 반대의견을 나타내었으며, 찬성하는 사람들의 55%는 강한 지지를 나타내고 있다. 둘째, 규제를 배제하고 민간에게 자유로운 활동과 자기책임을 위임한다는 문항에 대해서는 찬성이 350명, 반대가 304명이었다. 찬성하는 사람의 59%가 강한 지지를 나타내고 있다. 셋째, 사회의 활력 및 근면 하에서 경쟁을 실시한다는 문항에 대해서 찬성이 523명, 반대가 131명으로서 압도적으로 찬성이 우세하고, 찬성하는 사람의 53%가 하시

모토에 대한 강한 지지를 나타내었다. 즉, 하시모토를 지지하는 유권자
의식을 주목하면 현재 일본의 시민사회에서는 애국심을 중시하는 내셔
널리즘, 경쟁을 중시하는 신자유주의에 긍정적인 의식이 폭넓게 자리
잡고 있다는 것을 의미한다.[23]

하시모토는 이러한 유권자의식을 파악하고, 국정에서도 타국에 대한
일본의 이익과 일본의 국가이미지 등을 강조하면서 대중적 지지를 확보
하고자 하였다. 하지만 결과는 하시모토의 의도와 다르게 나타났다.
〈그림 1〉은 교도통신(共同通信)의 정당지지에 관한 여론조사결과를 나
타낸 것이다.

〈그림 1〉 일본의 정당지지 여론조사결과(2012년 9월~2015년 5월)

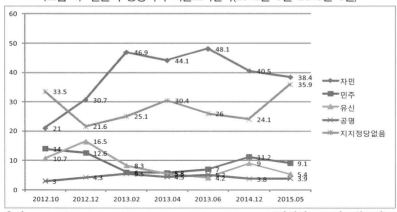

출처: Real Politics Japan. http://www.realpolitics.jp/research(검색일 2015년 5월 1일)

일본유신회의 지지율은 중의원 선거가 있었던 2012년 12월에는 민주
당 12.6%보다도 높은 16.5%로서 자민당에 이은 제2위의 지지율을 기록
하였다. 하지만, 이후 지지율이 감소하고 있는데, 특히 하시모토의 위안

23) 松谷, 2012, 111쪽.

부제도 긍정 발언 이후에는 지지율이 4.2%로 급감하고 있다.

　이 같은 결과로부터 유추할 수 있는 일본 유권자의 대중정서는 두 가지로 생각할 수 있다. 첫째, 일본사회에 국가와 국익을 추구하는 내셔널리즘이 부각되고 있다고 하더라도 보편적 인권 및 역사인식을 추구하는 트랜스 내셔널리즘 또한 사회저변에 폭넓게 자리 잡고 있다는 점이다. 즉 노이만(Elisabeth Neolle Neumann)이 침묵의 나선이론에서 말하는 바와 같이 배타적 국익을 추구하는 내셔널리즘이 사회적 분위기를 장악했지만, 침묵하고 있지만 편협한 내셔널리즘을 넘어선 보편적 공익을 추구하는 시민사회가 일본사회에는 공존하고 있다는 사실이다. 둘째, 일본 사회의 보수화의 중심성격은 대외지향적이 아닌 자신들의 생활영역에서의 이익을 지키려는 내향적 생활 보수주의적 성격을 가진다(이정환 2014, 28). 주민투표 직전인 4월 조사에서 시민의 지지율 53%를 보유한 하시모토가 그의 간판정책인 오사카도 구상 찬반투표에서 패함(찬성 49.62%, 반대 50.28%)으로써 정계에서 은퇴하게 되었다.[24] 반대의사를 표한 사람들은 하시모토가 도구상 실현 후, 이중행정으로 인한 낭비의 축소, 카지노 등 새로운 사업 유치 등으로 2762억 엔의 흑자를 주장하지만, 그보다 새로운 구청의 건설 및 주민표시스템의 변경에 동반된 지출의 증가, 주민 서비스의 저하우려를 반대의 이유로 들고 있다. 즉 일본 시민의 대중정서는 자신들의 이득을 지키려는 생활보수적 감각이 강하고, 이 같은 토대 하에서 일본정치권의 강경보수 외교노선이 동시에 유입되고 있으나, 생활보수적 유권자의 기대에 성과가 미치지 못하면 그 지지는 언제라도 철회될 수 있다.

---

24) 『朝日新聞』 2015年 4月 11日.

5. 결론

이 글에서는 한국에서는 우익정치가로 널리 알려진 하시모토 도루에 대한 일본 내 선행연구 및 매체에서의 분석경향을 소개하고, 2012년 2월 발표된 오사카유신회의 유신팔책, 2013년 3월에 발표된 일본유신회의 강령, 아사히, 요미우리 신문에 나타난 하시모토에 관한 기사를 바탕으로 하시모토의 외교정치이념 및 대한정책의 성향이 어떻게 변화하고 있는지 시계열적으로 분석하였다. 나아가 하시모토의 지지층을 분석하여 국수주의적 포퓰리스트 정치가의 등장과 퇴각의 원인을 찾아보고자 하였다.

첫째, 교육기본조례, 국기, 국가조례안 등의 일련의 정책을 근거로 볼 때, 하시모토의 정책 및 정치사상은 대체로 신자유주의, 신보수주의로 분류되고 있으며, 일본 매체에서의 하시모토에 대한 논평은 일반적으로 그의 정치적 사상보다는 화려한 언동과 인기몰이 등의 포퓰리스트로서의 전략에 주목하고 있다. 그 연장선상에서 최근 일부연구에서는 하시모토를 무사상(無思想)성의 정치가로 분류하고 있다. 대중적 인기를 얻기 위해 여러 이념이 혼합된 정책을 구사하고 있기 때문이다.

둘째, 하시모토의 외교이념은 하시모토가 오사카 유신회를 중심으로 지역의 주도권을 확보하려고 하는 시기(2010년 4월~2012년 9월)와 일본 유신회를 발족, 전국정당으로서 활동하던 시기(2012년 9월 이후)간 차이가 있다. 오사카 유신회가 전국정당으로 확대되면서 대외정책에 관한 발언의 횟수가 증가하고 있으며, 우익성향이 강하게 피력되고 있다. 지역정치가 시기부터 하시모토는 헌법개정문제 등에 찬성하였지만, 평화헌법 자체를 부정하지 않았으며, 헌법 개정의 목적은 정치개혁을 위한 절차법 개정이었다. 요컨대, 하시모토는 우익의 이념을 실현하고자 하는 정치가라기보다는 본인의 강한 정치적 리더십을 확보하기 위해 우익의 주장을 활용하는 일반적 범주의 보수정치인의 범주에 속해 있었다고 보여진다. 하지만, 전국정당으로의 진출과 동시에 극우성향의 이시하라와 결합하게 되면서 일본유신회는 평화헌법 자체를 부정하고, 핵무장을 주장하는 다수의 의원들이 존재하는 우익정당으로 변모하게 되었다.

셋째, 국정정당으로 진출한 하시모토는 지역이 아닌 일본의 국가지도층으로서 강력한 리더로서의 이미지를 구축하고자 하고, 그 수단으로 한일관계의 현안을 활용한 것으로 보인다. 하시모토는 경제와 정치 분야에서 각기 다른 한일 관계구축을 시도하였다. 유신팔책을 통해서 하시모토는 자유로운 경제네트워크의 구축을 중시하며, 한국과의 관계 강화를 주요정책으로 내세웠다. 한편, 독도의 공동 관리를 목표로 설정하고, 독도영유권 문제해결을 위해 국제사법재판소에 위임해야 한다고 주장하고 위안부문제에 대한 청구권 역시 국제사법재판소를 통해 해결할 것을 제안한 바 있다. 결과적으로 이러한 경향은 모두 '국가', '국익'의 이름으로 수렴될 수 있는데, 여기서 더 나아가 하시모토는 일본 국민의 내셔널리즘에 호소하기 위해 한일 간 과거사 문제를 활용하고 있다. 위안부 문제에 대한 국제사회의 일본에 대한 부당한 평가발언이 그 예이다.

넷째, 하시모토의 지지층 분석을 통해 최근 일본 사회가 애국심을 중시하는 내셔널리즘, 경쟁을 중시하는 신자유주의에 긍정적이라는 것을 알 수 있다. 보수 성향의 지역정당이 급증하고 있는 것도 이를 보여주는 한 가지 증거이다. 하지만, 최근의 하시모토 위안부 발언 이후 일본유신회에 대한 지지율 급감현상은 일본사회에 국가와 국익을 추구하는 내셔널리즘이 부각되고 있다고 하더라도, 그것은 보편적 인권 및 역사인식을 추구하는 트랜스 내셔널리즘의 기반 위에 형성된 것임을 보여주고 있다. 하시모토는 이러한 일본사회의 구조를 과소평가 하였고, 그로 인해 정치적인 위기를 맞았다.

  정치권의 내셔널리즘의 강화와는 별개로 일본의 대중정서는 애국, 전통, 인권, 평화 등 다양하게 존재하는 가운데 자신의 이득을 지키려는 생활 보수주의로 수렴하고 있다. 침체된 일본경제에 대한 불안감과 유약한 정치리더십에 대한 불만의 고조가 하시모토와 같은 국수주의적 포퓰리즘을 구사하는 리더의 등장을 추동하는 계기가 되었지만, 생활 보수적 유권자의 기대에 대응한 가시적인 성과가 지속적으로 제공되지 않는다면, 포퓰리스트 리더에 대한 대중의 신뢰는 한시적일 수밖에 없다.

참고문헌 ··

고선규, 「2014 일본총선거와 자민당 정치의 한계」, 한국일본학회 90회 학술대회 발표문, 2015.

김호섭, 『일본우익연구』, 서울: 중심, 2000.

박명희, 「21세기의 사카모토 료마? 하시모토 토루의 정치기업가적 리더십」, 『담론201』 제15집 4호, 2012.

박철희, 『일본 보수세력의 보통국가론과 한국의 대응방안』, 외교안보연구원, 2005.

박철희, 「일본보수화의 삼중구조」, 『일본비평』 10호, 2014.

박훈, 『일본우익의 어제와 오늘』, 동북아역사재단, 2008.

송주명, 『탈냉전기 일본의 국가전략: 안보내셔널리즘과 새로운 아시아주의』, 파주: 창비, 2009.

이정환, 「남성주의적 자기표현의 매력과 한계: 이시하라 신타로의 이단아적 정치리더십 연구」, 『EAI 일본연구패널 보고서』 No.2, 2012.

이정환, 「장기불황, 구조개혁, 생활보수주의」, 『일본비평』 10호, 2014.

한상일, 「잃어버린 10년과 방황하는 일본의 민족주의」, 『일본연구논총』, 16호, 2002.

한의석, 「일본정치의 변화와 정당-유권자 연계: 2000년대 정당정치를 중심으로」, 『한국정치학회보』 48(4), 2014.

若宮啓文, 『戦後保守のアジア観』, 東京: 朝日選書, 1995.

大嶽秀夫, 『日本型ポピュリズム』, 東京: 中央公論新書, 2003.

上山信一, 『大阪維新:橋下改革が日本をかえる』, 東京: 角川新書, 2010.

産経新聞大阪社会部 編, 『橋下徹研究』, 東京: 産経新聞社, 2009.

産経新聞大阪社会部 編, 『橋下語録』, 東京: 産経新聞社, 2012.

読売新聞大阪本社社会部 編, 『橋下主義: 自治体の道』, 東京: 梧桐書院, 2009.

橋下徹・堺屋太一, 『体制維新大阪都』, 東京: 文春新書, 2011.

吉冨有治,『橋本徹は改革者か壊し屋か大阪都構想のゆくえ』, 東京: 中央公論新
　　社, 2011.

出井康博,『首長たちの革命－河村たかし, 竹原信一, 橋下徹の仕掛けた“戦争”
　　の実像』, 東京: 飛鳥新社, 2011.

松田健次郎,「橋下徹府知事記者会見記録探索的分析」, *Theoretical and Applied*
　　Linguistics at Kobe Shoin 13, 2010.

内田樹外,『橋下主義を許すな－独裁者の野望と矛盾を衝く』, 東京: ビジネス社,
　　2011.

田村秀,『暴走する地方自治』, 東京: ちくま新書, 2012.

山口二郎,『ポピュリズムの反撃 戦後民主主義の条件』, 東京: 角川書店, 2010.

松谷満,「誰か橋下を支持いているか」,『世界』no.832, 2012.

想田和弘,「言葉が支配するもの橋下支持の謎を追う」,『世界』no.832, 2012.

有馬晋作,「橋本劇場にかんする批判的評論の分析」,『鹿児島県立大学商経論叢』
　　no.63, 2013.

飯尾潤,『政権交代と政党政治: 歴史の中の日本政治』, 東京: 中央公論新書, 2013.

제8장

2000년대 자민당 온건보수의 향방

—新YKK 정치연대의 아시아 중시 외교노선의 성격과 몰락

이정환

_국민대학교

1. 서론

2012년 12월 재집권에 성공한 자민당 정권은 외교정책 노선에서 2009년에서 2012년의 3년간의 민주당 정권에 비해 대한정책을 비롯한 아시아정책 전반에서 보다 보수적 입장에 서있다. 외교정책 노선에서 선명한 온건노선을 견지하는 비자민정치세력의 향후 집권이 단기간 이내에 곤란해 보이는 상황에서, 집권세력으로 자민당이 장기간 존재할 가능성이 크다. 이러한 여건 하에서 보수강경의 입장과 차별되는 자민당 내의 온건보수파의 입장과 그들의 정치적 여건을 살펴보는 작업은 자민당의 향후 외교정책의 변화를 예측하는 데 일조할 수 있을 것이다. 이러한 관점에서 본 장은 아베 신조(安倍晋三)의 현 당 지도부의 강경보수 입장과는 차별되는 온건보수적 성격의 아시아 중시 외교노선을 견지해 온 자민당 정치인들의 외교노선의 성격의 실체적 성격을 밝히고, 그들이 자민당 내에서 처한 여건을 분석하고자 한다.

자민당 내에서의 온건보수적 아시아 중시 외교노선을 지니는 유력 정치인들은 향후 보다 건전한 한일관계의 구축에 기여할 가능성이 있다. 따라서 자민당 내에서 현 지도부와 차별화된 온건보수의 외교정책 노선을 지니는 정치인들의 범주를 세심하게 파악하고 이들의 일본 국내정치에서의 위상과 역할에 주목하는 것은 한국정부의 향후 대일정책 모색에도 매우 중요한 정책적 함의가 있다고 볼 수 있다.

본 장은 2000년대의 자민당 내의 외교노선의 갈등에 집중하여 보다 정책적 함의를 제고하고자 한다. 2000년대 자민당 내에는 외교노선을 둘러싸고 가치관 외교노선 대 현실주의 외교노선의 대립이 있었다고 볼 수 있다. 이 노선 대립은 현 자민당 지도부가 정권을 담당하던 2000년대 중반, 야마사키 다쿠(山崎拓), 가토 고이치(加藤紘一), 고가 마코토(古賀誠)가 소위 新YKK 정치연대를 구성하고, 당시 주류인 아베 신조와 아소 다로(麻生太郎) 등에 정치적 대립각을 세웠던 상황에서 두드러지게 나타난다. 이들 3인에 더해 니카이 도시히로(二階俊博), 노다 다케시(野田毅) 등이 아베와 아소에 대립되는 자민당 내 비주류를 구성하고 있었다.

新YKK로 대변되는 자민당 내 비주류그룹은 비둘기파의 관점에서 친중적 노선을 견지하면서 2006년의 아베 정권에 비판적인 입장에 서있었다. 하지만, 2000년대 중반 자민당 내 파벌구도에서 실력자들이었던 이들을 단순하게 친중적 비둘기파로 규정지울 수는 없다. 스스로 보수리

버럴임을 명백하게 밝히는 가토 고이치와는 달리, 야마사키 다쿠와 고가 마코토는 원래 자민당 내 비둘기파로 간주될 수 없다. 상이한 정책노선과 파벌에 바탕을 두고 있었지만, 이들은 2000년대 중반 자민당 내 비주류의 정치적 입장에서 연대하였고, 이들을 하나로 묶었던 정책지향점은 아시아 근린국들과의 관계개선을 중요시하는 외교정책이었다. 따라서 일본사회의 우익세력들은 이들을 친중파로 비난하는 관점을 견지하였으며, 자민당 내에서 당시 아베를 지지하던 강경보수 정치세력은 新YKK에 대항하는 입장에서 '가치관외교를 추진하는 의원 모임(価値観外交を推進する議員の会)'을 결성하였다. 인권과 민주주의의 동일한 가치관을 지니는 국가와의 관계를 중시하는 입장을 표명하는 이들 자민당 주류 의원모임의 입장은 중국과 북한에 대한 비판적 자세와 역사문제에서의 일본중심적 해석의 관점을 의미하는 것이었다. 이에 반해 新YKK 정치연대는 현실주의적 관점에서 아시아 근린국들과의 관계개선을 추구하였다고 볼 수 있다. 따라서 본 장에서는 2000년대 중반의 자민당 내 외교노선의 대립을 가치관 외교노선 대 현실주의 외교노선의 대립으로 파악하고, 현실주의 외교노선을 대표하던 新YKK 정치연대의 아시아 중시 외교노선의 성격을 우선 밝히고자 한다.

하지만 新YKK 정치연대를 구성하는 핵심 정치인들의 외교노선이 표면적으로 유사하다 하더라도 그들의 구체적 입장은 근본적으로 하나로 수렴될 수 없다. 따라서 이들의 아시아 중시 외교노선의 성격을 밝히는 작업은 보다 세심한 분석 작업이 필요하다. 따라서 야마사키, 가토, 고가 3인의 1) 역사, 영토 문제에 대한 입장, 2) 야스쿠니신사 참배에 대한 입장, 3) 헌법개정에 대한 입장, 4) 북한문제에 대한 입장을 각기 비교해서 분석하는 작업이 필요하다. 그리고 그들 사이의 상이점과 유사점을 파악하여, 그들의 아시아 중시 외교노선의 핵심적 내용과 주변적 내용

을 구별하여 명확하게 드러내는 작업을 진행하고자 한다.[1]

新YKK 정치연대는 자민당 내 보수적이지만 현실주의적 관점에서 한국과 중국과의 관계개선을 추구하는 온건보수의 가능성을 지속시켰다는 점에서 중요하다고 할 수 있다. 하지만, 이들은 자민당 내의 권력투쟁에서 현재 몰락했다고 볼 수 있다. 아베와 아소가 권력의 중심으로 돌아오는 2012년의 상황에서, 야마사키, 가토, 고가는 모두 자의반 타의반으로 정계를 떠나게 되었다. 현재 정책적으로 중요한 질문은 이들의 아시아 중시 외교노선의 공통적인 요소는 무엇이고, 그들의 아시아 중시 외교노선이 자민당 내에서 계승되고 있는가이다.

2. 자민당 내 가치관 외교노선 대 현실주의 외교노선의 대립

1) 2000년대 자민당 내 주류와 비주류의 역전

2000년대 들어 자민당 총재직은 모리 요시로(森喜朗), 고이즈미 준이치로(小泉純一郎), 아베 신조, 후쿠다 야스오(福田康夫), 아소 다로에 의해 이어졌다. 아소 다로를 제외하고는 모두 모리파에 속한 정치인들이다. 1970년대 외교노선에서 중일국교정상화에 소극적이고 대만과의 관계를 중요시하던 후쿠다 다케오(福田赳夫)의 세이와정책연구회(清和政策研究会)의 2000년대 초반의 회장 모리의 이름을 딴 모리파는 역사적으로 헌법개정, 재군비에 대한 적극적인 자세로 자민당 내의 반요시다 노선을 대표해왔다.[2]

---

1) 본 연구는 주로 아사히신문사 데이터베이스 검색을 통해 수행되었다.

　세이와정책연구회는 2000년대 이전에 자민당 내 주류적 위치를 차지하지 못했었다. 요시다 노선을 견지한 이케다 하야토(池田勇人)의 고치회(宏池会)가 1960년대 주류적 위치를 차지했었다. 1970년대는 다나카 가쿠에이(田中角栄)의 칠일회(七日会)-목요그룹(木曜クラブ)이 오히라 마시요시(大平正芳)의 지도하의 고치회와 연합하는 형태로 주류를 구성하였다. 1970년대 주류적 위치를 누려온 다나카파는 1980년대와 1990년대도 주류적 위치를 유지하여왔다. 1980년대 초 강력한 지도력을 보여준 나카소네 야스히로(中曽根康弘)도 다나카파의 도움 속에 집권할 수 있었다. 다나카파 정치인들의 연이은 스캔들, 1990년대 초 다나카파의 핵심이었던 오자와 이치로(小沢一郎)의 자민당 탈당과 자민당의 집권 실패 등으로 부침을 겪었지만, 다나카파는 파벌 명칭을 1987년 경세회(経世会), 1996년 헤이세이연구회(平成研究会)로 변화하였지만, 다케시타 노보루(竹下登), 오부치 게이조(小渕恵三), 하시모토 류타로(橋本龍太郎)로 회장직이 계승되는 동안, 자민당 주류의 위치를 잃지 않았다. 경제정책노선에서 적극재정을 선호하는 다나카의 후예들이 요시다 노선의 정통 계승자인 이케다의 후예들과 외교정책노선에서 비둘기파의 공통점 속에서 자민당 내 긴밀한 연대를 갖고 1970년대 이래로 자민당의 주류적 위치를 차지해왔다. 이에 반해 요시다 노선에 반하는 기시 노부스케(岸信介) 전통에 서 있는 후쿠다 다케오의 후예들은 자민당 보수 본류에 대한 당내 야당의 성격을 오랫동안 유지하여 왔다.[3]

　자민당 당내 정치투쟁과 파벌 간 합종연횡은 언제나 치열하였지만, 1990년대 들어서 다케시타파에 대한 당내 저항은 보다 강력하였다. 정치스캔들과 오자와의 이탈로 약화된 다케시타파에 대항하는 범파벌적

---

2) 大下栄治, 『田中角栄VS福田赳夫 昭和政権暗闘史 四巻』, 静山社, 2010.

3) 河内孝, 『血の政治 - 青嵐会という物語』, 新潮社, 2009.

움직임으로 가장 눈에 띄는 움직임은 소위 YKK 정치연합이다. 고치파의 핵심 중견이었던 가토가 나카소네파의 야마자키, 세이와정책연구회의 고이즈미와 함께 반다케시타파의 기치를 들고 범파벌 정치세력연대를 구성하였다. 세 명의 이니셜을 따서 YKK트리오로 불린 이들은 신진정치인들을 규합하여 1994년 새로운 정치그룹 그룹 신세기(グループ・新世紀)를 발기하고 정치개혁을 앞세웠다. 이들의 공통의 지점은 다케시타파의 이익유도정치에 대한 비판이고, 따라서 YKK 정치연합의 출발점은 재정정책에 있어서의 건전재정노선이라고 볼 수 있다. 파벌영수였던 미야자와 기이치(宮澤喜一)가 다케시타파의 도움 속에 총리로 취임하였지만, 가토는 반다케시타파 노선을 선명하게 드러내고 이를 위한 범파벌적 연대를 추구한 것이다.[4]

가토를 중심으로 한 YKK 정치연합은 파벌보스 간의 타협으로 등장한 2000년 모리 내각에 대한 야당의 불신임결의안에 찬동하는 '가토의 난'을 기점으로 동력을 상실하게 된다. 가토와 야마자키가 모리 내각에 대한 불신임안에 찬성한 것에 비해, 고이즈미는 파벌영수인 모리를 지지하는 입장을 견지하였고, 세력규합에 실패한 가토와 야마자키는 자민당 내 영향력을 급속하게 상실하게 되었다. 특히 가토는 자민당 보수본류인 고치회의 분열 속에 파벌에 대한 지도력마저 크게 손상을 입었다. 이러한 분열 속에서 고치회는 자민당 내 위상의 저하를 경험하게 되었다. YKK 정치연합은 2001년 고이즈미가 집권하면서 와해되었다. 야마자키가 고이즈미와 돈독한 관계를 유지한 것에 비해서 가토는 고이즈미 내각에 대해 비판적인 관점을 유지하면서, YKK의 정치적 구심력은 와해되었다.[5]

---

4) 박철희, 『자민당 정권과 전후 체제의 변용』, 서울대학교출판부, 2011.
5) 위의 책.

고이즈미는 우정개혁과 도로공사개혁, 공공사업 축소의 구조개혁 노선을 통해 다나카파의 핵심정치기법인 이익유도정치의 근간을 부수는 기획을 추구하였고, 이러한 고이즈미 구조개혁은 2005년 우정선거에서의 정치적 성공으로 자민당 내의 강력한 영향력을 확보할 수 있었다.[6] 고이즈미의 정치기법은 기존의 파벌 간 조정의 메커니즘을 넘어서는 모습을 지니고 있었다. 하지만, 고이즈미의 정책과 정치적 선택은 자민당 내의 헤이세이연구회의 저하와 세이와정책연구회의 강화를 가져왔다.[7] 다나카와 후쿠다 다케오의 1972년 자민당 총재 선거 이래로의 오래된 경쟁에서 후쿠다의 다나카에 대한 승리가 2000년대 초반 고이즈미 시절에 이루어졌다고 볼 수 있다.

고이즈미 이래로 자민당 내에 세이와정책연구회는 주류적 위치를 유지하고 있다. 고이즈미-아베-후쿠다 야스오는 모두 후쿠다 다케오와 긴밀한 인적 네트워크를 갖고 있다. 고이즈미는 후쿠다 다케오의 비서관으로 정치입문을 하였으며, 아베 신조는 후쿠다 다케오로부터 파벌영수를 이어받은 아베 신타로(安倍晋太郎)의 아들이고, 후쿠다 야스오는 후쿠다 다케오의 아들이다. 이러한 후쿠다 다케오와 긴밀한 관계에 있는 2세 정치인들이 세이와정책연구회의 파벌을 토대로 자민당을 이끌어 온 것이 2000년대 자민당 내부정치의 핵심적 현상이었다. 2008년 취임한 아소는 세이와정책연구회 파벌의 소속정치인은 아니었지만, 소수파벌의 지도자인 아소가 집권할 수 있었던 것은 세이와정책연구회 파벌의 뒷받침 없이는 불가능했다.[8]

6) 清水真人, 『官邸主導: 小泉純一郎の革命』, 日本経済新聞社, 2005.
7) 박철희, 2011.
8) 위의 책.

2) 외교노선을 둘러싼 자민당 내 갈등:
가치관 외교노선과 新YKK의 현실주의적 관점

고이즈미는 국내경제정책은 물론 외교정책에서도 적극적인 변화의 움직임을 보여주었다. 1990년대 탈냉전의 시대변화에 맞추어 요시다 노선에서 벗어나야 한다는 정치권 내의 관점이 증가하였지만, 기존의 수동적 자세에서 큰 변화가 없었다. 또한 1990년대 내내 미일동맹의 근간 속에서 근린국 중국과 한국과의 원만한 관계 유지를 위해 과거사 이슈에 대한 화해와 용서의 노선을 유지하였다. 하지만, 고이즈미 정권은 2001년의 9 · 11사태 이후 미국의 대테러전쟁에의 적극적인 협조를 추구하였고, 고이즈미 총리는 중국과 한국과의 엄청난 반발 속에서도 야스쿠니 신사 방문을 지속하였다.

고이즈미 정권의 외교노선은 자민당 내에서 전폭적인 지지를 받았던 것은 아니었다. YKK 정치연합으로 1990년대 고이즈미와 밀월관계에 있던 가토와 야마자키는 중국과의 관계 개선에 매우 적극적인 입장을 취하고 있었다. 고이즈미의 총리 취임 후 고이즈미와 소원해진 가토는 자민당 내에서 보수 리버럴의 목소리를 발신하며 외교정책 노선에서 매파의 목소리가 커진 자민당 내의 야당적 입장을 취하고 있었다.[9] 한편 야마자키는 고이즈미 취임 후 간사장으로 취임하여 당내 반발로부터 고이즈미 정권을 옹호하는 역할을 수행하였다. 또한 대테러전쟁에 대한 고이즈미 정권의 미국과의 협조에 적극 협조하였다. 하지만, 고이즈미가 우정개혁에 본격적으로 나서면서 야마자키는 고이즈미와의 관계가 소원해지기 시작하여, 고이즈미의 야스쿠니 신사 참배로 불거진 중일, 한

---

9) 加藤紘一, 『強いリベラル』, 文芸春秋, 2007.

일 간의 갈등의 증폭을 계기로 고이즈미에 비판적 입장으로 돌아서게 되었다.10)

2000년대 중반의 자민당 내 비주류적 정치적 입장은 고이즈미의 대아시아 외교노선에 대한 반발을 중심으로 형성되었다. 일단 고이즈미의 아시아 국가들과의 불편한 관계는 야스쿠니 신사 참배로 인한 아시아국가들의 반발에서 기인했다. 2005년 야마자키는 야스쿠니 신사에 대한 대체시설을 고민하는 의원모임으로서 '국립추도시설을 생각하는 모임(国立追悼施設を考える会)'을 발족시켰다.11) 야마자키를 회장으로 하는 이 모임에는 오랜 맹우인 가토와 함께, 자민당 내에서는 후쿠다 야스오 등이 참여하였다. 후쿠다 다케오의 아들이지만 후쿠다 야스오는 세이와정책연구회의 매파적 외교노선에 서있지 않다. 고이즈미의 뒤를 이어 총리로 취임한 아베 신조가 세이와정책연구회의 매파적 외교노선을 상징하고 있다고 볼 수 있다.

야마자키와 가토의 고이즈미의 대아시아 외교노선에 대한 반발은 고가와의 새로운 삼자관계 정립을 통해 발전되었다. 야마자키와 가토는, 가토의 난 이후 분열된 고치회의 지도자이자 고이즈미의 도로공단민영화개혁에 강하게 반발했던 도로족(道路族)의 대표적 인물인 고가와 함께 새로운 연대를 이루었다. 야마자키, 가토, 고가의 新YKK 연합을 묶는 지점은 야스쿠니 신사 참배 반대가 아니었다. 고가는 오히려 야스쿠니 신사 참배에 매우 적극적인 입장이었다.12) 3인의 구체적 외교현안에 대한 입장은 매우 다양하고 차별화되지만, 그들은 모두 일본이 중국, 한국,

10) 박철희, 2011.

11) 『朝日新聞』 2005년 11월 17일.

12) 고가는 2002년부터 10년 동안 일본유족회의 회장으로 있으면서 2000년대 중반에는 야스쿠니 신사 총대(總代)직도 맡았었다.

그리고 북한과의 근린국외교에 매우 유화적 입장으로 나아가야 한다는 점에 동의하였다. 그들은 현실주의적 입장에서 중국, 한국과의 협력적 관계가 일본의 국가이익에 부합하고 이를 위해 갈등적 요소를 최대한 줄여야 한다는 점에 대해 동의하였다. 이들 3인은 명시적 그리고 비명시적으로 고이즈미의 후계로 아베가 총리에 취임하는 것에 대해 매우 부정적이었다.[13) 그리고 아베 집권 중인 2007년에 新YKK의 회합을 계기로 세력화를 시도하고, 참의원 선거에 대패한 아베를 끌어내릴 구상을 도모했다.[14) 아베가 2006년 취임 후 첫 방문지로 중국을 택하고, 야스쿠니 신사 참배를 하지 않는 모습을 보였지만, 아베의 역사관과 그에 입각한 가치관 외교노선이 아시아 주변 국가들과의 관계에 미칠 부정적인 영향에 대해서 우려하는 목소리가 자민당 내에서 新YKK 정치연합에 의해 대변되었다고 볼 수 있다.

2007년 아베 정권 하에서 자민당 내의 구도는 아베를 중심으로 하는 주류와 新YKK의 비주류간의 대립이었고, 그 갈등의 중심에는 외교노선에 대한 갈등이 놓여있었다. 아베 지지그룹은 '가치관 외교를 추진하는 의원모임(価値観外交を推進する議員の会)'을 만들어 비주류의 공세에 대응하였다.[15) 아베의 가치관 외교는 인권, 자유, 민주주의의 동일한 가치관을 지니는 국가들과의 외교관계를 강화 추진한다는 것으로 기본적으로 미국의 네오콘의 이념적 지향성을 수용한 것으로 볼 수 있다. 가치관 외교는 당연히 체제가 다른 중국과 북한에 대한 비호의적 입장으로 연결되고 이에 대한 우려와 반발의 목소리가 新YKK의 현실주의적 노선이다.[16) 新YKK가 아베 퇴임 이후 아소포위망을 형성하고 후쿠다를 지지

---

13) 『週刊アエラ』 2006년 1월 30일.

14) 『週刊アエラ』 2007년 7월 9일.

15) 위와 같음.

한 이유는 고이즈미와 아베로 이어지는 대중강경노선이 아소로 인해 더 전개될 것을 막기 위해서였다.[17]

新YKK는 2000년대 자민당 내의 매파적 아시아노선에 대한 반대의 공통의 인식 속에서, 한국과 중국과의 호혜적 관계 유지에 대해 적극적이었다. 하지만, 그들의 개별 사안에 대한 입장은 매우 상이하다고 볼 수 있다. 기본적으로 가토는 헌법개정, 야스쿠니신사 문제, 역사문제, 영토문제 등에 대해 일관된 보수리버럴의 입장에 서 있다면, 야마자키와 고가는 부분적으로 헌법개정이나 야스쿠니신사 문제에 있어서 보수리버럴로 간주될 수 없는 입장을 지니고 있다.

3. 新YKK 정치연대의 아시아 중시 외교노선의 성격

2000년대 중반 자민당 내 비주류를 주도했던 新YKK 정치연합의 가토, 야마자키, 고가 삼인은 현실주의적 아시아 중시 외교노선을 가지고 있다고 간주된다. 하지만 그들의 각각의 개별 이슈에 대한 상당한 차이점이 포착된다. 그들은 근린 아시아 국가 중국과 한국과의 선린 관계의 유지의 필요성과 그를 위한 영토문제의 보류(棚上げ)와 역사 문제에 있어서의 신중한 자세를 강조하는 공통점을 지닌다. 하지만, 그들은 헌법개정과 야스쿠니 신사 참배 문제에 있어 매우 상이한 목소리를 내고 있다. 헌법개정에 적극적인 야마자키는 호헌의 관점을 유지하는 가토, 고가와 대별되고, 일본유족회장으로서 야스쿠니 신사 참배에 적극적인 고가와

16) 屋山太郎, 『安倍政権で再び大国を目指す日本─価値観外交とTPPが成長のカギ』, 海竜社, 2013.
17) 『朝日新聞』 2007년 9년 28일.

는 달리 가토는 야스쿠니 신사 참배 자체에 대해 매우 부정적이다. 야마자키는 본인 스스로는 야스쿠니 신사에 참배하곤 하지만, 외교적 필요성으로 총리와 핵심 각료의 야스쿠니 신사 참배에 대해 자제를 요청하는 입장을 유지한다. 일본의 보수우경화에 대한 획일적 관점에서는 헌법개정과 야스쿠니 신사 참배의 이슈로 판단컨대 가토를 제외한 야마자키와 고가는 우익적 인사로 분류될 수 있다. 하지만, 헌법개정과 야스쿠니 신사 참배의 필요성은 인정하더라도 아시아 근린국가와의 외교관계를 고려해서 유연하게 움직여야 한다는 일본 정치권 내의 목소리는 한국의 대일정책의 관점에서 일본이 보수우경화로 진행되는 흐름을 제어할 수 있는 매우 중요한 자산으로 간주될 수 있을 것이다. 본 절에서는 가토, 야마자키, 고가 삼인의 영토·역사 문제 해결방안에 대한 입장, 야스쿠니 신사 참배 문제에 대한 입장, 헌법 개정 문제에 대한 입장, 북한 문제 해결방안에 대한 입장을 각기 비교하고자 한다.

1) 영토 · 역사 문제 해결방안에 대한 입장

가토, 야마자키, 고가의 현실주의적 외교인식의 핵심은 한국과 중국과의 선린 관계가 일본에게 절대적으로 중요하다는 관점이다. 가토, 야마자키, 고가는 정도는 다르지만 일본 우익들에 의해 친중파 정치인으로 분류된다. 대표적 자민당 내 보수리버럴인 가토는 우익으로부터 친중을 넘어 미중(媚中)이라는 비난을 받아오고 있다. 야마자키와 고가는 야스쿠니 신사에도 참배하는 면에서 보수리버럴로 간주되지 않지만, 아시아중시파로 분류된다. 매파 외교 노선이 득세한 2000년대 중반, 2005년에 자민당 정조회장, 2006년에 간사장을 역임한 나카가와 히데나오(中川秀直)는 이들 아시아중시파들을 고루한 낡은 감상에 주변국에 양보만

할 가능성 있는 시대에 뒤떨어진 정치인들로 분류하고 있다.[18] 이는 한국과 중국과의 핵심 이슈들에서 1990년대 많은 양보를 해서 얻은 것이 없다는 자민당 내 매파의 불만의 목소리이자, 1990년대 온건 노선에 서 있는 자민당 내 아시아중시파들에 대한 2000년대 신주류의 세대적 차이의 목소리이기도 하다.

아시아중시파로 간주되는 가토, 야마자키, 고가는 모두 아시아 근린 국가의 주요 현안문제에서 타협적 노선을 추구하는 성향이 강하다. 이러한 이들의 입장은 자민당 신주류의 강경노선 속에 2000년대 중후반 위안부와 영토문제로 한국, 중국과 갈등이 증폭되는 상황에서, 문제해결을 이끌지는 못했다. 다만, 당내의 온건 입장을 표명하는 수준에 머무를 수밖에 없었다. 가토, 야마자키, 고가의 당내 세력이 보다 강력하여 2006년의 고이즈미 퇴임 이후 아베와 아소의 총재와 총리 취임을 막을 힘이 있었다면, 2000년대 후반의 한일, 중일관계는 지금까지의 양상과는 큰 차이가 있었을 것이다. 자민당 내의 중심적 노선을 이끌지는 못했지만, 이들은 계속해서 아시아 국가들과의 선린관계를 위한 현안 이슈의 타협적 노선을 지속적으로 발신하였다.

위안부문제에 대해서는 가토가 가장 적극적인 발언을 지속적으로 표명했다. 고노담화가 나오게 된 1992년 일본 정부의 위안부의 강제동원에 대한 진상조사 당시의 관방장관이었던 가토는 당시의 조사에서 위안부 동원에 대한 일본정부의 조사결과의 타당성을 지속적으로 표명하면서 고노담화에 대한 일본 우익과 자민당 내 매파의 의심을 반박하여왔다. 3년의 민주당 정권이 끝난 후 재복귀한 자민당정권의 아베 총리가 위안부에 대한 부정의 언급을 자행할 때도 1990년대 초 일본정부 조사

18) 『朝日新聞』 2006년 8월 25일.

의 담당자로서 언론에 적극적으로 나서 대응하는 자세를 보여주었다.[19]
또한 가토는 일부 매파 정치인들이 미국 의회에서의 위안부결의안이 진
행되는 것에 대해 반대 입장을 미국 내에서 홍보하는 행위가 일본의 처
지를 더욱 곤란하게 만드는 것이라고 비난하였다.[20] 야마자키와 고가는
가토만큼 위안부 문제에 대해서 적극적인 입장이 아니다. 다만 한국과
의 관계를 위해서 위안부에의 국가 책임이 있었다는 고노담화를 물고
늘어지는 양상을 매우 부정적으로 간주하고 있다. 이들은 역사 이슈를
공동역사교과서 작업으로 탈정치화하는 것에 대해 찬성하는 입장이
다.[21]

　영토문제에 있어서 이들은 한일 간의 독도 문제에 대해서는 특별한
언급이 별로 없다. 그 이유는 독도가 한국에 의한 실효지배 상태이고,
이를 변경시킬 가능성이 없다는 공통된 인식이 있기 때문이다. 다만 가
토는 독도영유권 문제와 연결된 한일 간 어업협정 문제에서도 보다 한
국과의 관계개선을 증진하는 방향으로 유화적인 자세를 견지해야 함을
1990년대부터 언급하여왔다.[22] 가토를 비롯한 야마자키, 고가 등의 아
시아중시파는 독도영유권을 강하게 어필할 것을 주장하는 자민당 내 매
파의 목소리를 제어하는 역할을 해왔다.[23] 하지만, 이들이 정치적 힘을
잃은 2000년대 후반 이후에 자민당 내의 논의에서 독도영유권 문제에
대한 매파를 제어할 내부 기제가 잘 작동하지 않게 된 상황이다. 센카쿠
열도 문제에 대해서, 가토, 야마자키, 고가는 문제이슈화의 보류(棚あげ)

19)『朝日新聞』2013년 10월 14일.
20)『朝日新聞』2007년 4월 19일.
21)『朝日新聞』2001년 7월 9일.
22)『朝日新聞』1997년 7월 4일.
23)『朝日新聞』1997년 1월 22일.

의 입장에 서왔다. 중일우호협회장을 맡고 있는 가토는 중국 지도부와
속 깊은 대화를 할 수 있는 일본 유력 정치인으로 간주된다.[24] 2013년에
제2차 아베 정권 하에서 중일관계가 차가워진 상황에서 가토, 고가는 중
국을 방문하여 중일관계 개선의 돌파구를 찾고자 하였다.[25] 2013년 6월
초당파 의원의 방중 당시 노나카 히로무(野中広務) 전 관방장관의 중일
국교정상화 때에 센카쿠문제는 보류(棚あげ)로 협의된 바이며 이를 원
칙으로 나아가야 한다는 발언이 일본 내에 문제화되었을 때, 함께 방중
했던 고가는 노나카가 혼자만의 생각을 이야기한 것이 아니라며 노나카
를 옹호했다.[26] 이런 입장은 아시아중시파인 新YKK 삼인에 의해 공유
되는 바이다.

2) 야스쿠니 신사 참배 문제에 대한 입장

일본 총리의 야스쿠니 신사 참배는 1983년 나카소네 야스히로(中曽根
康弘)의 4월 21일과 8월 15일 참배를 계기로 한일, 중일관계에 중요한 이
슈로서 자리 잡았다. 그 전 총리의 야스쿠니 신사참배는 A급 전범의 합
사가 이루어진 1978년 이전에는 상대적으로 큰 이슈가 되지 않았었다.
나카소네 전 총리가 1983년부터 1985년까지 3년간 8월 15일에 야스쿠니
신사를 감행함으로써 야스쿠니 신사 참배는 동아시아 국제관계에 중요
한 역사 이슈로서 부상하였다. 그 이후 일본 총리의 야스쿠니 신사 참배
는 외교관계를 고려하여 자제하는 패턴이 자리 잡았고 하시모토 류타로
의 1996년 7월 29일 참배를 제외하고는 1980년대와 1990년대 이루어지지

---

24) 『朝日新聞』 2010년 9월 29일.
25) 『朝日新聞』 2013년 6월 5일, 2013년 10월 25일.
26) 『朝日新聞』 2013년 6월 7일.

않았다. 하지만 2001년 취임한 고이즈미 전 총리는 취임 전부터 총리취임 후 야스쿠니 신사 참배할 것을 공언하였고, 2001년부터 2006년까지 재임 6년 동안 매년 참배를 감행하였다. 2001년에는 8월 15일 이틀 전인 8월 13일에 참배하였고, 그 후 8월을 피해 매년 참배를 지속하다가 퇴임 바로 전인 2006년에는 8월 15일에 야스쿠니 신사 참배를 강행하였다. 고이즈미의 지속적인 야스쿠니 신사 참배로 2000년대 자민당 내에서 야스쿠니 신사 참배에 대한 논쟁이 계속되었고, 고이즈미 이후의 총재 선거에도 야스쿠니 신사 참배에 대한 입장이 중요한 화두가 되었다.

가토와 야마자키는 야스쿠니 신사 참배에 부정적인 입장을 견지했다. 가토와 야마자키는 2001년 8월 11일 고이즈미 전 총리와 회담하여 야스쿠니 신사 참배를 하려면 최대한 8월 15일은 피하라는 조언을 하였고,[27] 그 결과가 고이즈미 전 총리의 8월 13일 참배로 귀결되었다. 1990년대 YKK로 고이즈미와 긴밀한 관계를 맺었던 가토와 야마자키는 고이즈미 전 총리의 야스쿠니 신사 참배에의 폭주를 제어하는 역할을 수행하였다. 하지만, 가토와 야마자키의 야스쿠니 신사 참배 자체에 대한 견해는 일치하지 않는다. 가토가 야스쿠니 신사 참배 자체에 대해 부정적인 입장이라면, 야마자키는 야스쿠니 신사 참배의 외교적 문제점을 고려해야 한다는 입장이었다. 이러한 입장 차이는 본인들의 야스쿠니 신사 참배에 대한 상이한 입장으로 드러난다. 가토가 야스쿠니 신사에 참배하지 않는 반면에 야마자키는 본인이 모두 함께 야스쿠니에 참배하는 국회의원 모임(みんなで靖国神社に参拝する国会議員の会)의 소속멤버로서, 고이즈미에게 참배를 회피할 것을 권유한 2001년 8월 15일에 본인은 야스쿠니 신사에 참배하였다.[28] 즉 야마자키는 야스쿠니 신사 참배의 의의

27) 『朝日新聞』 2001년 8월 12일.
28) 『朝日新聞』 2001년 8월 15일.

에는 동의하나, 총리의 참배는 외교문제로서 자제하는 것이 좋다는 입장이다.

가토, 야마자키와는 달리 고가는 야스쿠니 신사 참배를 자제하라는 입장을 가질 수 없는 일본 내 위상을 지니고 있었다. 2002년부터 일본유족회의 회장직을 수행해온 고가는 전몰자에 대한 추도를 위한 총리의 야스쿠니 참배를 기대하는 가장 강력한 사회단체의 입장을 대변할 수밖에 없었다. 일본유족회 회장으로서 야스쿠니 신사 총대의 직함도 가지고 있는 고가는 총리의 야스쿠니 신사 참배를 지지하는 입장을 가지고 있었다. 하지만, 고가는 A급 전범의 합사로 인한 야스쿠니 신사의 외교문제화를 긴밀하게 인식하고 있었기에, 총리의 야스쿠니 신사 참배에 복잡한 태도를 지니고 있었다. 고이즈미 집권 후반기에는 개인적 차원에서 총리의 야스쿠니 신사 참배에는 외교적 배려가 필요하다는 입장을 표명하였다.[29]

가토, 야마자키와 고가의 야스쿠니 신사에 대한 상이한 입장은 야스쿠니 신사 참배 문제의 상이한 해결책의 모색으로 연결된다. 가토와 야마자키는 야스쿠니 신사 대신에 국가 차원의 추모시설을 건설할 것을 공식적으로 제안하였다. 야마자키는 가토와 함께 초당파 모임 국가추도시설을 생각하는 모임(国立追悼施設を考える会)을 만들고 비국가종교단체인 야스쿠니 신사 대신에 전몰자를 추도하는 대체 시설을 만들 것을 제안하였다.[30] 야스쿠니에 대한 대체시설을 만들자는 제안에 대해 고가는 부정적인 입장이었다. 고가는 야스쿠니 신사의 국가시설화하는 것에 대해서도 반대하였다.[31] 그는 야스쿠니의 전몰자 추도시설로서의 대표

---

29) 『朝日新聞』 2005년 6월 12일.
30) 『朝日新聞』 2005년 11월 17일.
31) 『朝日新聞』 2006년 7월 5일.

성 자체를 유지하고자 노력하였다. 대신에 그는 야스쿠니 신사에서 A급
전범을 분사하는 안을 지속적으로 제기하였다. 2002년에는 유족이 희망
하면 A급 전범을 분사할 수 있다는 입장을 표명하였고,[32] 2006년에는
자민당 총재 선거에의 정책제언에서, 이를 공식화하였다.[33] 하지만 이
러한 고가의 A급 전범 분사 제안은 일본사회 우파로부터 비판에 직면했
고, 그 결과로 고가는 야스쿠니 신사 총대직을 사임하게 이른다.[34]

야스쿠니 신사 참배에 대해 가토가 가장 리버럴하다. 그의 야마가타
현의 자택이 2006년 방화된 것도 이러한 그의 야스쿠니에 대한 비판에
서 비롯된다. 야마자키는 전몰자 추모는 필요하나 그 대상이 반드시 야
스쿠니 신사일 필요는 없다는 입장을 유지한다. 한편, 고가는 야스쿠니
신사 참배에의 절대적 가치에 찬성하는 입장이다. 하지만, 이들 삼인 모
두 야스쿠니 신사가 외교문제가 된다면 굳이 총리에 의한 야스쿠니 신
사가 이루어질 필요가 없다는 공통된 인식을 지닌다. 즉 현실주의적 외
교 감각에서 야스쿠니 신사를 상대화할 수 있는 견해를 지니고 있다.

3) 헌법개정에 대한 입장

헌법개정에 대한 가토, 야마자키, 고가의 입장은 야스쿠니 신사 참배
와는 또 다른 양상을 보여준다. 가토와 고가는 호헌파인 반면에 야마자
키는 헌법개정에의 강력한 지지자이다. 요시다 노선의 정통주류인 고치
회의 영수였던 가토와 고가는 고치회의 전통적인 관점인 평화헌법에의
지지에 굳게 서있다. 하지만, 헌법을 개정하여야 한다면 평화헌법의 기

32) 『朝日新聞』 2002년 8월 9일.
33) 『朝日新聞』 2006년 5월 13일.
34) 『朝日新聞』 2006년 10월 6일.

본이념에 입각한 신헌법을 수립하는 '호헌적개헌론'을 주장하였다.35) 가
토는 2010년대 들어서도 자민당 내의 보수적 색채의 개헌론에 대해서
깊은 우려를 표명하였다.36) 또한 고가는 최근 아베 정권이 헌법개정을
용이하게 하기 위해 헌법 96조에 먼저 손을 데려는 것에 대해 반대한다는
인터뷰를 일본공산당 일간지 적기(赤旗)와 하여 크게 이슈화되었다.37)

반면에 야마자키는 2003년 중의원 선거에서 낙선 후 2005년 보선을
통해 의원직을 회복하는 동안, 자민당헌법조사특별고문겸총리보좌관으
로 헌법개정의 정비에 노력하였다. 그는 헌법개정을 통해 군대를 보유
하고 집단적 자위권을 갖는 것에 대해 적극적인 찬성자이다.38) 2004년
에는 개헌안을 가지고 미국을 방문하여 개헌의 내용에 대해 설명하는
일종의 개헌 외교특사의 역할도 수행하였다.39) 하지만 그는 헌법개정의
방법에 있어서 협조파이다. 아베와 같은 적극적인 돌파형이 아니고, 타
당에 대한 배려 속에 원만한 타협이 이루어져야 한다는 믿음을 지니고
있었다.40) 이러한 입장을 가지고 야마자키는 2007년 제1차 아베 내각이
총리가 집단적 자위권의 행사를 연구하는 자문기구를 설치한 것에 대해
서, 집단적 자위권 행사 문제는 헌법개정을 통해 정면으로 나아가야 하
는 것이지, 해석개헌을 하면 헌법의 토대가 흔들린다고 우려하였다.41)
야마자키가 헌법개정과 집단적 자위권의 필요성에 대해 아베를 비롯한
자민당 내 매파와 같은 목표를 지니고 있다고 해도, 그는 절차와 타협

35) 『朝日新聞』 2004년 5월 1일.
36) 『朝日新聞』 2012년 2월 29일.
37) 『朝日新聞』 2013년 7월 12일.
38) 『朝日新聞』 2003년 6월 13일.
39) 『朝日新聞』 2004년 7월 8일.
40) 『朝日新聞』 2005년 10월 29일.
41) 『朝日新聞』 2007년 4월 27일.

속에서 헌법개정이 이루어지지 않으면 안된다는 헌법개정에의 과정에
대해 온건노선을 지니고 있다.

4) 북한 문제 해결방안에 대한 입장

북한은 2000년대 일본 정치권의 외교노선의 매파가 힘을 얻는데 큰
역할을 하였다. 일본인 납치문제와 핵개발문제로 인해 일본은 대북한
강경노선으로 나아갔고, 대북한 강경노선은 한국, 중국과의 관계에도
부정적인 영향을 주었다. 新YKK 삼인 중 북한 문제 해결을 위해 가장
적극적으로 역할한 사람은 야마자키이다. 북한과의 개인적인 긴밀한 관
계가 있던 야마자키는 2002년과 2004년 고이즈미의 북한 방문에 핵심적
역할을 수행하였고, 일본인 납치자의 일본으로의 귀국과 잔존 납치자
문제 해결을 위해 적극적으로 활동하였다.[42] 고이즈미 정권 시절, 북한
의 일본인 납치자 문제에 있어서 야마자키는 강경매파인 아베와 대립되
는 위치에 서있었다. 아베와의 입장 차이는 2006년 아베 정권의 수립 후
에도 지속된다. 아베가 북한의 핵기지 선제공격을 언급하는 것에 비판
하고,[43] 독자적으로 북한을 방문하여 북측 관계자와 납치자문제에 대해
교섭하면서,[44] 당시 아베 총리에게 북한과의 직접 대화를 제언하기도
하였다.[45]

야마자키는 북한 문제의 해결을 통해 일본이 동아시아에서 보다 안정
적인 위상을 가질 수 있다고 보았고, 북한 문제의 해결을 협조적인 방법

---

42) 『朝日新聞』 2004년 5월 9일.
43) 『朝日新聞』 2006년 7월 27일.
44) 『朝日新聞』 2007년 1월 10일.
45) 『朝日新聞』 2007년 2월 19일.

을 통해 가능하다는 사고를 지니고 있었다. 이러한 야마자키의 유화론적 관점은 아베의 강경노선과 지속적으로 충돌하는 성격을 지니고 있었다.[46] 하지만 2000년대 후반 북한이 고립과 대립의 입장을 강화하면서, 자민당 내에서 대화중시노선의 야마자키의 대북한정책의 입장은 힘을 잃어가게 되었다.

4. 新YKK 정치연대의 정치적 몰락과 아시아 중시 외교노선의 후퇴

한국과 중국과의 관계개선을 중시하면서, 상이한 관점을 지니고 있지만 야스쿠니 신사 참배, 헌법 개정, 대북한정책에서 상대방을 배려할 필요가 있다는 방법론적 입장을 견지하던 가토, 야마자키, 고가는, 야스쿠니 신사 참배를 하거나 헌법개정을 주장하더라도 한일관계에서 한국에 좋은 파트너가 될 수 있는 예를 보여준다. 하지만, 2010년 이후 한일관계, 중일관계가 악화로 치닫는 와중에 이들은 실력을 발휘할 정치적 위상을 지니고 있지 못했다. 이들은 이미 2006년 아베의 자민당 총재 선출을 막을 수 없었다. 이들은 2007년 아베 후임으로 아소를 막는데 성공하였으나, 그것은 그들의 정치력이라기보다는 아소의 자민당 내 좁은 입지에 기인하는 한편, 그들이 지지했던 후쿠다가 2000년대 자민당의 주류인 모리파의 유력정치인이기 때문에 가능했다. 이들은 이미 2000년대 자민당 내에서 아시아 근린국에 대해 강경노선에 서있는 주류에 대한 비주류파의 입장이었다.

---

46)『朝日新聞』2008년 6월 20일.

2000년대 들어 2009년까지의 자민당 집권기에 비주류에 있던 아베, 야마자키, 고가는 민주당 정권의 등장과 퇴장의 기점이 되는 2009년과 2012년 중의원 선거를 통해 정치적으로 몰락했다. 야마자키는 2009년 중의원 선거에서 낙선한 후 2012년 정계은퇴를 선언하였고, 가토는 2012년 중의원 선거에서 자민당계열 상대후보에 밀려 낙선한 뒤 사실상 정계은퇴 상태이다. 한편 고가는 2012년 자민당 총재선거에서 고치회의 분열을 책임을 지고 정계은퇴를 선언하였다. 이들 3인의 정계은퇴는 2000년대 자민당 비주류였던 新YKK의 몰락만이 아닌 그들이 대표했던 자민당 내 아시아 중시 외교노선의 엄청난 후퇴이기도 하다.

가토, 야마자키, 고가는 모두 파벌의 영수로서 그들에게는 각각 파벌의 후계자가 존재한다. 하지만, 그들의 파벌계승자들이 그들과 같은 아시아 중시 외교노선을 강하게 입장 표명하고 있다고 볼 수 없다. 그들의 파벌계승자 모두 현재 제2차 아베 내각에서 중요한 포스트를 맡고 있기 때문에 그들의 입장이 선명하게 드러나기 쉽지 않은 면이 있다.

2001년 가토의 난으로 고치회의 분열을 가져왔던 가토의 파벌계승자인 다니가키 사카즈(谷垣禎一)는 가토의 아시아 중시 외교노선을 뒤따르고 있다고 볼 수 있다. 제2차 아베 내각에서 법무대신을 역임하고 그 후 자민당 간사장을 맡고 있기 때문에 현재 아베 내각의 외교노선에 차별화된 관점을 드러내기는 어렵지만, 2006년 자민당 총재선거에서 총리 재임 중에는 야스쿠니 신사 참배를 하지 않고 중국, 한국 정상과 상시적 대화가 가능한 '아시아핫라인'의 구축하겠다는 공약을 내세웠던 것에서도 살펴볼 수 있듯이, 동아시아 근린국과의 원만한 외교관계를 중시하는 입장이다. 하지만, 2001년 분열되었다가 2008년 통합된 고치회에 속해있던 다니가키는 2012년 총재 선거에의 재출마에 대한 고치회의 지지를 받지 못하자 지지의원들과 함께 소수파벌을 만들어 독립한 상태이

다. 현재로서 다니가키의 자민당 내의 정치적 영향력은 기대할 수 없는
상황이다.

고치회의 영수였던 고가는 2012년 고치회의 회장직을 기시다 후미오
(岸田文雄)에게 물려주었다. 현재 제2차 아베 내각에서 외무대신을 맡고
있는 기시다는 아베 내각의 전반적인 경향과 일본정부의 공식적인 입장
을 넘어서는 발언을 내놓기 어려운 상황이다. 2013년 4월 24일의 고치회
파티에서 전 회장 고가의 '평화주의라는 고치회의 역사철학을 완수할
수 있었다는 것을 자랑스럽다'는 표현에 비해서 현 회장 기시다는 '제대
로 외교정책을 가다듬어 광폭의 자민당을 보여주고 싶다'라는 원론적
표현밖에 내놓지 못했다.[47]

한편 야마자키는 자신의 파벌을 2007년 입회한 이시하라 노부테루(石
原伸晃)에게 물려주었다. 이시하라의 야마자키파로의 가입과 파벌회장
직 취임 모두 놀라운 사건으로 받아들여졌다. 이시하라 신타로(石原慎太
郎)의 아들인 이시하라 노부테루가, 외교정책에 있어 야마자키와 어떤
일관성을 지니는지에 대한 의문 때문이다. 하지만 아버지와는 달리 조
직 내 조정에 능한 이시하라 노부테루가 당 안팎의 조정에 능한 야마자
키의 후계가 되는 것은 어울리는 면도 지닌다. 제2차 아베 내각에서 환
경대신을 역임하고, 2016년 초에 경제재정담당대신으로 내각에 다시 들
어오게 된 그에게서 외교관계에서 현 정권과 차별화된 특별한 목소리를
발견하기는 쉽지 않다.

新YKK 3인의 파벌계승자인 다니가키, 기시다, 이시하라 노부테루가
모두 아베 정권의 각료로서 그들이 파벌 전임영수의 아시아 중시 외교
노선의 어떤 면을 얼마나 수용하고 있는지 현재로서 정확하게 파악하기

---

47) 『朝日新聞』 2013년 4월 25일.

는 쉽지 않다. 하지만, 新YKK의 파벌계승자들은 新YKK와는 다른 정치세
대에 속하고 있다는 점의 의미는 중요해 보인다. 현재 자민당은 '총아베
파'라는 일부 베테랑 의원들의 탄식은[48] 단순히 레토릭이라기 보다는
일본정치에서 세대변화 속에 오는 (파벌의 입장을 넘어서는) 아시아 국
가들에 대한 태도의 전체적인 보수화의 위험성을 상징하고 있다고 볼
수 있다.

5. 결론

新YKK의 아시아 중시 외교노선은 현재 자민당 내에서 매우 왜소화되
어 있다. 그들의 파벌계승자들로부터 그들과 같은 수준의 적극적 아시
아 중시 외교노선이 보이지 않는다. 정계 은퇴한 가토, 야마자키, 고가
는 여전히 언론과의 활발한 접촉 속에 자신들의 외교노선에 대한 입장
을 설명하고 있고, 이에 반대되는 아베 총리의 강경노선에 대해 비판적
인 의견을 내놓고 있다. 하지만, 결국 주류의 실패로 자민당이 3년 동안
정권을 내주었음에도, 그 후에도 그들은 비주류의 여건을 극복하지 못
하고 당내 입지가 보다 악화되었다. 이러한 상황은 그들의 정치적 수완
의 부족의 문제일 수도 있지만, 그들이 강조했던 아시아 중시 외교노선
이 결실을 볼 수 없을 만큼 대립적 한일, 중일 관계가 노정되면서 일본
내에서 그들의 입지가 악화된 것에서도 기인한다.

한국 내 일반적 관점에서 新YKK의 가토, 야마자키, 고가를 판단하면,
야마자키와 고가는 일본 보수우익 정치인 중 한명으로 간주될 수도 있

48) 위와 같음.

다. 하나의 이슈에서만이라도 보수적 입장이 나오면 그 정치인을 보수 우익으로 간주하는 획일적 판단이 한국에서 보다 광범위하기 때문이다. 헌법개정을 원하는 야마자키와 일본유족회 회장으로 야스쿠니 신사 총대를 역임한 고가는 그럼에도 한국, 중국과의 관계개선을 위해 매우 유화적이고 유연한 입장을 지니고 외교정책의 기본 방향을 잡았었다. 한국의 대일정책에서 이러한 수준의 보수적 정치인들을 대화상대로 할 수 있다면, 건설적 한일관계 설계에 매우 큰 도움이 될 수 있다. 일본 내에 가토와 같은 보수리버럴과 진보, 혁신 정치 그룹만을 상대로 한일관계 현안을 논할 수 없는 것은 현재의 일본 정치구도에서 자명하다. 건설적 한일관계 설계를 위해 일본정치의 온건보수의 폭을 한국 쪽에서 넓혀주는 방법에 대해 고민해 볼 필요도 있을 것이다.

참고문헌

박철희,『자민당 정권과 전후 체제의 변용』, 서울대학교출판부, 2011.

加藤紘一,『強いリベラル』, 文芸春秋, 2007.

大下栄治,『田中角栄VS福田赳夫　昭和政権暗闘史　四巻』, 静山社, 2010.

屋山太郎,『安倍政権で再び大国を目指す日本―価値観外交とTPPが成長のカギ』,
　　　海竜社, 2013.

清水真人,『官邸主導: 小泉純一郎の革命』, 日本経済新聞社, 2005.

河内孝,『血の政治 - 青嵐会という物語』, 新潮社, 2009.

『朝日新聞』

『週刊アエラ』

▌저자소개

이원덕 국민대학교 국제학부 교수, 일본학연구소 소장

이이범 강릉원주대학교 일본학과 부교수

고선규 선거연수원 교수

정미애 국민대학교 일본학연구소 연구교수

구유진 도쿄대학대학원 다문화공생 · 통합인간학 프로그램
        특임연구원

임은정 존스홉킨스 대학 고등국제학대학 전임강사

이기태 통일연구원 부연구위원

박명희 국립외교원 외교안보연구소 일본연구센터 객원교수

이정환 국민대학교 국제학부 일본학전공 조교수